ANNALES DE LA PHOTOGRAPHIE

MANUEL
DU
TOURISTE PHOTOGRAPHE.

PAR

M. LÉON VIDAL,

Officier de l'Instruction publique,
Professeur à l'École nationale des Arts décoratifs.

PREMIÈRE PARTIE.

COUCHES SENSIBLES NÉGATIVES. — OBJECTIFS. — APPAREILS PORTATIFS
OBTURATEURS RAPIDES. — POSE ET PHOTOMÉTRIE.
DÉVELOPPEMENT ET FIXAGE. — RENFORÇATEURS ET RÉDUCTEURS.
VERNISSAGE ET RETOUCHE DES NÉGATIFS.

PARIS,
GAUTHIER-VILLARS, IMPRIMEUR-LIBRAIRE
DU BUREAU DES LONGITUDES, DE L'ÉCOLE POLYTECHNIQUE,
Quai des Augustins, 55.
—
1885

Hommage de l'Auteur et de l'Éditeur

MANUEL
DU
TOURISTE PHOTOGRAPHE.

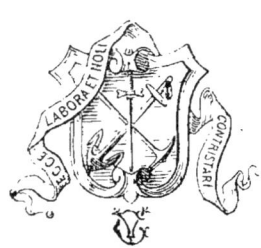

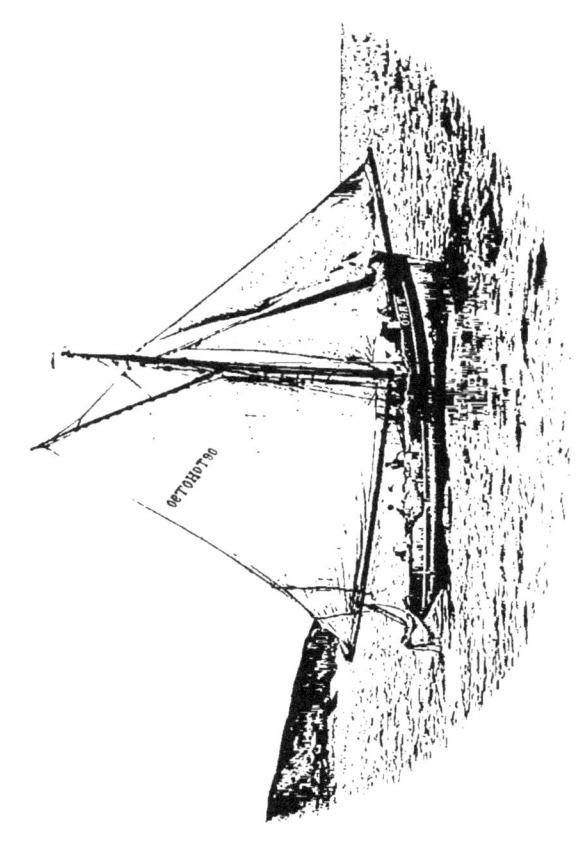

ÉPREUVE INSTANTANÉE

D'après un négatif de M. Audra.

Phototypie
de M. Brunner, de Winterthur (Suisse).

ANNALES DE LA PHOTOGRAPHIE

MANUEL
DU
TOURISTE PHOTOGRAPHE,

PAR

M. LÉON VIDAL,

Officier de l'Instruction publique,
Professeur à l'École nationale des Arts décoratifs.

PREMIÈRE PARTIE.

COUCHES SENSIBLES NÉGATIVES. — OBJECTIFS. — APPAREILS PORTATIFS
OBTURATEURS RAPIDES. — POSE ET PHOTOMÉTRIE.
DÉVELOPPEMENT ET FIXAGE. — RENFORÇATEURS ET RÉDUCTEURS.
VERNISSAGE ET RETOUCHE DES NÉGATIFS.

PARIS,
GAUTHIER-VILLARS, IMPRIMEUR-LIBRAIRE
DU BUREAU DES LONGITUDES, DE L'ÉCOLE POLYTECHNIQUE,
Quai des Augustins, 55.

1885
(Tous droits réservés.)

TABLE DES MATIÈRES.

PREMIÈRE PARTIE.

	Pages.
Table des figures dans le texte.	IX
Errata.	XII
Préface.	XIII

CHAPITRE PREMIER.

Couches sensibles négatives. — Leur préparation. — Supports rigides et flexibles. — Détermination de leur sensibilité relative. — Sensitomètre Warnerke. — Plaques à l'éosine. 1

CHAPITRE II.

Objectifs. — Généralités. — Choix et essai des objectifs. — Mise au point. 64

CHAPITRE III.

Appareils portatifs. — Chambres noires. — Pieds. — Châssis pour plaques et pour pellicules en papier. — Laboratoires portatifs. — Boîtes portefeuilles et à escamoter. — Chambre noire automatique à bandes pelliculaires et sensibles sans fin, de M. Stebbing. 106

CHAPITRE IV.

Appareils photographiques de poche. — Jumelle Germeuil-Bonnaud. — Photorevolver Enjalbert. — En-cas photographique Léon Vidal 142

CHAPITRE V.

Obturateurs rapides et instantanés. — Obturateur simple et à double volet. — Obturateurs circulaires. — Obturateur chronométrique. — Obturateur à guillotine. — Moyen de graduer les divers obturateurs. 161

CHAPITRE VI.

Pose. — Photomètres négatifs. — Choix et éclairage du sujet. 193

CHAPITRE VII.

Développement et fixage des négatifs. — Négatifs sur collodion sec. — Sur verre ou glaces gélatino-bromurées. — Sur pellicule de gélatine. — Sur papier à pellicule réversible et à couche adhérente. — Sur plaques à l'éosine 210

CHAPITRE VIII.

Généralités sur le développement. — Indications diverses puisées dans les auteurs les plus compétents 239

CHAPITRE IX.

Renforçateurs et réducteurs des négatifs sur gélatine.................. 2

CHAPITRE X.

Vernissage des négatifs sur verre au collodion et à la gélatine sur pellicule et sur papier. — Retouche des négatifs................

TABLE ALPHABÉTIQUE DES MATIÈRES contenues dans la Première Partie.................. 337
NOMENCLATURE des noms des auteurs et des industriels cités dans la Première Partie......... 347

TABLE

DES FIGURES DANS LE TEXTE.

1.	Échelle translucide du sensitomètre étalon de M. Léon Warnerke.	52
2. 3.	Disques gradués dudit sensitomètre. . . . 55,	56
4.	Objectif simple de Dallmeyer.	70
5.	Globe-lens de MM. Harisson et Schnitzer.	73
6.	Doublet de M. Thomas Ross.	75
7.	Objectif orthoscopique de MM. Harisson et Schnitzer.	77
8.	Triplet de Dallmeyer.	78
9.	Aplanat de Stenheil	79
10.	Aplanat grand angulaire de Stenheil.	81
11.	Diaphragme rotatif de l'aplanat.	83
12.	Objectif à portraits de Dallmeyer.	88
13.	Trousse de l'objectif à foyers multiples de M. Français.	94
14.	Mesure de l'angle embrassé par l'objectif.	100
15.	Focimètre.	102
16.	Ensemble de l'appareil photographique portatif de M. Jonte	112
17.	Chambre noire Jonte posée en travers.	113
18.	— — — placée en hauteur	114

TABLE DES FIGURES.

19.	Chambre noire Jonte avec obturateur à guillotine	116
20.	Appareil portatif de M. Martin.	117
21.	Chambre noire *le Touriste* de M. Enjalbert.	119
22.	Laboratoire portatif.	122
23.	Châssis pour boîte à escamoter.	124
24.	Boîte à escamoter	125
25.	Boîte à escamoter avec le châssis en place.	126
26. 27. 28.	Portefeuille pour changement des plaques sensibles en pleine lumière	127
29.	Chambre noire *polygraphe*.	129
30.	Appareil pour touriste de M. Hermagis.	130
31. 32. 33. 34.	Appareil pour touriste de M. Dubroni . . 131,	133
35.	Appareil d'amateur par M. le comte de la Laurentie.	134
36. 37.	Chambre noire automatique à pellicule sans fin de M. Stebbing. 135,	139
38.	Photorevolver de M. Enjalbert.	145
39.	Appareil d'agrandissement pour les négatifs du photorevolver.	147
40.	En-cas photographique Léon Vidal.	151
41. 42.	Lanterne à projection et à agrandissement de M. Laverne. . . . . . . 158.	159
43.	Obturateur Guerry placé à l'intérieur de la chambre noire	162
44.	Obturateur Guerry placé à l'extérieur de la chambre noire	163
45.	Obturateur Guerry à double volet	165
46. 47.	Obturateur Guerry pour poses instantanées ou rapides.	167

TABLE DES FIGURES.

48.	Obturateur circulaire de M. Français, vue extérieure	170
49.	Obturateur circulaire de M. Français, vue intérieure	171
50.	⎰ Obturateur chronométrique de M. Paul Boca,	
51.	⎱ 174,	175
52.	Obturateur de MM. Thury et Amey	177
53.	Obturateur à guillotine	181
54.	Obturateur à guillotine de M. Jonte, vu dans une position inclinée.	183
55.	⎰ Diagrammes pour l'étude de la chute de	
56.	⎱ l'obturateur à guillotine 185,	187
57.	Cadran pour mesurer la rapidité des obturateurs.	189
58.	Échelle graduée pour photomètre négatif. . . .	197
59.	Échelle graduée circulaire pour photomètre négatif.	202
60.	Numéros d'ordre à appliquer sur l'échelle circulaire.	203
61.	Glace sur règles à vis calantes.	227
62.	Cuve à lavage des plaques à la gélatine	236
63.	Appareil à fermeture hermétique pour conserver la solution de sulfate ferreux.	246
64.	Bac à laver les plaques à la gélatine.	277
65.	⎰	
66.	⎱ Bac à laver les plaques à la gélatine	278
67.	Bac à laver, modèle de M. Stebbing.	279

ERRATA.

Page 49.   L'emploi des pellicules en gélatine libre sera décrit dans l'Appendice de la Deuxième Partie du *Manuel*.

Page 119.   *Voir* la *fig.* 20 qui représente l'appareil de M. Martin.

Page 119.   M. Enjalbert est actuellement établi à Paris.

Page 147.   La *fig.* 39 représente l'appareil spécial à l'agrandissement des négatifs du photorevolver de M. Enjalbert.

Page 282.   Le dernier alinéa est à annuler. *Voir* (p. 294) la description du renforcement des négatifs.

Pages 314 *et* 315.   Supprimer les nos 1 et 4 en tête des alinéas.

PRÉFACE.

Ce *Manuel*, son nom l'indique, ne prétend pas être un *Traité de Photographie* : il est destiné simplement à fournir aux amateurs de photographie, de même qu'aux savants excursionnistes et aux missionnaires scientifiques, les données principales en vue des reproductions photographiques qu'ils peuvent avoir à exécuter, soit en cours de voyage, soit à domicile.

Un *Manuel* de ce genre était à créer, car il n'existe aucun Ouvrage aussi complet, parmi ceux qui ont été publiés jusqu'ici, pour servir de guide dans les voies actuelles aux touristes photographes.

En dépit des indications très nombreuses qu'il nous a fallu condenser dans les deux Parties de ce travail, nous n'avons pu, loin de là, y faire entrer tous les détails nécessaires à des explications à la fois théoriques et pratiques; pour la partie technique de la photographie, nous sommes obligé de renvoyer nos lecteurs aux Traités généraux ou spéciaux. Évidemment, ceux d'entre eux qui tiennent à savoir ce qu'ils font, à se rendre compte des effets physiques et chimiques de l'action de la lumière, comme aussi des réactions produites dans l'application des divers procédés, ceux-là, disons-nous, devront recourir à d'autres Ouvrages écrits à un point de vue plus général que celui-ci.

La Première Partie de ce Manuel opératoire s'occupe plus spécialement des couches sensibles, des appareils et des impressions négatives. Encore n'est-elle pas complète en ce qui concerne cette catégorie d'opérations dont on trouvera la suite dans la Deuxième Partie, en même temps que tout ce qui a trait au matériel et aux procédés relatifs aux impressions positives.

Ces deux volumes font donc un ensemble inséparable si l'on désire trouver réponse au plus grand nombre de questions pratiques qui peuvent intéresser le débutant dans la voie des reproductions courantes.

Dans l'Appendice qui termine la Deuxième Partie, nous avons publié un certain nombre de faits utiles à connaître, réparé quelques omissions de détail commises dans la description des opérations diverses, et enfin introduit une nomenclature des principaux produits, appareils et accessoires photographiques, avec leur prix de vente normal.

C'est une sorte de prix-courant très résumé limité aux besoins du touriste-photographe, et à l'aide duquel on pourra être renseigné très rapidement sur les dépenses à faire soit pour l'achat d'un matériel, soit pour les travaux d'impressions négatives et positives.

Les épreuves négatives sur couches sensibles sèches sont les seules dont nous ayons eu à nous occuper, et, parmi celles-ci, nous avons tout naturellement donné la préférence au gélatinobromure d'argent, à cause de son extraordinaire sensibilité, et surtout de la facilité si grande avec laquelle on peut trouver partout des plaques préparées avec ce produit et dans d'excellentes conditions de qualité et de coût.

Des travaux importants relatifs aux opérations sur les plaques à la gélatine ont été publiés, notamment par M. Audra, amateur de photographie des plus distingués, et par le savant docteur J.-M. Eder, à qui la science photographique est redevable déjà de si grands services. Nous avons cru pouvoir adopter avec une entière confiance bon nombre de leurs indications et les publier dans ce *Manuel*, sans chercher à nous approprier en rien des observations ou des découvertes qui ne nous appartiennent pas.

Pour la partie optique, concernant la description des objectifs les plus connus, nous ne pouvions mieux faire que de puiser à une des meilleures sources, en reproduisant ce qu'en a dit avec tant d'autorité notre si regretté ami Van Monckhoven, dans la septième édition de son *Traité général de Photographie*.

En résumé, ce *Manuel* s'adresse à quiconque désire connaître les éléments de la Photographie courante, et surtout pratiquer cet art à l'extérieur ; il nous paraît contenir assez de renseignements sur les deux sortes d'impressions, soit négatives, soit positives, à exécuter par la lumière, pour que, muni de ce seul guide, on puisse arriver à les pratiquer avec un plein succès. Il sera temps alors, si l'on veut pénétrer plus intimement dans le secret des faits purement scientifiques, de consulter les grands Traités qui donnent à la fois la théorie et la pratique des procédés et de leurs applications.

Léon Vidal.

MANUEL
DU
TOURISTE PHOTOGRAPHE.

PREMIÈRE PARTIE.

CHAPITRE PREMIER.

Couches sensibles négatives. — Leur préparation. — Supports rigides et flexibles. — Détermination de leur sensibilité relative. — Sensitomètre Warnerke. — Plaques à l'éosine.

En dépit des avantages nombreux, incontestables, de l'émulsion au gélatinobromure d'argent, de sa supériorité sur toutes autres préparations sensibles, nous devons, au moins sommairement, indiquer la préparation des couches sensibles pour épreuves négatives, soit au collodion sec, soit à l'émulsion au collodion.

Il est des cas où l'on peut se trouver dans l'impossibilité d'avoir à sa disposition des plaques à la gélatine ; dans d'autres circonstances, on peut, par suite de la nature du climat par exemple, être empêché d'employer avec succès la gélatine ; il convient donc d'être muni des moyens de suppléer à l'emploi des couches sensibles à la gélatine.

En pareille occurrence, il faut pouvoir préparer des plaques au collodion sec, ainsi que nous venons de le dire, ou, mieux encore, si l'on en a la possibilité, à l'émulsion au collodion.

Collodion sec au tannin. — Ces sortes de couches sensibles sont préparées ainsi qu'il suit :

On prend un bon collodion ioduré ; les formules diverses abondent, en voici une excellente :

Ether.	50^{cc}
Alcool	50
Pyroxiline	1^{gr},5
Iodure d'ammonium	1
Bromure d'ammonium	1
Eau	5

Les plaques collodionnées sont sensibilisées dans le bain d'argent suivant :

Eau.	500^{gr}
Azotate d'argent.	40
Acide acétique cristallisable	5

Après la sensibilisation, on doit laver avec soin les plaques, d'abord dans une première eau distillée, ou de pluie, puis successivement dans cinq ou six cuvettes, où on les laisse séjourner de façon à les débarrasser absolument de toute trace de nitrate d'argent libre.

En les sortant de la dernière cuvette, on les recouvre d'une solution de tannin ainsi composée :

Eau distillée . . . . 200^{gr}
Tannin 6

Filtrer plusieurs fois cette solution jusqu'à complète transparence, puis y ajouter 6 à 8^{cc} d'alcool et filtrer de nouveau sur un filtre neuf.

Pour passer cette solution convenablement à la surface des plaques sensibilisées, il faut y revenir à deux ou trois fois avec une première portion de solution que l'on rejette, parce qu'elle se charge de trop d'eau, puis avec une deuxième portion qui conserve sa composition initiale, et que l'on passe deux fois successivement. On place les plaques sur du papier buvard adossées contre un mur le côté préparé en dessus; on laisse ensuite sécher dans l'obscurité absolue, et on les met en boîtes pour l'usage.

Dans cet état, elles peuvent se conserver assez longtemps, surtout si elles sont dans un endroit sec. L'action de l'humidité a pour effet de produire à la surface des points qui forment autant de taches.

La sensibilité des plaques est en moyenne huit fois moins grande que celle du collodion humide.

Émulsion sèche au collodion. — Cette émulsion est

formée par du bromure d'argent tenu en suspension dans du collodion normal. En pareil cas, on collodionne directement les plaques de verre ou tous autres supports convenables, avec l'émulsion sensible, sans qu'il soit nécessaire d'autres opérations ultérieures. Aucun préservateur n'est superposé à la couche sensible comme dans le cas précédent.

Voici la façon sommaire de préparer cette émulsion ([1]) :

Alcool.	200cc
Bromure double de cadmium et d'ammonium.	6gr
Bromure de zinc.	6
Coton (précipité par l'eau bouillante).	6
Ether.	400

Après clarification parfaite de ce collodion, que l'on peut préparer à l'avance, on le sensibilise par fractions de 100 à 200cc avec du nitrate d'argent pur fondu et dosé rigoureusement que l'on fait dissoudre dans de l'alcool.

Voici la formule :

Collodion précédent.	100cc
Nitrate d'argent pulvérisé.	3gr,10
Alcool à 40°.	30cc

La liqueur est vivement agitée, et abandonnée dans l'obscurité, où on l'agite encore de temps en temps.

([1]) Pour plus amples détails, voir *la Photographie par émulsion sèche*, par M. Alfred CHARDON, librairie Gauthier-Villars.

Après trente-six heures, les réactions sont terminées. Mieux vaut, dit M. Chardon, un excès que le manque d'argent.

On verse alors le collodion par petites parties dans une grande quantité d'eau distillée, on agite et l'on recueille le précipité sur un linge fin placé dans un entonnoir. On lave avec soin jusqu'à ce que l'eau sorte pure, on égoutte et l'on étend le précipité bien lavé sur du papier buvard, et on laisse sécher dans l'obscurité.

Le résultat donne une matière floconneuse jaune clair, qui constitue l'émulsion sèche.

Pour préparer des couches sensibles, on prend :

    Éther. . . . . 50^{cc}
    Alcool 50
    Quinine. . . . . 0^{gr},20

On fait dissoudre d'abord la quinine dans l'alcool, on filtre, et, dans le mélange d'alcool et d'éther, on met 3^{gr},50 d'émulsion sèche.

On agite plusieurs fois ; après quelques heures, on filtre sur un tampon de coton, et le liquide est prêt à servir.

Les plaques collodionnées et sèches doivent être opalines et légèrement brillantes.

La sensibilité de ces couches est plus grande des deux tiers environ que celle des plaques au tannin.

D'où il résulte que, si une plaque au collodion

humide, dans des conditions déterminées d'éclairage, de distance focale, etc., exige une pose de 1 minute, une plaque au collodion sec au tannin devra poser 8 minutes, et une plaque sèche à l'émulsion au collodion posera seulement $2^m 40^s$.

Nous renvoyons, pour le développement de ces plaques, au Chapitre V, spécial à cette opération, pour les diverses sortes de préparations sensibles.

Émulsion sèche à la gélatine ou *gélatinobromure d'argent*. — Nous n'avons indiqué que pour mémoire les deux méthodes précédentes de produire des couches sensibles, ou mieux, ainsi que nous l'avons dit, notre désir était d'être plus complet, en prévoyant les cas où l'emploi de l'émulsion sèche à la gélatine serait impossible. Ces cas peuvent se présenter en voyage ou dans des pays où le climat rendrait accidentellement très difficile l'emploi des plaques à la gélatine.

On peut en voyage arriver à manquer de ces sortes de plaques, et alors il serait plus facile de préparer des plaques au collodion sec, que d'entreprendre les manipulations minutieuses et si délicates qu'entraîne la préparation de l'émulsion à la gélatine.

Dans l'état actuel de la science photographique, nous ne saurions rien recommander aux touristes photographes qui soit préférable aux couches sensibles à la gélatine, que ces couches aient comme support des glaces, du verre, du papier ou des pellicules fabriquées de diverses manières.

La gélatine bromurée d'argent offre le grand avantage d'être douée, bien qu'à l'état sec, d'une sensibilité qui dépasse, en moyenne, dix fois celle du collodion humide. Nous disons en moyenne, car on fait des émulsions d'une sensibilité de vingt à quarante fois plus grande que celle du collodion humide.

On conçoit donc aisément qu'il n'y ait pas lieu de recourir à l'emploi d'autres procédés négatifs, quand on peut user de celui à la gélatine. Nous le recommandons donc tout spécialement. Aussi allons-nous entrer à son sujet dans tous les détails opératoires qu'il comporte, de façon à en rendre l'emploi rapidement familier aux débutants.

Dans un manuel du genre de celui-ci, est-il nécessaire d'indiquer les moyens de produire une émulsion sensible, alors qu'il y a tant de maisons qui la vendent toute préparée, alors que l'on peut partout aujourd'hui trouver dans le commerce d'excellentes plaques à la gélatine?

En vérité, nous pourrions nous en dispenser. Pourtant, il est bon de résumer au moins la façon dont on peut, si l'on tient à préparer tout soi-même, produire l'émulsion à la gélatine bromurée d'argent.

Nous disons *résumer*. En effet, il existe actuellement un nombre considérable de procédés distincts, connus ou inconnus, d'arriver à la formation de l'émulsion qui nous occupe.

En principe, il s'agit de former du bromure d'argent très divisé et susceptible de rester en suspension dans une solution aqueuse de gélatine.

Seulement, il est de nombreux moyens divers d'atteindre ce résultat, et les effets produits diffèrent suivant que l'on a opéré de telle façon ou de telle autre.

Ce n'est pas le cas de discuter ici la valeur des divers procédés ; chacun vante le sien comme étant le meilleur. Il en est de cela comme des formules innombrables de collodion ioduré; en définitive, toutes ces formules se trouvent quintessenciées, à peu de chose près, dans une seule, que l'on peut employer avec une complète certitude de succès. Il en est ainsi de la préparation des émulsions à la gélatine.

Pour que notre indication relative à une de ces préparations soit aussi claire et aussi complète que possible, nous ne pouvons mieux faire que de reproduire ici le procédé employé par un amateur des plus distingués, M. Audra, qui, depuis trois ans, s'occupe très activement d'études et de recherches relatives au gélatinobromure.

M. Audra a communiqué à la Société française de Photographie le procédé actuel, dont il use de préférence, après avoir fait plus de cent essais

CHAPITRE PREMIER.

différents de fabrication d'émulsion à la gélatine. Nous lui cédons la parole :

Le matériel que j'emploie est peu compliqué. Il se compose d'une bouillotte en métal d'une ouverture suffisante pour permettre d'introduire un flacon de 1^{lit} en verre à large ouverture, d'un verre gradué de 300^{cc} à 500^{cc}, d'une terrine et d'une cuvette en porcelaine, et enfin d'un filet à mailles de 3^{mm} à 4^{mm} et d'un tamis.

On commence par verser dans le flacon à large ouverture 300^{cc} d'eau distillée, on y ajoute 18^{gr} de bromure d'ammonium et 10^{gr} à 12^{gr} de bonne gélatine. Le choix de ce produit ne laisse pas que d'être assez délicat ; mais, depuis quelque temps, on en trouve, dans le commerce des produits spéciaux à la Photographie, des échantillons d'une qualité convenable.

Après avoir laissé gonfler quelque temps la gélatine dans la dissolution de bromure, on introduit le flacon dans la bouillotte à moitié remplie d'eau froide, de façon qu'il flotte, et l'on place le tout sur le réchaud à gaz. Dans cette opération comme dans les suivantes, il n'y a pas lieu de craindre que le verre casse si l'on a toujours soin d'immerger le flacon dans l'eau à une température sensiblement égale à celle qu'il a lui-même, quelle que soit d'ailleurs cette température.

Pendant que le contenu du flacon s'échauffe et que la gélatine se dissout, on fait dans un verre à expériences une solution de 27^{gr} de nitrate d'argent cristallisé dans 150^{cc} environ d'eau distillée. Quand la gélatine du flacon est complètement dissoute, on retire celui-ci du bain-marie, on laisse sa température s'abaisser le plus possible, sans toutefois que son contenu fasse prise, et, prenant le flacon de la main droite tandis que la main gauche tient le verre contenant la dissolution de nitrate d'argent, on verse en mince filet celle-ci dans le flacon, constamment agité par un mouvement circulaire du bras droit. Le mélange doit se faire lentement, sans exagération, et, pour les quantités ci-dessus indiquées, peut être opéré en une minute au plus. Il n'y a aucun inconvénient à faire cette opération, ainsi que les suivantes, à la lumière diffuse d'une chambre moyennement éclairée; je dois cependant ajouter que, travaillant toujours le soir, je m'éclaire au moyen de bougies ou du gaz sans l'interposition d'aucun écran coloré.

Lorsque toute la solution d'argent a été versée dans la gélatine bromurée, on continue à agiter le flacon pendant quelque temps, une ou deux minutes peut-être, pour que le mélange des deux liquides soit aussi complet que possible. En l'état, le flacon contient environ 475^{cc} d'une émulsion crémeuse, blanche par réflexion, franchement rouge par transparence sur la paroi du verre. Elle pourrait, après addition de gélatine et lavage, servir à recouvrir des glaces; mais celles-ci manqueraient absolument de rapidité. Les clichés seraient durs et heurtés et se prêteraient très bien aux reproductions de traits, tant à cause de l'intensité des noirs que de la limpidité des blancs. Il reste donc à donner à cette émulsion toute la sensibilité dont elle est susceptible, et en même temps la transparence qui lui manquerait après développement dans les parties vivement éclairées.

Après de très nombreux essais comparatifs, je me suis arrêté au procédé qui consiste à remettre le flacon dans le bain-marie et à porter celui-ci à l'ébullition. Le flacon, qui doit flotter dans l'eau, est agité de temps à autre et l'émulsion remuée le plus possible au moyen d'une longue baguette de verre qui y demeure plongée, afin d'éviter le dépôt de bromure d'argent qui tend à se faire au fond du flacon. Dès que l'eau du bain-marie approche du point d'ébullition, on voit la teinte rouge par transparence disparaître et tourner au bleu verdâtre. On prolonge l'ébullition trente minutes environ (je n'ai trouvé aucun avantage à dépasser ce temps), puis on laisse tomber la température à 40°. On introduit alors 12^{gr} de la même gélatine préalablement gonflée pendant quelques minutes dans un peu d'eau distillée, et l'on agite le flacon en le replaçant au besoin dans le bain-marie jusqu'à ce que la gélatine ajoutée à l'émulsion soit parfaitement dissoute.

A partir de ce moment, on supprime complètement toute lumière blanche, et l'on verse dans le flacon 15^{cc} à 20^{cc} d'une dissolution de bichromate de potasse à 2 pour 100. Cette addition a pour but de détruire l'action que la lumière blanche a pu avoir sur l'émulsion pendant sa préparation et de donner une grande pureté au cliché. Ce sel est d'ailleurs éliminé par les lavages ultérieurs.

L'émulsion doit alors être vigoureusement agitée pendant quelques instants, puis versée dans une cuvette en porcelaine rigoureusement propre, et laissée en repos jusqu'à ce qu'elle ait fait prise en gelée suffisamment consistante. On peut hâter ce moment en faisant flotter la cuvette dans une autre plus grande, contenant de l'eau glacée.

La gelée est ensuite détachée au moyen d'une spatule en porcelaine ou d'une cuiller en argent et mise dans un carré de filet à mailles de 3^{mm} à 4^{mm}, et de 0^m,50 environ de côté, afin qu'on puisse le tordre facilement en forme de nouet sans que la gélatine s'échappe autrement que par les mailles. Les filets de cette sorte se trouvent chez les fabricants de canevas et d'ouvrages de broderies pour dames. Il faut qu'il soit suffisamment résistant pour supporter une forte torsion.

Dans une terrine pleine d'eau ordinaire filtrée, et sous l'eau, on tord lentement le filet contenant l'émulsion, de manière à la forcer à traverser les mailles. Elle se répand en petits grumeaux d'égale grosseur dans le sein du liquide et l'on continue jusqu'à ce qu'il ne reste plus rien dans le filet. Le contenu de la terrine est alors versé sur un tamis qui retient toutes les parties de gélatine. Je me sers à cet effet d'un tambour à dialyse en verre dans lequel la membrane a été remplacée par un morceau d'étoffe de coton préalablement lavée. On peut également se servir d'un tamis ordinaire en bois garni d'étoffe de crin; mais il faudrait dans ce cas vernir les agrafes métalliques, et même le bois du tamis, qui pourrait avoir une action nuisible sur l'émulsion.

Il est indispensable que le lavage de la gélatine soit très abondant, et je crois que le meilleur moyen de l'effectuer est de placer le tamis sous un robinet d'eau pendant cinq à six minutes. On renverse ensuite la gélatine émulsionnée dans le filet, on recommence l'opération précédente sous l'eau et on laisse de nouveau couler l'eau sur le tamis pendant quelques minutes. Enfin, après une troisième opération semblable, et un dernier lavage abondant avec de l'eau sans cesse renouvelée, on peut considérer que l'émulsion est complètement débarrassée des sels solubles produits par la double décomposition du bromure et du nitrate, ainsi que du bichromate de potasse. Cette opération du lavage est de la plus haute importance et je ne saurais trop recommander les soins à y apporter; toutefois, j'estime qu'elle doit être assez rapidement conduite, en une demi-heure au minimum et une heure au maximum. J'ai souvent eu lieu de constater qu'un séjour prolongé de l'émulsion dans l'eau tendait à donner une couche peu adhérente à la glace. Ce lavage s'opère avec de l'eau ordinaire; mais, lorsqu'il est terminé, il est utile de rincer une dernière fois les fragments de gélatine dans de l'eau distillée, afin d'enlever les impuretés des eaux de lavage. Il est utile de s'assurer que le lavage est bien fait en essayant la dernière eau de lavage avec quelques gouttes d'une solution de nitrate d'argent. Elle ne doit donner aucun précipité.

Dans l'état où elle se trouve, l'émulsion contient une trop grande quantité d'eau retenue mécaniquement, et qu'un égouttage, même prolongé, ne suffirait pas à enlever. Il convient alors de la verser dans un linge bien propre qu'on laisse pendant quelques heures sur plusieurs doubles de papier buvard blanc deux ou trois fois renouvelé, qui pompe l'excès d'humidité.

On recueille l'émulsion avec une cuiller d'argent ou de porcelaine et on l'introduit dans un flacon à large ouverture dans lequel on a préalablement mis 12^{gr} à 15^{gr} de gélatine gonflée dans de l'eau distillée, puis égouttée. Je préfère ajouter le complément de gélatine après le lavage de l'émulsion, afin qu'elle soit moins altérée par un séjour prolongé dans l'eau, et que la couche soit plus adhérente à la glace. En été surtout, cette précaution est très utile. Le tout est mis au bain-marie jusqu'à ce que le mélange intime de l'émulsion et de la gélatine soit opéré en élevant la température le moins possible, mais en agitant fréquemment le flacon. On peut alors recouvrir des glaces, après filtrage de l'émulsion; mais en cet état elle n'a pas encore acquis le maximum de rapidité dont elle est susceptible. Il faut la laisser *vieillir*, et je n'ai trouvé aucun procédé qui remplace celui-là.

Dans ce but, je laisse faire prise dans le flacon où elle se trouve et, pour éviter qu'elle ne subisse un commencement de décomposition, je la recouvre d'une couche de $0^m,01$ à $0^m,02$ d'épaisseur d'alcool. Le flacon, soigneusement bouché, est laissé ensuite au repos pendant plusieurs jours, une semaine au moins, si l'on veut avoir un produit extrêmement sensible. Après quinze jours ou trois semaines, et même plus, l'émulsion est également bonne, mais elle ne m'a pas paru gagner sensiblement après les dix premiers jours de repos.

Les préparations que je viens de décrire d'une façon minutieuse paraissent longues à première vue. Il n'en est rien cependant si l'on opère avec méthode, et si l'on a intérêt à obtenir vite un résultat, tout au moins jusqu'au moment où l'on met l'émulsion de côté pour *vieillir*, ce qui, je le répète, n'est nullement nécessaire lorsqu'on ne recherche pas une rapidité excessive. Ayant à ma disposition un peu de glace pour hâter le refroidissement de l'émulsion, j'ai pu plusieurs fois préparer la quantité ci-dessus indiquée, qui correspond à environ 500^{cc} à 600^{cc} en deux heures et demie.

Pour conserver ces émulsions figées, on en recouvre la surface, dans le flacon, d'une petite couche d'alcool, et au moment de s'en servir on rejette l'alcool, puis on lave à plusieurs fois la

14 PREMIÈRE PARTIE.

surface qu'il mouillait avec un peu d'eau distillée que l'on rejette ensuite. Il s'agit, en un mot, de supprimer toute trace d'alcool avant d'employer l'émulsion.

Préparation des plaques. — Nous ne pouvons mieux faire que de laisser la parole encore à M. Audra ([1]). On réussira parfaitement en suivant les indications très nettes et très complètes qu'il donne à cet égard :

On place le flacon au bain-marie jusqu'à liquéfaction complète sans élever la température au delà de 45° à 50°. Pendant ce temps on s'occupe à frotter, en tous sens, les glaces à recouvrir, que je suppose parfaitement propres, avec un linge imbibé d'une dissolution à 2 pour 100 de silicate de potasse. Les glaces sont ensuite frottées à siccité avec un linge propre ou un papier de soie et empilées pour l'usage.

Lorsque l'émulsion est parfaitement fluide et homogène, ce qu'on obtient en l'agitant, on la filtre dans un entonnoir en verre dans la douille duquel on a placé une touffe serrée de laine cardée, très fine et très propre. Je préfère cependant à la laine une sorte de coton épuré et lavé, que l'on prépare depuis quelque temps pour les besoins de la chirurgie. Ce coton a été débarrassé de toute matière résineuse et se mouille instantanément, à ce point qu'une touffe projetée dans un bassin d'eau tombe immédiatement au fond du liquide. Il filtre rapidement et d'une façon parfaite.

Je fais reposer l'entonnoir, qui est coupé à $0^m,01$ ou $0^m,02$ au-dessous du coton, sur l'ouverture d'une cafetière en porcelaine de Bayeux, à long goulot recourbé, afin que

---

([1]) L'excellent travail de M. Audra a fait l'objet d'une brochure publiée par M. Gauthier-Villars; elle a pour titre : *Le Gélatinobromure d'argent*.

CHAPITRE PREMIER.

le liquide versé provienne du fond du vase et non de la surface. La cafetière elle-même est placée dans un récipient contenant de l'eau, que l'on maintient à la température de 40° à 50°. Lorsque la cafetière est à moitié pleine d'émulsion filtrée, sans en enlever l'entonnoir destiné à recevoir l'excès d'émulsion, on procède à l'étendage sur les glaces. Celles-ci, si elles sont de grande dimension, ou si l'on opère en hiver, doivent être légèrement chauffées. Toutefois, pour les dimensions n'excédant pas la plaque entière, je me contente de m'en servir à la température de la chambre où j'opère, pourvu qu'elle ne soit pas inférieure à 18°.

La glace époussetée au blaireau est tenue horizontalement sur l'extrémité des cinq doigts de la main gauche. L'index et le médium de la main droite saisissent l'anse de la cafetière pendant que le pouce, appuyé sur l'entonnoir, empêche celui-ci de basculer. On verse ainsi lentement, mais sans temps d'arrêt, l'émulsion sur le coin droit supérieur de la glace, que l'on incline méthodiquement en tous sens, comme s'il s'agissait de collodion. L'émulsion, riche en gélatine, et grâce au silicatage de la glace, coule aussi aisément que du collodion, recouvrant les bords aussi bien que le centre sans déborder, pourvu que les mouvements de la main gauche ne soient pas brusques. Il est indispensable de verser, sans s'arrêter, sur la glace, une quantité d'émulsion plus que suffisante ; si l'on s'y reprenait à deux fois, il se produirait une marque à la place où l'on aurait versé la seconde fois. Toujours comme s'il s'agissait de collodion, on renverse l'excès d'émulsion dans l'entonnoir, et l'on replace la cafetière dans son récipient ; mais il ne faut pas incliner la glace autant qu'on le ferait avec du collodion, sans quoi la couche serait trop mince. Il faut renverser d'un coup ce qu'il y a de trop et rien de plus, et ramener la glace dans la position horizontale, toujours sur les cinq doigts.

On acquiert très vite la notion de la quantité d'émulsion qu'il est nécessaire de laisser sur la glace, et je recommanderai toujours d'en laisser plus que moins, car je suis partisan convaincu des couches épaisses, du moins pour les clichés qui doivent avoir des demi-teintes. Pour les reproductions au trait, cela est moins nécessaire. Mais je m'occupe exclusivement des préparations rapides destinées aux portraits ou aux vues. Je compte qu'il ne faut pas qu'il reste sur une glace 13 × 18 moins de 10^{cc} de liquide; on peut même aller à 12^{cc} si l'on désire obtenir des clichés bien fouillés.

Lorsque l'émulsion a été ramenée en couche égale sur toute la surface de la glace par un mouvement lent de la main gauche, on la place sur un marbre ou une glace épaisse, mis de niveau au moyen de vis à caler, et on laisse faire prise. Pendant ce temps on prépare de nouvelles glaces, jusqu'à ce que tout l'espace dont on dispose sur la table de niveau soit occupé.

Il est superflu d'ajouter que toutes ces opérations doivent être faites à une lumière franchement rouge, mais suffisante pour qu'on puisse opérer sans aucun embarras ; la table de niveau doit être autant que possible à l'abri même de cette lumière rouge, qui à la longue aurait un effet nuisible.

Séchage des plaques.

Le séchage peut s'opérer soit à plat, soit en plaçant les glaces verticalement. Dans le premier cas, il est très lent, à moins qu'on ne puisse produire un courant d'air continu sur les surfaces à sécher; de plus les poussières sont à craindre. Néanmoins, on a construit des séchoirs à supports horizontaux qui remplissent bien leur but, pourvu qu'on produise un tirage par un moyen artificiel quelconque.

Le séchage vertical est plus rapide. Il faut que les glaces soient espacées les unes des autres de plusieurs centimètres, afin que l'air circule librement entre elles; il est désirable que la température de la pièce ne soit pas inférieure à 15° ou 20°, et que l'air s'y renouvelle facilement par une cheminée. Un système commode consiste à avoir une série de boîtes de dimension, avec de larges rainures à biseau distantes de $0^m,04$, dans lesquelles on introduit les glaces qui reposent sur une simple baguette, la boîte n'ayant ni fond ni couvercle; sa partie inférieure repose elle-même sur quatre pieds de $0^m,08$ à $0^m,10$ de haut, afin que l'air chargé d'humidité s'écoule. On peut construire ces boîtes de façon qu'elles s'emboîtent les unes sur les autres, celle du bas ayant seule des pieds, et formant ainsi une sorte de cheminée rectangulaire. Si on la place sous la hotte d'une cheminée de laboratoire par laquelle aucune lumière ne pénètre, la dessiccation s'opère très rapidement.

Quel que soit le mode de séchage adopté, il est indispensable qu'il soit régulier et qu'il n'y ait pas de variation brusque de température pendant sa durée, mais il n'est pas nécessaire qu'il soit rapide. J'ai eu des glaces excellentes qui ont mis trois et quatre jours à sécher; toutefois, dans ce cas, la régularité est plus difficile à obtenir, et il est préférable de se mettre dans des conditions telles, qu'il soit complet au bout de douze à dix-huit heures.

Conservation des plaques préparées.

Une fois qu'elles sont absolument sèches, les glaces peuvent se conserver sans altération en quelque sorte indéfiniment, pourvu qu'elles soient soustraites aux influences extérieures d'humidité ou d'émanations quelconques. Les onglets de papier ou de carton avec lesquels on les sépare généralement ont l'inconvénient de produire, à la longue, des taches sur les bords des glaces, et parfois même ces taches se propagent au delà, sous forme de fusées; cela provient sans doute des matières dont la pâte n'a pas été suffisamment débarrassée. Je préfère, pour ma part, séparer les glaces l'une de l'autre par quatre très petites boules de cire vierge qu'on fait adhérer aux quatre coins. Dans les pays chauds, ce système aurait des inconvénients; mais jusqu'ici il m'a constamment réussi, même en été, en France. Les plaques ainsi séparées deux par deux, les surfaces sensibles se regardant, sont enveloppées, d'abord dans un papier de soie, puis dans une feuille de papier noir dans la pâte. Le papier noir fabriqué pour envelopper les aiguilles est excellent pour cet usage.

Enfin, une troisième enveloppe, celle-ci de papier goudronné d'un côté, est un excellent préservatif contre l'humidité. On peut faire les paquets de deux ou quatre glaces, mais je conseille de ne pas dépasser ce nombre, afin de réduire le plus possible les risques de casse.

Je n'entrerai dans aucun détail relatif à la pose, qui peut varier dans des proportions infinies, suivant l'éclairage et l'objectif employé ; mais je puis dire que, si j'ai parfois rencontré des glaces aussi rapides, je n'en ai jamais rencontré qui le soient plus que celles préparées en suivant exactement la formule que je viens d'indiquer. J'ai obtenu avec un déplacement apparent de $0^m,01$ à $0^m,02$ des images d'objets animés d'un mouvement uniforme de 1^m par seconde, ce qui suppose une pose de $\frac{1}{100}$ à $\frac{1}{50}$ de seconde.

Lorsque les glaces ont été impressionnées, on peut, si cela est nécessaire, en reculer fort longtemps le développement, pourvu qu'on prenne les mêmes précautions pour les préserver de l'humidité et des émanations que celles indiquées plus haut. Je n'ai trouvé aucune différence appréciable sur des glaces développées plusieurs mois après la pose.

Développement des plaques à la gélatine.

Je ne décrirai qu'une seule formule de développement, parce que c'est la seule qui m'ait constamment réussi et que j'estime qu'elle répond à tous les besoins, qu'il s'agisse d'épreuves dites instantanées ou non. Il est loin de ma pensée de médire du développement alcalin à l'acide pyrogallique : j'en demande pardon à mes nombreux amis qui le préconisent ; je lui préfère absolument le développement à l'oxalate de fer, du moins pour les glaces préparées de la façon que je viens d'indiquer.

Je suis porté à croire que les glaces recouvertes d'une couche mince d'émulsion se développent beaucoup mieux à l'acide pyrogallique que les glaces à couche épaisse comme celles dont je me sers, qui se colorent très facilement dans le bain alcalin, et ont une grande tendance au voile vert par réflexion et rouge par transparence. Là peut-être est le secret de la divergence d'opinion entre les partisans déclarés de chacun des modes de développement.

J'ai en provision les solutions suivantes, qui ne s'altèrent pas :

1° De l'oxalate neutre de potasse dissous à saturation dans de l'eau distillée ;

2° Du sulfate de protoxyde de fer dissous à raison de 30 pour 100 dans de l'eau distillée contenant 1/2 pour 100 de son poids d'acide tartrique. Cette solution se conserve, pourvu qu'elle soit au jour. Dans le cas où elle se troublerait, on la ramènerait à l'état limpide par une addition d'acide tartrique suivie d'une exposition à la lumière ;

3° Une solution d'hyposulfite de soude à 1 pour 1000 ;

4° Une solution de bromure de potassium à 1 pour 100 ;

5° Une solution d'alun ordinaire à saturation.

Pour développer une glace 13 × 18 dans une cuvette de cette dimension, on prend 90^{cc} de la solution d'oxalate neutre de potasse; on y ajoute 30^{cc} de la solution de fer, et, s'il s'agit de développer un cliché dont la pose a été très courte, on additionne ce mélange de 1^{cc} à 3^{cc} de la solution d'hyposulfite à 1 pour 1000. La glace est plongée d'un seul coup dans le liquide, et l'image apparait au bout de quelques secondes. Si elle parait se voiler, ou se développer uniformément, on ajoute quelques gouttes de la solution de bromure; mais on doit en être sobre, car il est rarement nécessaire d'en faire usage avec les préparations que j'ai indiquées : le plus souvent, l'image monte d'elle-même en séjournant dans le révélateur.

Il est difficile d'indiquer combien de temps il convient

de l'y laisser; rien ne remplacera l'expérience, mais il faut en tous cas attendre que les blancs du cliché soient franchement teintés, si l'on veut avoir une image dure et heurtée. On examine la glace d'abord par réflexion, puis par transparence devant la lumière rouge, et il ne faut pas perdre de vue que l'image doit paraître beaucoup trop vigoureuse pour l'être suffisamment après le fixage. Avec un développateur récemment préparé, le cliché est ordinairement à point après une minute ou une minute et demie, mais il n'y a pas de règle fixe à cet égard, et l'opérateur le plus exercé est celui qui arrivera au meilleur résultat.

On rince ensuite le cliché sous le robinet, et on l'immerge dans une solution neuve d'hyposulfite de soude à 15 pour 100. On l'y laisse de cinq à dix minutes jusqu'à parfaite dissolution de la couche blanche de bromure, et on la plonge ensuite, sans la laver ou après un lavage superficiel, dans une cuvette contenant la solution d'alun à saturation. Cette opération, qui n'est d'ailleurs pas indispensable, n'a pas pour but de consolider la couche, mais de la nettoyer et de donner de la transparence aux noirs du cliché sans nuire en rien aux demi-teintes. Toutefois, le cliché baisse légèrement de ton dans cette solution, et il est préférable de ne point y faire passer ceux que l'on juge après fixage à leur valeur exacte, ni, à plus forte raison, ceux trop faibles. Ensuite, lavages abondants et prolongés et séchage.

Je développe généralement et successivement de quatre à six clichés dans la même solution d'oxalate fraîchement préparée. A partir du cinquième son action se ralentit, mais le développement ne s'en fait pas moins bien en un peu plus de temps. On peut facilement développer et fixer ces clichés en moins d'une heure, en remplaçant chaque glace au sortir des bains par une nouvelle. Si, pendant le lavage, la couche de gélatine paraît recouverte d'un léger dépôt opalin, il peut être utile de passer à sa surface une touffe de coton cardé mouillée, afin de l'enlever. On prolongera le lavage des clichés pendant plusieurs heures dans de l'eau souvent renouvelée, puis on laissera égoutter sur le séchoir. Si l'on désire obtenir une dessiccation très rapide, il suffira de laisser séjourner quelques minutes la glace dans une cuvette contenant de l'alcool. Placé ensuite dans un courant d'air, le cliché sera sec en une demi-heure, et pourra être tiré. Enfin, il sera prudent de vernir le cliché, ou simplement de le recouvrir d'une couche de collodion normal qui protégera la gélatine contre l'action du papier nitraté et aussi contre l'humidité, ou même les gouttes d'eau qui ne manquent pas, à un moment donné, de compromettre le cliché auquel on tient le plus.

La solution de fer doit toujours être transparente et ne laisser aucun dépôt ni sur la glace ni dans la cuvette. Si un dépôt d'oxalate de fer se produisait, il faudrait y ajouter de la solution d'oxalate neutre de potasse, jusqu'à ce qu'il se redissolve; mais cet accident ne se produit pas si l'on emploie les solutions dosées, comme il est dit ci-dessus. Il est également utile de s'assurer, au moyen du papier tournesol, que le mélange est franchement acide; s'il ne l'était pas, on l'amènerait à cet état par l'addition d'acide oxalique ou tartrique.

Après avoir développé cinq ou six clichés, la solution de fer a pris une teinte beaucoup plus foncée. Il faut se garder de la rejeter, car elle peut servir en quelque sorte indéfiniment, si l'on a la précaution de l'exposer à la lumière du jour dans un flacon bouché, transparent, après y avoir ajouté environ 1 pour 100 de son volume d'une dissolution à 4 pour 100 d'acide tartrique dans l'eau distillée. Au bout de peu d'heures d'exposition à la lumière diffuse, ou de quinze à dix minutes aux rayons solaires, le mélange d'oxalate de fer reprend sa teinte primitive, plus claire, et est de nouveau propre à développer plusieurs glaces. On peut répéter nombre de fois cette opération, et on possède ainsi constamment sous la main un développateur en bon état. Son action est un peu plus lente, mais presque aussi efficace que lorsqu'il est neuf. J'ai développé cet été, avec ce révélateur revivifié, de nombreux clichés instantanés sans la moindre difficulté. S'il tend à donner des clichés plus durs qu'à l'origine, on remédie à ce défaut par l'addition de quelques gouttes de la solution d'hyposulfite à 1 pour 1000.

Le révélateur contenant de l'acide tartrique doit toujours être acide et demeurer transparent. Il laisse souvent déposer des cristaux verts d'un sel de fer dont je n'ai pas constaté la nature, mais on ne doit pas s'en préoccuper; ils se déposent et demeurent adhérents au fond du flacon.

Il est un autre procédé que nous nous bornerons à indiquer sommairement et qui nous paraît susceptible de fournir du bromure d'argent très divisé.

Ce procédé de fabrication, basé sur le principe que nous allons indiquer, a été imaginé par M. Obernetter, de Munich, dont la compétence en pareille matière est indiscutable.

Du nitrate d'argent est mélangé à une solution de gélatine, et quand cette gélatine s'est figée on la divise en petits fragments que l'on recouvre d'une solution assez concentrée de bromure d'ammonium. La solution alcaline, en pénétrant à travers la gélatine, va se combiner avec le nitrate d'argent. Il se forme donc du bromure d'argent incorporé à la gélatine, et par suite aussi divisé que possible.

Nous ignorons les détails précis du procédé employé par M. Obernetter, mais voici des proportions indiquées par M. le lieutenant von Reisinger [1] :

---

[1] *Photographic News*, p. 728 (année 1882).

CHAPITRE PREMIER.

Il prend :

> 3^{gr} de gélatine,
> 80^{cc} d'eau,
> 3 gouttes d'une solution saturée d'alun.

A ce mélange il ajoute en pleine lumière :

> 5^{gr} nitrate d'argent

en dissolution dans

> 20^{cc} d'eau.

Quand le mélange est bien intime, il laisse la gélatine se figer, puis il la divise en petits fragments, et, la portant dans l'obscurité, il la recouvre (dans un vase plat) d'une solution assez forte de bromure de potassium. Après un repos d'une nuit, la liqueur est séparée des fragments de gélatine et l'on renouvelle cinq fois l'eau, de façon à bien laver; enfin l'on met à fondre au bain-marie en ajoutant encore un peu d'alun, et l'on enduit les plaques.

Nous avons nous-même essayé ce procédé avec succès. Il est d'une très grande simplicité; les lavages sont très faciles et très rapides; l'émulsion, enfin, est parfaite au point de vue de la division des particules de bromure d'argent.

Enfin, il est aisé de procéder à une préparation de ce genre partout et sans être obligé de recourir à des appareils compliqués ou dispendieux.

Émulsion sèche du commerce. — On vend de l'émulsion sèche toute prête à être employée avec une addition d'eau convenable. Il suffit de la faire fondre au bain-marie à une température de 45° C. environ et l'on a l'émulsion liquide toute prête à recouvrir les plaques.

Émulsion figée du commerce ([1]). — On trouve encore chez divers fabricants d'émulsion et chez les dépositaires de produits pour la photographie des flacons pleins d'émulsion à la gélatine figée; il n'y a plus qu'à chauffer au bain-marie sans addition d'eau et à employer immédiatement.

Supports autres que les glaces ou le verre. — La préparation que nous venons d'indiquer a pour support soit des glaces, soit du verre. Nous devons parler maintenant de supports différents, tels que le sont du papier et des pellicules de diverses sortes.

Mais avant, et pour suivre une marche méthodique, nous devons décrire le moyen de transformer en un négatif pelliculaire le cliché supporté par une glace ou par une plaque de verre.

Enlèvement du négatif à la gélatine à l'état de cliché pelliculaire. — Les plaques de verre ou les glaces sont talquées, puis recouvertes d'une couche de collodion normal à 2 pour 100 de coton-poudre; on laisse sécher et l'on procède ensuite comme il vient d'être dit plus haut.

([1]) Nous recommandons l'émulsion figée de MM. C.-B. Jonniaux et frère, rue de la Cathédrale, 16, à Liège. Nous l'avons essayée avec succès.

Lorsque le cliché est terminé, on le laisse sécher, puis on le recouvre du même collodion normal, et quand celui-ci est sec on entaille tout le tour du négatif avec une pointe de canif. L'épreuve s'enlève alors très facilement. M. Alfred Chardon recommande ce procédé qui lui a parfaitement réussi.

Pour donner plus de solidité à la pellicule, il convient de recouvrir le négatif d'une feuille très mince de gélatine blanche (on trouve de ces feuilles toutes prêtes chez les gélatineurs) [1].

En ce cas, après les derniers lavages, et sans laisser sécher, on met dans une cuvette pleine d'un liquide dont voici la formule :

```
Eau . . . . . . . . . . . . . . . . . 100cc
Alcool . . . . . . . . . . . . . . . .   5
Glycérine . . . . . . . . . . . . .   5
```

le négatif d'abord, puis une feuille de gélatine coupée de façon à excéder un peu les dimensions du cliché ; quand la gélatine a pris de la souplesse, on la sort au contact du négatif en évitant les bulles d'air, puis on chasse avec une racle le liquide en excès et on laisse sécher dans un milieu tranquille. On termine l'opération par un collodionnage avec du collodion à 1 pour 100 seulement de coton-poudre et on ne détache du verre qu'après une dessiccation absolument complète.

[1] Chez Bourgeois, gélatineur, 23, rue Saint-Merry, on fait de ces feuilles pour l'enlèvement du négatif ou pour le montage des clichés pelliculaires.

Quand il s'agit de plaques achetées préparées, on peut arriver à faire l'enlèvement de la pellicule avec succès, si l'on a remarqué que la couche de gélatinobromure a une tendance à se soulever lors du développement, mais il ne serait pas prudent de tenter la chose sur un cliché que l'on tient à conserver.

Gélatinobromure sur papier et pellicules diverses. — Au lieu d'employer des supports rigides translucides tels que la glace ou le verre, on peut étendre la couche de gélatine sur des supports flexibles, tels que du papier ou des pellicules.

La maison Morgan, entre autres, fabrique en grand du papier recouvert d'une couche de gélatinobromure.

Si l'on veut préparer soi-même du papier enduit de cette couche sensible, on tend d'abord sur une glace et par les bords du papier humide à pâte régulière ; le papier de Rives, pour la photographie, convient très bien à cet usage. Ce papier, une fois sec, est bien tendu ; on le recouvre alors d'une couche de collodion normal à 1 pour 100 de coton-poudre, puis, quand cette couche est sèche, on met la gélatine bromurée ainsi qu'il a été dit plus haut.

On coupe ensuite à la dimension voulue. Si l'on veut avoir la faculté de détacher du papier l'épreuve à l'état pelliculaire, il faut user d'un papier sans colle, que l'on tend sur une glace et que l'on enduit, une fois qu'il est tendu, d'une couche de caoutchouc manufacturé en dissolution dans de la benzine; on trouve chez Rattier et Guibal ce produit tout prêt à l'état de vernis pâteux. On n'a plus qu'à l'étendre de benzine ou d'essence minérale jusqu'à consistance convenable.

On laisse se volatiliser le dissolvant, puis on recouvre de collodion normal et enfin de gélatinobromure, et l'opération suit son cours comme dans le cas précédent.

Quand on a fini l'image négative, il suffit, pour la détacher, après l'avoir vernie du côté de la gélatine avec du collodion normal, d'humecter le dos de l'épreuve avec un tampon de coton imbibé de benzine ou d'essence minérale. Le caoutchouc se ramollit et l'on sépare très aisément du papier une pellicule formée de deux couches de collodion normal très minces, entre lesquelles se trouve emprisonné le négatif; la pellicule gagne en solidité si on la renforce avec une feuille de gélatine mince ainsi qu'il vient d'être expliqué plus haut.

Papier à pellicule réversible de M. A. Thiébaut. — Ce papier offre l'avantage d'être trouvé tout préparé industriellement et fort bien préparé; il n'exige pas de matériel spécial.

Sa sensibilité est celle des plaques au gélatinobromure d'argent; il se développe et se fixe de la même manière.

Le négatif obtenu se sèche régulièrement entre

des feuilles de buvard blanc, moyen très pratique en voyage.

La pellicule se détache à sec de son support, par simple séparation, sans le secours d'aucun dissolvant; de sorte que le négatif est exempt de grains du papier et possède la finesse et la transparence du cliché sur verre.

Enfin le négatif est susceptible d'être employé pour l'impression des deux côtés, et il sert aussi bien pour le tirage des épreuves positives ordinaires que pour l'obtention de planches de Phototypie ou de gravure.

Le papier pelliculaire Thiébaut remplace donc avec de grands avantages les autres procédés pelliculaires.

Pour l'exposition à la chambre noire, on glisse le papier sensible, coupé de calibre, dans les rainures d'une plaque de tôle noire et légère faisant office de verre et s'appliquant dans n'importe quel châssis; ou même encore on use d'une plaque de carton laminé, recouvert de l'enduit poisseux du diachylon, dont il sera parlé plus loin.

L'emploi de ces papiers pelliculaires est aussi très facile avec la chambre noire et le châssis Martin.

Pour développer, on mouille pendant une minute dans de l'eau ordinaire le papier impressionné; puis, après avoir jeté l'eau, on verse sur le négatif le révélateur soit à l'oxalate de fer, soit à l'acide pyrogallique ; on développe vigoureusement, et quand on juge, par transparence, l'épreuve suffisamment venue, on rejette le révélateur, on rince le négatif et l'on fixe dans la solution suivante bien filtrée :

Eau chaude	1000
Hyposulfite de soude	150
Alun ordinaire pulvérisé	60

Les épreuves négatives doivent rester dans ce bain jusqu'à ce qu'elles soient complètement transparentes. Le fixage exige en moyenne une heure et même davantage, vu l'épaisseur de la couche d'émulsion formant pellicule, mais on peut fixer plusieurs épreuves dans la même cuvette en ayant soin d'éviter qu'elles ne s'attachent les unes aux autres.

Par prudence, mieux vaut exagérer la durée d temps consacré au fixage. Le support du papier étant blanc, on voit difficilement si le bromure d'argent a entièrement disparu ; il est donc préférable de prolonger l'immersion dans le bain fixateur plutôt que de s'exposer à un fixage incomplet qui entraînerait la perte du négatif.

Après le fixage, on passe dans de l'eau alunée à 5 pour 100 et puis on lave.

Le lavage des négatifs a lieu soit dans de l'eau courante, soit dans de l'eau stagnante que l'on change de temps en temps, pendant une heure au moins.

Pour sécher les négatifs, on les étend dans du buvard blanc de la même façon que les épreuves positives sur albumine; quand l'eau est épongée, on les remet entre des feuilles sèches où on les abandonne jusqu'à complète dessiccation.

Enfin, on sépare la pellicule de son support en commençant par un des angles. Les négatifs, ainsi que le papier sensible, doivent se conserver roulés, la couche en dehors et à l'abri de l'humidité.

Quand il s'agit de pellicules de petit format jusqu'au 18 × 24, on peut employer les pellicules sans les transporter sur un autre support. Au delà de ces dimensions on aurait à craindre des froncements. Le mieux est alors de transporter le négatif sur une glace ou d'en faire une pellicule épaisse avec de la gélatine.

Tout d'abord, nous conseillons de protéger les négatifs pelliculaires contre toute détérioration pouvant provenir de l'eau ou de l'humidité en les emprisonnant entre deux couches de collodion normal, à 1 pour 100 de fulmicoton.

Dès que le négatif est sec, on le maintient tendu sur une plaque à l'aide de quatre ou six pinces, et l'on en collodionne la surface.

On laisse le collodion se sécher spontanément, puis, quand il est tout à fait sec, on applique le côté collodionné contre une glace dont la surface a été préalablement recouverte d'un vernis au caoutchouc dissous dans de la benzine à consistance sirupeuse.

La benzine en excès se volatilise promptement, et l'on applique alors le négatif que l'on fait adhérer au vernis poisseux à l'aide de la pression cylindrique, d'une presse à satiner ou d'un rouleau en caoutchouc. Quand l'adhésion est complète, on enlève le papier, qui abandonne le négatif, et, le papier une fois détaché de la pellicule, on collodionne cette nouvelle surface comme on l'a fait pour la première, en ayant soin seulement de faire écouler le collodion par le bord opposé. De cette façon, on égalise l'épaisseur de la pellicule, et l'on a un cliché pelliculaire très bien préservé.

Si l'on veut transférer le négatif pelliculaire sur une glace pour l'y laisser fixé définitivement, il suffit de mettre à la surface de cette glace une couche très mince de gélatine filtrée (à 12^{gr} de gélatine pour 100^{gr} d'eau). Dès que cette couche a fait prise, on introduit le papier et le négatif qu'il supporte dans de l'eau propre, on y met aussi la plaque gélatinée en ayant soin de promener un blaireau sur la surface gélatinée pour en chasser les bulles d'air, puis on sort le négatif appliqué contre la gélatine. L'excès de l'eau est expulsé à l'aide d'une racle et on laisse sécher. Le papier est alors détaché, abandonnant la pellicule fixée à la glace, et ne pouvant servir que pour des impressions photomécaniques, car le sens en est renversé.

Si l'on tient à redresser la pellicule tout en la fixant définitivement sur un support rigide, rien n'est plus facile: on la colle d'abord sur du papier simplement recouvert sur un côté d'une dissolution de gomme arabique. On laisse sécher et l'on enlève le premier véhicule. Puis, on applique le négatif sur une glace recouverte de gélatine, comme il vient d'être dit, mais sans immerger le négatif dans de l'eau; on se borne à plonger la glace gélatinée dans de l'eau; on le sort tout mouillé et l'on applique à sa surface, contre la gélatine, le négatif pelliculaire. On fait adhérer avec la racle, et, quand tout est sec, et même avant, on se borne à humidifier le dos du papier; la gomme arabique se dissout et le nouveau support est facilement enlevé.

Si l'on veut conserver la faculté d'user du négatif pelliculaire tantôt d'un côté tantôt de l'autre, il faudra se borner à en collodionner les deux surfaces sans fixer la pellicule sur aucun support. Il y aurait sans doute des moyens de ne la fixer que provisoirement sur un support rigide et translucide, mais cela entraînerait dans des complications dont il est inutile de courir les chances.

On peut encore, si l'on veut renforcer la pellicule tout en conservant le négatif à l'état pelliculaire, le doubler du côté opposé à celui qui sera réservé à l'impression d'une feuille de gélatine blanche.

La feuille de gélatine est plongée dans une cuvette contenant le liquide dont la formule a été indiquée page 25, en est sortie portant sur une glace talquée ; le négatif est mouillé à son tour et posé sur la gélatine, on chasse le liquide en excès et les bulles d'air, et on laisse sécher. On enlève le papier dès que la dessiccation est complète, puis la séparation de la pellicule renforcée d'avec la glace s'opère sans difficulté.

Il va sans dire que le négatif, en pareil cas, ne peut servir, avec toute sa finesse, que du côté opposé à celui où a été appliquée la feuille de gélatine.

Papier transparent au gélatinobromure d'argent à pellicule réversible, pour négatifs et pour positifs par transparence, de M. Balagny. — Un autre expérimentateur des plus distingués, M. Balagny, dont le nom est aussi bien connu de nos lecteurs, vient de doter la photographie d'un bon papier à pellicule réversible, et il y est arrivé dans des conditions que nous trouvons excellentes, bien que susceptibles, peut-être, d'être encore améliorées.

Nous extrayons d'une note publiée par l'inventeur de ce papier pelliculaire, les indications pratiques relatives à l'emploi de sa préparation.

« Le *papier* se met dans un châssis derrière un verre ; il est maintenu plat, soit par une feuille de ferrotype, soit par un carton assez résistant.

« Il est fort rapide, mais il ne marche réellement bien que lorsque le sujet exécuté a eu toute la pose qu'il comportait. Tout dépend donc du sujet lui-même, de l'objectif, de son ouverture, de la lumière et du moment de la journée. »

Réservant la partie relative au développement, qui est renvoyée à un chapitre spécial, nous indiquons ici seulement les diverses façons dont peuvent être traités les papiers-clichés, une fois développés et fixés :

« *Report sur une feuille de gélatine.* — Avant de faire un report, quel qu'il soit, prendre le soin de couper les bords du cliché avec de bons ciseaux, à $0^m.002$ de profondeur, et dans cette partie qui a été cachée par la feuillure du châssis et qui forme généralement une raie blanche tout autour du cliché. L'important, c'est de rogner le cliché à $0^m,002$ pour obtenir une tranche bien nette tout autour.

« Mettez alors tremper votre cliché ou vos clichés tous ensemble dans une cuvette d'eau. Retirez celui que vous voulez reporter et mettez-le à plat papier en dessous, sur un verre ayant environ $0^m 05$ a $0^m.06$ de plus que le cliché dans toutes ses dimensions.

« Coupez une feuille de gélatine du commerce (le n° 1 de Bourgeois, gélatineur, 23, rue Saint-Merri, convient tout particulièrement). On pourrait aussi se servir du n° 2, mais plutôt pour les positifs par transparence, le n° 2 étant plus épais que le n° 1. Plus la pellicule sera fine, plus beau sera le tirage. Cette feuille aura 0^m,03 de plus que votre cliché sur toutes ses dimensions. Alors vous vous trouverez en présence de trois surfaces dont voici par exemple les dispositions si vous avez voulu reporter un cliché 13 × 18.

« Au centre se trouvera le cliché, le plus petit des trois, ayant 13 × 18. La feuille de gélatine qui doit le recouvrir aura environ 15^c ou 16^c × 21^c et votre verre sur lequel vous ferez votre report aura 18^c × 24^c.

« Nous avons dit que votre cliché avait été posé à plat, tout humide, au centre de votre verre.

« Faites le bain suivant :

Eau.	1^lit
Alcool à 40°.	50^cc
Glycérine.	50

« Mettez dans une cuvette et plongez-y en entier la feuille de gélatine, que vous y laissez jusqu'à ce qu'elle soit complètement ramollie.

« Dans cet état, prenez-la et posez-la purement et simplement sur le cliché. Étant coupée de 0^m,03 plus grande que lui, et de 0^m,03 moins grande que le verre, elle occupera la moitié de la superficie de la glace comprise entre les bords de celle-ci et les bords du cliché.

« Avec un blaireau trempé dans l'eau, chassez les bulles.

« Coupez quatre bandes de papier gommé, ou

de vieux papier albuminé. Ces bandes devront être de telle largeur qu'étant appliquées d'au moins $0^m,01$ sur les bords de la feuille de gélatine, elles puissent venir se rabattre de l'autre côté du verre, de façon à opérer une tension sur les quatre côtés de la feuille de gélatine humide.

« Comme longueur, ces bandes devront avoir celle du cliché moins $0^m,01$, afin de produire une gouttière aux quatre coins. Ensuite, prenez une de ces bandes, mouillez-la légèrement avec le pinceau, comme on mouillerait un timbre-poste, puis appliquez-la tout du long du côté que vous voulez tendre sur le bord de la feuille de gélatine. Cela fait, vous rabattrez le reste du papier sur le dos du verre ; comme il est humide, le papier collera fortement.

« Après cela, vous prenez votre pinceau de blaireau, et vous chassez les bulles en tenant la glace du côté tendu.

« Vous tendez un deuxième côté, vous chassez encore les bulles avec votre blaireau.

« De même enfin pour le troisième et le quatrième côté. Vous abandonnez alors le tout à la dessiccation en mettant le cliché droit contre un mur, la couche en avant. En été cette dessiccation se fait très vite.

« Quand tout le système est bien sec, retouchez, repiquez votre cliché, faites-lui même un ciel, en travaillant à même la feuille de gélatine.

« Enfin, après toutes ces précautions prises, et toujours pendant que votre cliché est tendu, collodionnez-le avec du collodion normal à 1 pour 100 qui servira de vernis. Laissez encore sécher et, prenant un canif et une règle, coupez la gélatine dans la portion comprise entre le papier du cliché et le papier tendeur.

« Coupez bien jusqu'au verre, votre pellicule vient à vous admirablement plate. Le papier se retire de lui-même et vous pouvez alors jouir d'un cliché qui a toute la finesse du verre sans en avoir les défauts.

« *Deuxième report sur verre.* — Vous prenez un verre bien propre et bien essuyé. Vous mouillez votre cliché coupé d'avance, comme je l'ai dit plus haut, à $0^m,002$, sur ses bords, et vous le laissez bien tremper; deux heures ne sont pas de trop pour détremper l'encollage du papier.

« Quand vous jugez ce résultat acquis, vous le retirez de la cuvette, vous l'égouttez cinq minutes sur une glace, et, le saisissant par deux angles diagonaux, vous le déposez purement et simplement sur votre verre propre en présentant à sa surface la couche de gélatine humide du cliché.

« Pour que cette opération réussisse bien, il faut que le verre que l'on emploie soit exempt de toute matière grasse. On s'en assure en faisant couler une certaine quantité d'eau à sa surface. Si l'eau coule également partout, le verre est propre et peut être employé.

« Au lieu de faire le report comme ci-dessus, on peut le faire sous l'eau comme au charbon.

« Bien éviter les bulles uniquement d'ailleurs pour la propreté de l'opération.

« Vous les chassez à l'aide d'un petit rouleau en caoutchouc ou d'une raclette, ou même avec les doigts.

« Laissez sécher de la manière la plus complète.

« Le papier s'en ira ensuite très facilement, si avant de faire le report vous avez pris la précaution de préparer un des angles du cliché à l'opération du détachement.

« Cette préparation doit se faire sur le cliché humide après l'avoir coupé tout autour, comme nous l'avons dit ci-dessus.

« On passe sur deux de ses bords, entre le papier et la pellicule, un couteau à palette de peintre très fin de lame, et arrondi à son extrémité. On fait pénétrer la lame à 1 ou 2 centimètres de profondeur.

« Avec cette précaution préalable, les reports sur verre se font sans la moindre peine.

« Pour les reports sur gélatine, cette précaution est inutile.

« Dans les deux systèmes de report qui précèdent, le cliché et le positif par transparence arrivent avec un aspect douci semblable à celui des glaces dépolies les plus fines. Cet aspect dépoli est parfait pour toutes les espèces de positifs par transparence, et même pour les projections, quoique certaines personnes ne connaissant pas encore suffisamment le procédé aient pu prétendre le contraire. De plus, ce dépoli augmente l'intensité des clichés et favorise la bonne exécution du tirage.

« D'ailleurs, ce papier tel qu'il est aujourd'hui préparé peut donner des négatifs et des positifs exempts de ce dépoli pour les personnes qui pourraient le désirer.

« Les deux procédés ci-dessus sont les plus simples, leurs résultats sont sûrs et l'on peut affirmer qu'il n'y a pas la moindre difficulté pour les mettre en pratique.

« *Séparation du cliché de son papier par voie humide.* — Vous prenez un cliché, qui a bien détrempé pendant deux heures ; vous le rognez à $0^m,002$ comme il a été dit ci-dessus, et vous le mettez à plat sur un verre propre. En tâtonnant, vous choisissez celui des angles où la couche est la plus épaisse. Vous rabattez sur lui-même une corne du cliché et par cette ouverture vous faites passer le couteau entre le cliché et le papier ; vous faites filer la lame tout du long d'au moins deux côtés du cliché, en maintenant le couteau à palette bien à plat. En général, il faut faire cette opération quand on sent que le cliché est disposé à la supporter.

« On s'en aperçoit quand, en retirant le cliché de l'eau où il trempe, et en laissant égoutter quelques instants, on le voit se couvrir de petites pustules. Ces sortes de petits boutons indiquent que l'encollage se gonfle d'eau et que le papier et la pellicule tendent à se séparer.

« Quand vous êtes dans ces conditions, l'opération que je décris ici se fait avec une très grande facilité. Si vous ne voyez pas ces petits boutons, ce n'est pas non plus un signe que le détachement ne se fera pas bien. Essayez donc sur un angle, et vous verrez de suite si le papier et la pellicule s'ouvriront devant la lame de votre couteau.

« Quand les deux ou même trois côtés de votre cliché sont ainsi ouverts sur une profondeur moyenne de $0^m,02$, vous appliquez le cliché face contre le verre, papier en dessus par conséquent ; vous enlevez toutes les bulles avec le petit rouleau, vous préparez une corne dans l'angle où la couche du cliché a été jugée par vous la plus épaisse. Vous passez de nouveau le rouleau et vous vous assurez qu'il n'y a plus aucune bulle entre la couche de gélatine et le verre, en un mot que l'adhérence est parfaite. Dans cet état, vous laissez couler l'excès d'eau, en dressant le cliché contre un mur, pendant dix minutes environ. Ceci fait, vous mettez le cliché à plat sur une table ; du pouce de la main gauche, vous maintenez appliqué contre le verre le petit angle de la pellicule découvert sous la corne que vous avez préparée, et du pouce et de l'index de la main droite vous saisissez la feuille de papier, puis vous tirez à vous doucement, moelleusement, et sans temps d'arrêt.

« Si vous laissiez votre cliché dans cet état, le côté gélatiné donnant sur le verre, en séchant, il adhérerait fortement au verre et vous ne pourriez plus l'enlever, vous auriez fait ainsi un report sur verre comme il a été dit ci-dessus pour notre deuxième report à sec, mais cette fois-ci par la voie humide.

« Ne laissez donc pas sécher votre pellicule avant de l'avoir placée dans le sens où vous le désirez, et en tout cas, de telle façon qu'elle puisse quitter son support, si plus tard cela vous est nécessaire.

« On sait qu'il y a un grand intérêt à avoir une pellicule libre, et l'on peut choisir dans l'une des combinaisons qui suivent :

« *Premier cas*. — Si vous voulez laisser, comme ci-dessus, la pellicule adhérente au verre, côté de la gélatine contre le verre, et si vous voulez que ce report soit transparent, lavez bien la pellicule libre en la tenant sur son verre, sous un robinet. La colle s'enlève en totalité, et pour éviter qu'en séchant il ne reparaisse un peu du dépoli, vous passez à la surface de la pellicule humide une couche de la gélatine suivante bien filtrée que vous avez toujours à votre disposition.

$$\text{A chaud} \begin{cases} \text{Eau} \dots \dots \dots \dots & 500^{gr} \\ \text{Gélatine} \dots \dots \dots & 75^{gr} \\ \text{Glycérine} \dots \dots \dots & 25^{cc} \\ \text{Alcool} \dots \dots \dots & 25 \end{cases}$$

« Laissez sécher à l'abri de la poussière, vous avez alors un report transparent sur verre, que vous pouvez même collodionner en guise de vernis.

« Ce report sert pour les impressions au charbon, les projections, etc. Il est adhérent au verre.

« *Deuxième cas.* — Si vous voulez avoir votre pellicule reportée sur verre, mais dans l'autre sens, c'est-à-dire de telle façon que le côté collodion soit à même le verre et que le côté gélatine soit en dessus :

« Vous rincez toujours votre pellicule libre comme il a été dit au premier cas.

« Dans une cuvette d'eau filtrée, vous plongez une glace préparée avec une couche fine de la gélatine ci-dessus.

« Puis vous retournez la pellicule qui est sur le verre. On peut retourner une pellicule de bien des façons et sans le moindre danger. Le moyen suivant est très commode.

« Votre pellicule est sur le verre, gélatine face au verre. Prenez deux feuilles de buvard de même grandeur. Vous en plongez une dans l'eau et l'appliquez contre la pellicule, puis vous relevez les deux ensemble.

« C'est maintenant le côté gélatine de la pellicule qui se trouve en dessus. Mettez le tout sur votre verre, buvard en dessous, puis plongez dans l'eau la deuxième feuille de buvard, couvrez-en le cliché, celui-ci se trouve emprisonné entre les deux feuilles de buvard.

« Soulevez la feuille du dessous et entraînez la pellicule avec elle, c'est le côté collodion qui est alors à découvert.

« Dans cet état, faites flotter la pellicule et son buvard sur la cuvette d'eau filtrée où se trouve votre verre gélatiné. Dès que la pellicule touchera le liquide, elle abandonnera son buvard; avec le pinceau de blaireau vous la dirigez à plat, vers le fond, en présence du verre gélatiné que, naturellement, vous avez choisi de dimension un peu plus grande qu'elle. Vous relevez ensuite verre et pellicule ensemble et vous laissez sécher. Vous avez alors un cliché reporté sur verre gélatiné, gélatine en dessus.

« Ce report sert pour les impressions aux sels d'argent. Le cliché ne quitte plus le verre.

« *Troisième cas.* — Si vous voulez avoir une pellicule transparente construite de telle façon que la feuille de gélatine dont vous allez habiller votre cliché soit placée sur le dos du cliché, c'est-à-dire sur le côté collodion, de manière à obtenir un tirage aux sels d'argent :

« Prenez une glace bien propre et cirez-la avec :

  Cire . . . . 2^{gr}
  Benzine à dissolution 100

« Mettez, après dissolution, un peu de cette liqueur sur une flanelle et passez-la en long sur votre glace, de manière à laisser une trace très légère de cire. Laissez sécher, collodionnez avec un collodion normal à 1 pour 100.

« Faites dégraisser dans une cuvette d'eau filtrée.

« Laissez-y la glace.

« Prenez votre pellicule libre.

« Rincez-la au robinet.

« Au moyen des buvards faites-la flotter, gélatine en dessous, sur la surface de la cuvette. Avec le pinceau, dirigez-la vers la glace collodionnée.

« Relevez ensemble verre collodionné et pellicule. Laissez prendre pendant un quart d'heure environ, rincez de nouveau et appliquez alors sur le dos de votre pellicule une feuille de gélatine comme il a été dit plus haut.

« Laissez sécher et collodionnez en guise de vernis.

« De nouveau, laissez sécher et incisez avec un canif tout autour. Vous avez un cliché pelliculaire transparent, spécialement pour le tirage aux sels d'argent.

« En passant, recommandons d'employer des feuilles en gélatine très fines.

« Vous voyez d'ici tout ce que l'on peut faire avec une pellicule rendue libre par le redressement que l'on en a fait à l'humide. En dehors des trois cas ci-dessus, les applications sont nombreuses. Citons-en quelques unes :

« Report d'une pellicule (positif par transparence) sur une fenêtre, sur un verre gravé, sur un vitrail de couleur, etc.

« Report sur un cylindre de verre pour obtenir des clichés cylindriques qui seront certainement utiles pour l'impression aux encres grasses.

« Report sur papiers gélatinés alunés, sur papier à la gomme laque, etc.

« Report sur glace cirée, polie et collodionnée, dans le cas où l'on peut avoir besoin de surfaces émaillées.

« Report sur bois et métaux.

« Report de deux clichés, l'un sur l'autre, procédé avec lequel on pourra superposer un cliché instantané dont le fond ne sera pas venu, à un cliché longuement posé dont les détails du fond seront fouillés.

« Combinaisons, par ces deux reports, du texte et des gravures pour les impressions typographiques, etc., etc.

« Pour terminer, nous appellerons l'attention de nos lecteurs sur l'observation suivante.

« Toutes les fois que l'on veut avoir un report transparent ou une pellicule transparente, il faut détacher à l'humide, rincer la pellicule pour ôter l'excès de colle qui a servi à préparer le papier et recouvrir le côté collodion et la pellicule, c'est-à-dire l'envers du cliché, pendant qu'il est encore humide, soit d'une couche de gélatine chaude, soit d'une pellicule en gélatine du commerce, car une surface polie et humide appliquée contre une autre surface même dépolie, mais humide, produit toujours, quand le système est sec, une surface polie et transparente. »

Nous ne saurions trop recommander l'emploi des papiers pelliculaires, non seulement parce qu'ils allègent le bagage du touriste photographe, mais encore à cause des avantages qu'offre, à bien des points de vue, la réversibilité des négatifs.

Négatifs pelliculaires autres que ceux sur papier. — On a aussi recours à des pellicules translucides de diverses sortes :

1° Pellicules en gélatine à simple couche de collodion : De ce genre sont celles que fabrique M. Stebbing. Ces pellicules sont, croyons-nous, ainsi formées : une glace talquée est recouverte de collodion normal sur lequel on verse une quantité de solution de gélatine alunée convenable pour former une couche plus ou moins épaisse suivant qu'on le désire. Après dessiccation de cette couche, qui, cela va sans dire, doit avoir été mise bien régulièrement à l'aide d'un niveau à bulle d'air, la glace étant posée sur un support à vis calantes, on passe l'enduit de gélatinobromure, on laisse de nouveau sécher et l'on enlève la pellicule après avoir entaillé les bords avec la pointe d'un canif.

On opère sur des plaques assez grandes, sauf ensuite à réduire la pellicule aux dimensions voulues.

2° Pellicules de gélatine à double couche de collodion : Nous croyons donner un avis utile en conseillant de préparer la pellicule comme il suit, cela complique un peu plus et coûte davantage, mais ce sont des considérations de peu d'importance pour un amateur désireux de réussir. Selon nous donc, il y a lieu, pour que les bons résultats soient plus certains encore, d'apporter à la préparation ci-dessus une légère modification : après avoir mis et fait sécher la couche de gélatine qui n'a d'autre objet que d'ajouter à la consistance de la pellicule, on la recouvre d'une nouvelle couche de collodion normal sur laquelle on met enfin la gélatine bromurée.

La couche de gélatine aura été passée à l'alun de chrome saturé avant d'être soumise à la dessiccation.

De cette façon, et garantie qu'elle est par la deuxième couche de collodion peu perméable à l'eau, on aura des supports flexibles très solides, capables de résister parfaitement sans se gonfler sensiblement à une longue immersion dans l'eau ou dans le liquide aqueux.

L'épaisseur de la couche de gélatine étant, si faible qu'elle soit, toujours trop forte pour permettre le tirage positif à travers cette couche, il peut convenir de séparer, à un moment donné, le négatif de son support pelliculaire.

Il est donc bon de prévoir cela et de talquer toujours la surface de la gélatine alunée une fois qu'elle est bien sèche et avant d'y mettre la deuxième couche de collodion. Pour procéder au retournement de l'image, on devra vernir celle-ci avec du collodion normal, tandis qu'elle est tendue sur une glace retenue tout autour par des bandes de papier collé, après quoi l'on collera sur la surface du collodion une feuille de papier gommé. Celui-ci étant sec, on entaillera le tour avec un canif, et la séparation du support d'avec l'image négative s'effectuera aisément ; celle-ci demeurera emprisonnée entre deux pellicules de collodion.

Mais, disons-le tout de suite, au lieu d'employer ce procédé, nous aimons mieux, pour les négatifs destinés à être retournés, conseiller l'emploi des papiers à pellicules réversibles, les pellicules doublées de collodion étant trop sujettes à se fendiller.

3° Celluloïd, ou liquide propre à former des supports pelliculaires flexibles et translucides : De récents et heureux essais de M. David prouvent que l'on peut user, au lieu de collodion normal, d'une substance très solide, imperméable à l'eau, susceptible d'être coulée en feuilles très minces, tout en étant très résistantes. Cette substance est le celluloïd liquide. On le passe au pinceau sur du verre en couches plus ou moins épaisses, et sur la couche de celluloïd on met directement la gélatine bromurée.

Pour séparer le celluloïd du verre, il suffit d'employer de l'eau tiède, mais évidemment on ne pourrait user de ce moyen tandis que la couche de gélatinobromure est sur le celluloïd.

Nous n'indiquons ce procédé de l'avenir que pour mémoire, car il n'est pas entré encore dans le domaine de la pratique. Le celluloïd présente d'ailleurs l'inconvénient de ne pas se conserver aisément à l'état de surface bien plane. L'eau, la chaleur le font goder, ce qui est un sérieux défaut pour des clichés photographiques.

4° Pellicules de gélatine libres soit sans aucun support de collodion ou de papier : Ces pellicules sont traitées comme les autres, mais elles permettent de produire un agrandissement du quart au tiers de la surface primitive, ce qui, pour les négatifs obtenus avec les très petits appareils, constitue un sérieux avantage. Nous avons décrit ce procédé dans tous ses détails dans le Chapitre relatif à l'*En-cas photographique* de poche.

Quelle que soit la nature du support pelliculaire, il y a lieu de songer à n'employer les couches sensibles que dans un état de planité parfaite.

Divers moyens ont été indiqués pour cela, et tout d'abord celui qui est le plus simple consiste dans l'interposition des pellicules ou papiers sensibles entre deux glaces minces, celle de dessous étant recouverte de papier noir.

Quant aux châssis spéciaux pour ces sortes de pellicules, y compris les supports à enduit poisseux, nous les décrivons dans le chapitre relatif aux appareils portatifs.

Détermination des sensibilités relatives des diverses couches sensibles. — Pour que la comparaison des sensibilités diverses soit facile, il fallait pouvoir disposer d'un appareil disposé de façon à rendre partout comparables entre elles les expériences relatives à la sensibilité des couches négatives.

Un sensitomètre étalon était nécessaire avant tout, et, ce qui était tout aussi indispensable, c'était une source de lumière toujours égale.

Notre honorable et savant confrère, M. Warnerke, a imaginé un *étalon sensitomètre* que nous ne saurions trop recommander. Il est construit de la façon la plus ingénieuse et il réalise parfaitement les conditions voulues pour que les observations de chacun, où que l'on soit et à quelque époque que l'on opère, soient bien comparables entre elles.

La lumière étalon choisie par M. Warnerke est produite d'une façon fort originale.

C'est celle d'un ruban de magnésium d'une longueur d'environ $0^m,02$ à $0^m,03$ agissant le plus près possible d'une plaque de verre recouverte à l'intérieur d'une couche de sulfure de calcium phosphorescent.

Les dimensions du morceau de ruban de magnésium suffisant pour exciter au maximum la phosphorescence de la plaque de sulfure de calcium sont d'environ $0^m,03$.

Il est utile de savoir que cette substance phosphorescente acquiert, sous l'influence d'une source de lumière quelconque, un degré de luminosité qui ne peut s'accroître, quelle que soit la durée de l'action de la source de lumière sur elle.

En un mot, on brûlerait inutilement, au contact de la plaque phosphorescente, un ruban de magnésium deux ou trois fois plus long, le résultat ne se trouverait en rien modifié, la lueur que peut émettre la substance phosphorescente ne s'en trouverait pas augmentée.

Tel est le point de départ, le principe du *sensitomètre étalon* de M. Léon Warnerke.

Nous allons maintenant décrire cet ingénieux appareil : il est formé d'une sorte de châssis-presse de petit format dont la glace est remplacée par une échelle de teintes graduées. Chaque teinte ou degré, de moins en moins translucide, porte à son centre un numéro opaque indicateur du degré. Au n° 1 correspond la teinte la plus légère, soit le degré

52   PREMIÈRE PARTIE.

de translucidité le plus grand, et au n° 25 le degré de l'opacité le plus intense. La *fig.* 1 donnera d'ailleurs une idée complète de cette échelle graduée,

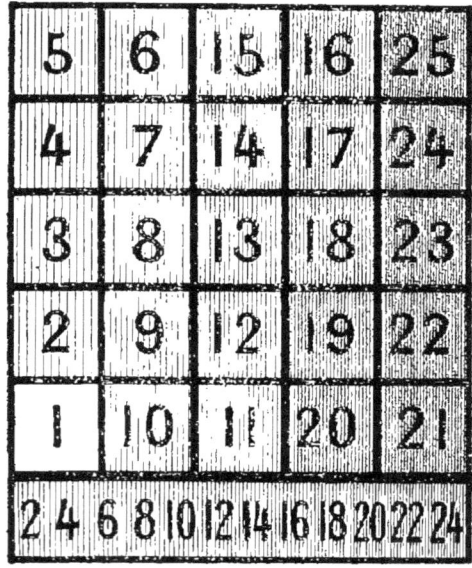

Fig. 1.

fort bien exécutée et dans des conditions qui permettent de réaliser l'impression d'un très grand nombre d'échelles absolument comparables entre elles.

La série des accroissements d'opacité depuis le

n° 1 jusqu'au n° 25 forme une échelle de teintes régulièrement ascendantes. M. Warnerke a eu recours à une impression photoglyptique pour obtenir cette échelle, qu'on ne saurait désirer plus parfaite.

C'est contre cette échelle graduée que l'on applique la couche sensible dont on désire connaître le degré de sensibilité.

En avant, de l'autre côté de l'échelle, à une distance d'environ $0^m,01$, se met la plaque phosphorescente, qui est séparée de l'échelle par un volet à coulisse que l'on ouvre au moment précis où l'on veut faire agir la lueur émise par la substance phosphorescente à travers l'échelle et sur la couche sensible.

Quant on veut déterminer le degré de sensibilité d'une surface sensible, on en met dans le châssis-presse, contre l'échelle, un fragment coupé à la dimension convenable et l'on ferme le couvercle du châssis, le volet opposé restant fermé de son côté.

Saisissant alors avec une pince en fer un morceau du ruban de magnésium, on le fait brûler le plus près possible de la plaque de sulfure de calcium, que l'on met aussitôt, le côté lumineux en dedans, dans sa rainure en avant du volet à coulisse. Une minute doit s'écouler du moment où la plaque a été excitée à celui où le volet intérieur sera ouvert pour laisser agir la lueur à travers l'échelle graduée, et cette action devra durer exactement 30 secondes; le volet est alors fermé rapidement; on procède ensuite au développement de l'image pour savoir quel est le dernier numéro nettement visible sur l'épreuve.

Il va sans dire que le développement exige certaines précautions. Il faut toujours l'effectuer dans d'égales conditions, autant que possible, quant à la composition de révélateurs et à la durée de la révélation.

Dans le chapitre relatif au développement, nous indiquerons une méthode à suivre pour être pratiquement certain que l'on a fait des expériences vraiment comparables entre elles.

Il existe quelquefois une certaine difficulté dans l'appréciation exacte du degré auquel on doit s'arrêter. L'échelle est tellement continue, qu'on peut lire successivement trois ou quatre numéros même quand il y a du doute. Il faut donc, pour éviter cette hésitation, aller jusqu'au dernier numéro visible et prendre comme degré celui qu'on ne peut plus apercevoir. Avec un peu d'habitude, on arrive vite à la lecture du degré d'une façon normale [1].

Le numéro de l'échelle une fois obtenu, il s'agit

---

[1] M. Warnerke, pour remédier à cette difficulté, conseille de s'arrêter toujours à la teinte d'une valeur égale à celle du n° 3 de l'échelle graduée. Il est facile de construire un chercheur formé tout simplement d'un morceau de papier recouvert d'une teinte égale au n° 3 et percé d'un trou rond à son centre.

CHAPITRE PREMIER.   55

de déterminer le degré de sensibilité du produit essayé par rapport à la sensibilité d'un autre produit adopté comme unité ou point de comparaison.

Pour cela, M. Warnerke a imaginé un disque

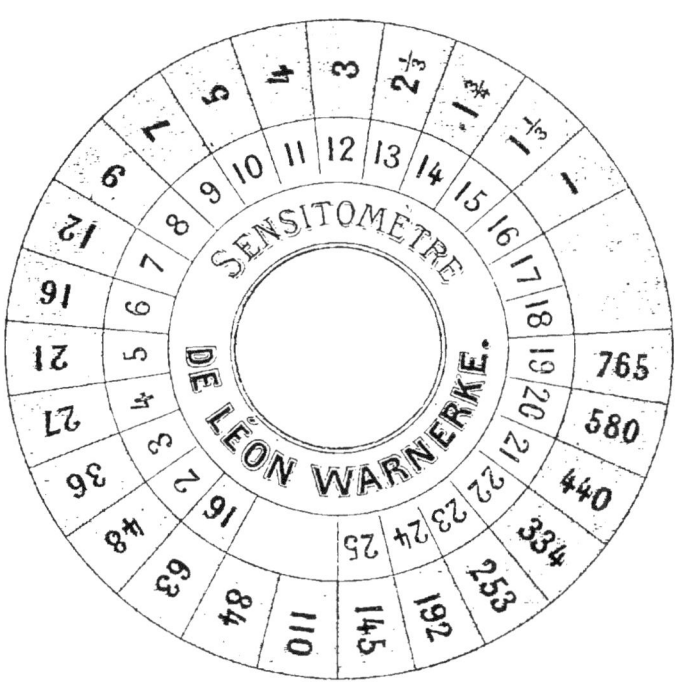

Fig. 2.

dont les *fig.* 2 et 3 ci-après montrent la disposition.

Imaginons qu'une fois développée la couche sensible indique le chiffre 16, et d'autre part que ce degré de sensibilité corresponde à une durée de une seconde dans des conditions de lumière, de foyer et d'ouverture d'objectif convenables. Si nous voulons connaître la sensibilité relative d'une autre surface sensible qui donnerait 14, par exem-

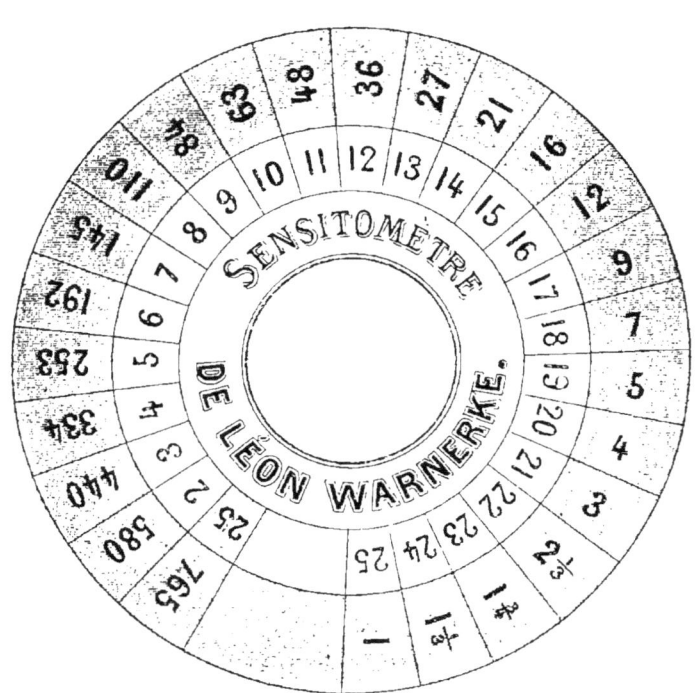

Fig. 3.

ple, lors de l'essai au sensitomètre, nous imprimerons au plus grand des deux disques un mouvement de rotation jusqu'à ce que le chiffre 16 du cercle intérieur apparaisse dans l'intérieur de l'encoche pratiquée sur la circonférence du petit disque.

CHAPITRE PREMIER. 57

Regardant alors 14 sur ce même petit disque, on trouvera comme indication correspondante sur le grand disque 1 3/4, ce qui voudra dire que si avec la première couche qui donnait 16 au sensitomètre on posait 1 seconde dans des conditions déterminées, avec la seconde couche sensible donnant 14, soit étant moins sensible, on devra poser dans les mêmes conditions 1 seconde et 3/4.

Si au lieu de 14 nous trouvions seulement 10, c'est 5 secondes qu'il faudrait poser; — ou bien, sans parler de la durée de la pose, la couche donnant 10 au sensitomètre serait 5 fois plus lente que celle donnant 16.

Le point important est donc d'adopter comme point de comparaison une unité acceptée par tous.

Il n'y a, à notre avis, aucun inconvénient à choisir le n° 25 comme étant un degré de sensibilité maxima et à partir de cette base (en laissant de côté, pour le moment, les durées d'exposition à la chambre) pour comparer entre elles les sensibilités des diverses couches sensibles.

25, d'après la graduation Warnerke, indique une sensibilité qui est 765 fois plus grande que celle du produit sensible donnant 1. C'est là notre unité.

Supposons encore maintenant qu'un de nos essais nous donne 16 : amenant 25 dans l'encoche et cherchant en regard de 16, nous trouvons 12, ce qui indique que le produit essayé est 12 fois moins rapide que le second, le produit donnant 25. Si nous avons soit 10, soit 7, nous n'avons qu'à chercher en regard de ces deux nombres, et sur le disque nous lisons 63 pour le premier et 145 pour le second, ce qui veut dire que le produit donnant 10 est 63 fois moins sensible et que le produit donnant 7 est 145 fois moins sensible que le produit pris pour base dont la sensibilité donnerait 25.

Nous le répétons, ces indications ne serviront à apprécier la durée de la pose qu'en établissant une corrélation entre une sensibilité prise pour base et la sensibilité de la préparation essayée, en même temps que seront déterminées les conditions de lumière, de distance focale, de diamètre du diaphragme, etc. Nous entrons à ce sujet dans des détails très précis dans notre travail relatif au calcul du temps de pose. La sensitométrie qui nous occupe en ce moment n'a d'autre objet que d'établir un moyen d'évaluation comparative entre des couches sensibles quelconques. On dira, après essais faits ainsi qu'il vient d'être indiqué : les plaques Monckhoven, par exemple, ont en moyenne une sensibilité 16 (parce qu'elles donneront 15 en moyenne au sensitomètre), tandis que celles de M. **S**tebbing, qui donnent 17 au sensitomètre, auront une sensibilité 9.

Ce qui voudra dire, par rapport au temps de pose, que, dans le cas où l'on poserait 16 secondes

CHAPITRE PREMIER. 59

avec les plaques Monckhoven, on n'aurait à poser que 9 secondes avec les plaques Stebbing.

Nous n'avons pas craint d'insister assez longuement sur l'ingénieux appareil de M. Warnerke, parce qu'il est, à notre avis, le mieux conçu et le seul qui, d'une façon vraiment régulière, puisse fournir des résultats suffisamment comparatifs (¹). Les indications du docteur Eder au sujet des numéros du sensitomètre rapportés à la sensibilité des plaques à l'humide seront consultées avec fruit (²).

Il va sans dire qu'on peut appliquer le sensitomètre à l'évaluation comparative des produits moins sensibles que le collodion ioduré ou la gélatine bromurée, mais alors il faut user de l'échelle

---

(¹) On le trouve chez M. Marion, cité Bergère; le prix de cet appareil est de 18 francs environ.

(²) **Études et essais sur l'émulsion à la gélatine,** par M. le docteur J.-M. EDER. — J'ai réuni dans les lignes qui suivent quelques notes éparses sur le gélatinobromure, extraites de mon carnet d'expériences et dont la publication pourra, j'espère, être utile aux praticiens.

Essais au sensitomètre. — Le mode de détermination de la sensibilité des plaques, à l'aide du sensitomètre de Warnerke, est devenu pour ainsi dire général, et il a été décrit à diverses reprises. Ce qui est moins connu, c'est la valeur des numéros du sensitomètre rapportée à la sensibilité des plaques à l'humide (¹).

(¹) Je ferai remarquer qu'on ne peut pas comparer immédiatement, avec le sensitomètre, une plaque au collodion humide à une plaque à la gélatine, la sensibilité relative à la lumière phosphorescente étant en réalité différente de la sensibilité à la lumière solaire; pour les plaques à la gélatine, la sensibilité relative aux deux sources de lumière est suffisamment la même en pratique; j'ai constaté en effet qu'une plaque à la gélatine devenant 10 fois plus sensible au sensitomètre était aussi 10 fois plus sensible à la lumière du jour. La plaque à la gélatine, dont la sensibilité est égale à celle d'une plaque au collodion humide, marque 10 degrés au sensitomètre.

60   PREMIÈRE PARTIE.

exposée à la lumière du jour et non à une lueur phosphorescente qui, sur du papier sensible au

De là le tableau suivant :

Numéro du sensitomètre	Sensitomètre	
10	1	C'est-à-dire égale à celle d'une plaque au collodion humide
11	1 1/3	
12	1 3/4	
13	2 1/3	
14	3	
15	4	
16	5	
17	7	fois plus grande que celle d'une plaque au collodion.
18	9	
19	12	
20	16	
21	21	
22	27	
23	36	
24	48	
25	63	

Le mode de développement influe naturellement sur la sensibilité des plaques. J'emploie, si possible, l'oxalate ferreux sans addition aucune, ou bien le développateur pyrogallique auquel j'ajoute de l'ammoniaque de 30^s en 30^s, jusqu'à ce que le voile apparaisse; le développement dure environ 3^m à 4^m. Le numéro du sensitomètre se lit après le fixage en tenant la plaque loin de l'œil, contre le ciel ou une plaque mate. L'essai au sensitomètre ne peut jamais se faire avec une plaque à la gélatine humide, vu que le rapport entre la sensibilité des plaques à l'état sec ou humide n'est pas constant.

En observant la gradation du champ du sensitomètre, on remarque que l'opacité est toujours variable; pour déterminer cette gradation, on ne doit pas développer plus que pour un négatif ordinaire.

Influence de la température du développateur sur la sensibilité. — Je rappelle mes expériences de 1880 sur cette question, surtout en vue de rencontrer les données de Schumann, qui dit qu'un dé-

CHAPITRE PREMIER. 61

chlorure d'argent ou au bichromate de potasse, ne produirait aucun résultat.

En pareil cas on devra adopter comme durée de l'action lumineuse un des degrés de notre photomètre positif. Nous conseillons d'adopter pour veloppateur à 30° C lui donne moins de sensibilité que le même à la température de 5° C.

J'opérais sur une émulsion à l'iodobromure (à 4 pour 100 d'iodure d'argent) bouillie pendant une demi-heure; cette émulsion était exempte de voile au développement oxalique (sulfate de fer et oxalate de potassium) et les négatifs étaient entièrement développés en 2 minutes. J'obtins :

A. *Développateur oxalique.*

Température du développateur... 4—8° C   16—17°   26—28°
Durée du développement 1 minute. 3° Warn., 8° Warn., 13° Warn.
—   —   2 minutes 9° 1/2 » 10°   »   15°   »

B. *Développateur pyrogallique.*

(*Au sulfate de soude additionné d'ammoniaque*) (¹).

Température du développateur........ 1 à 2° C   26 à 28° C.
Durée du développement 1/4 minute... 6° Warn.   10° Warn.
—   —   3 minutes.. 14°   »   15°   »

Donc, dans les deux cas, le développement à température élevée marche plus rapidement, et l'on obtient, pour les temps indiqués, plus de sensibilité et d'intensité. Cette différence est surtout notable au début, mais elle s'atténue avec la durée du développement.

A froid, le développateur oxalique ne donne que bien difficilement une image très intense; tandis que celui à l'acide pyrogallique, surtout quand on y ajoute plus d'ammoniaque, donne une grande intensité.

(¹) M. le Dʳ Eder appelle le développateur pyrogallique au sulfite de sodium « développateur pyrosulfureux ». En voici la formule :
On dissout 25 de sulfite de sodium et 1,5 d'acide citrique dans 100 d'eau, et à la solution on ajoute 12 d'acide pyrogallique.

base de cette durée d'action le degré indiquant 1 minute de plein soleil, quel que soit le temps employé à produire cette action.

On exposera donc le sensitomètre à la lumière du jour, la plaque phosphorescente étant enlevée, et on le retirera quand notre photomètre marquera 1 minute de plein soleil. Le dernier degré visible renverra, comme cela a été expliqué plus haut, à l'échelle des rapports inscrits sur les disques.

Plaques pour la Photographie isochromatique, par MM. A. Attout-Tailfer et John Clayton. — Les préparations usuellement employées, toutes celles notamment qui viennent d'être décrites, ne sont pas sensibles, au même degré, à l'action des rayons du spectre solaire. L'iodure et le bromure d'argent sont, on le sait trop, plus sensibles aux rayons bleus et violets qu'aux rayons verts, jaunes et rouges.

MM. Attout-Tailfer et J. Clayton, en introduisant de l'éosine dans l'émulsion, sont parvenus à fabriquer industriellement des plaques également sensibles à presque tous les rayons colorés du spectre, c'est-à-dire susceptibles de reproduire, avec une égale intensité, les diverses couleurs du spectre ou les diverses couleurs de la nature.

C'est là un grand progrès grâce auquel le photographe échappera désormais au reproche que lui adressaient surtout les artistes, de rendre inexactement, soit la nature, soit les tableaux et les objets diversement colorés.

En effet, la reproduction de certaines couleurs, pourtant claires, est rendue par un aspect sombre d'où résulte une impression défectueuse. Grâce à l'emploi de l'éosine ce défaut peut être évité, car les bleu, violet, jaune, vert et rouge sont rendus avec la valeur exacte de leur luminosité.

Les plaques éosinées sont actuellement aussi sensibles que les plaques au gélatinobromure d'une sensibilité normale. Il sera toujours utile cependant de faire un essai préalable au sensitomètre de façon à connaître exactement le rapport de leur sensibilité. On procédera de la sorte à coup sûr, sans s'exposer à un tâtonnement quelconque ([1]).

Nous indiquons au Chapitre du *Développement des plaques* la petite modification à introduire dans le révélateur spécial aux plaques à l'éosine.

([1]) MM. Tailfer et Clayton sont parvenus à donner à leurs plaques isochromatiques la même sensibilité que celle des plaques Monckhoven.

CHAPITRE II.

Objectifs. — Généralités. — Choix et essai des objectifs. — Mise au point.

On a produit un si grand nombre d'objectifs divers, qu'il est difficile maintenant de préciser en pareille matière, au point de dire à un débutant : Prenez ceci plutôt que cela, tel objectif vaut mieux que tel autre.

Les uns, parmi les praticiens habiles, préconisent les lentilles de provenance étrangère ; ce sont, à leur avis, les Dallmeyer, les Ross, les Stenheil, les Voigtlander qui sont les meilleures. D'autres, tout aussi habiles, donnent la préférence à des objectifs français, tels que ceux de MM. Prazmowski, Hermagis, Français, Darlot, Berthiot, Laverne, etc.

Ce sujet est, en vérité, bien embarrassant pour nous, aussi nous bornerons-nous à dire, ce qui est vrai du reste, que les fabricants français et étrangers font tous d'excellents objectifs parmi lesquels on n'a que l'embarras du choix.

Quant aux détails techniques concernant les divers types d'objectifs, nous céderons la parole à notre si regretté ami, Van Monckhoven, qui était fort compétent dans cette matière. Nous n'avons qu'à gagner en nous abritant derrière son incontestable autorité.

Voici donc des extraits de son *Traité général de photographie*, 7ᵉ édition, où la question des objectifs est traitée de main de maître.

La seule réserve que nous ayons à faire au sujet des indications données par Monckhoven, c'est qu'elles sont trop exclusives : il n'y est guère question que des objectifs étrangers, et les fabricants français sont laissés de côté ; nous réparerons cet oubli en comblant cette lacune ; car il n'est que juste de recommander aussi les produits des fabricants français, tous animés d'un grand zèle pour arriver à lutter avec la concurrence étrangère et y réussissant fort bien pour la plupart.

Nous y reviendrons après avoir reproduit les importants extraits qui suivent :

DESCRIPTION DES OBJECTIFS PHOTOGRAPHIQUES [1].

« *Division des objectifs en non-aplanétiques et aplanétiques.* — L'aberration sphérique peut servir à

[1] *Avis essentiel.* Pour éviter les répétitions, nous désignerons toujours les grandeurs des diaphragmes par des fractions de la distance focale f, tels que $\frac{f}{30}, \frac{f}{40}, \frac{f}{60}$, qui désignent des ouver-

diviser les objectifs photographiques en deux grandes classes. Les objectifs *non-aplanétiques* qui ne donnent des images nettes qu'à la condition d'être munis d'un très petit diaphragme ; les objectifs *aplanétiques*, qui donnent avec toute leur ouverture des épreuves nettes, mais sur un plan focal d'une moins grande étendue que les précédents. Nous adopterons cette division dans ce Chapitre.

« Voici les différences qui caractérisent ces deux espèces d'objectifs :

« Les objectifs *aplanétiques* conviennent surtout pour la reproduction des scènes animées, parce que, pouvant servir avec toute leur ouverture, ils permettent une courte exposition de la surface sensible à la lumière. Ils ne couvrent nettement avec toute leur ouverture qu'un verre dépoli (plan focal) dont le plus grand côté est tout au plus de la moitié de leur distance focale ; mais, les arme-t-on d'un diaphragme, cette étendue de netteté augmente, et ils conviennent alors pour la reproduction des monuments, paysages, etc.

« Les objectifs *non-aplanétiques*, employés avec toute leur ouverture, donnent des images confuses sur toute l'étendue du verre dépoli. Armés d'un diaphragme égal à $\frac{f}{10}$, l'image commence à pren-

---

tures du trentième, quarantième, soixantième de la distance focale, ce qui est la seule manière de comparer entre eux des objectifs différents.

dre de la netteté, mais ce n'est que lorsque le diaphragme est de $\frac{f}{30}$, $\frac{f}{40}$ et même $\frac{f}{60}$ que l'image prend une netteté absolue. Ces objectifs sont donc *très lents* pour impressionner les surfaces photographiques, mais leur plan focal est généralement beaucoup plus grand que celui des objectifs aplanétiques. Quelques-uns de ces objectifs embrassent un angle de plus de 100°.

OBJECTIFS NON-APLANÉTIQUES.

« *L'objectif simple* (*à paysages*). — Jean-Baptiste Porta, l'inventeur de la chambre noire à lentille, se servait comme objectif d'une lentille planoconvexe en crown dont la face convexe regardait le verre dépoli et qui était réduite à sa partie centrale par un petit obturateur. Dans ces conditions, le champ de l'image était très courbe.

« Tel était l'objectif simple lors de la découverte du daguerréotype en 1839, et il servit à produire les premières épreuves daguerriennes. Mais l'image, nette sur le verre dépoli, ne l'était pas sur la surface photographique : la lentille possédait un foyer chimique.

« Les premiers objectifs exempts de foyer chimique paraissent avoir été construits par feu Charles Chevalier. Cet opticien se servit de l'objectif achromatisé de la lorgnette de spectacle, objectif formé par une lentille bi-convexe de crown collée à une lentille plano-convexe de flint. Employée avec sa face convexe tournée vers l'objet à reproduire, l'image est d'une remarquable netteté et très brillante. En effet, dans cette position, la lentille peut être employée avec toute son ouverture, les aberrations sphérique et chromatique y étant sensiblement corrigées suivant l'axe. Mais l'étendue du plan focal est très faible et tout au plus son plus grand côté est-il de $\frac{f}{8}$. Charles Chevalier fit comme les opticiens, ses devanciers : il retourna la lentille, de sorte que sa face convexe regardait maintenant le verre dépoli. Dans cette position, l'image est beaucoup moins nette que dans le cas précédent, mais il l'arma d'un diaphragme placé en avant de l'objectif. La netteté s'accroît ainsi considérablement, en même temps que le champ de l'image s'aplatit beaucoup, de sorte que le plus grand côté du plan focal nettement couvert était maintenant de $\frac{f}{4}$.

« La forme plan-convexe est donc la première qui ait été donnée à l'objectif simple destiné à la photographie.

« M. Andrew Ross, célèbre opticien anglais, mort il y a quelques années, reconnut que le champ de l'objectif simple devient encore plus grand et *l'image plus nette* en adoptant un ménisque très

CHAPITRE DEUXIÈME.

courbe formé d'un crown dont la face concave regarde l'objet, et d'un flint dont la face convexe regarde le verre dépoli.

« *Nouvel objectif simple de M. Dallmeyer.* — Dans le but de réduire la distorsion à une quantité aussi faible que possible et de faire embrasser à l'objectif un très grand angle, M. Dallmeyer a donné à l'objectif simple une forme ménisque très concave et a rapproché le diaphragme de la lentille.

« Au lieu de deux lentilles, la première de crown, la seconde de flint, M. Dallmeyer en emploie une de plus, en crown (voir *fig.* 4), mais dont l'indice de réfraction est légèrement différent du premier crown. Les trois lentilles sont donc des ménisques collés ensemble et forment une lentille unique dont la concavité regarde l'objet à reproduire, précisément comme l'objectif simple ordinaire.

« Le diaphragme est rotatif et placé en avant de la lentille à une distance égale au diamètre de cette lentille. L'ouverture la plus petite du diaphragme est $\frac{f}{30}$, la plus grande de $\frac{f}{20}$. Toutes sont d'ailleurs graduées de telle façon que les temps de pose se doublent toujours en passant d'une plus grande ouverture à celle immédiatement plus petite.

« Voici les principaux avantages de l'objectif simple de M. Dallmeyer.

« Avec un diaphragme de $\frac{f}{20}$, il couvre avec une

parfaite netteté un plan focal circulaire de 72° d'étendue, et, avec un diaphragme de $\frac{f}{30}$, un cercle de 85° à 90°. Le champ de l'objectif est donc

Fig. 4.

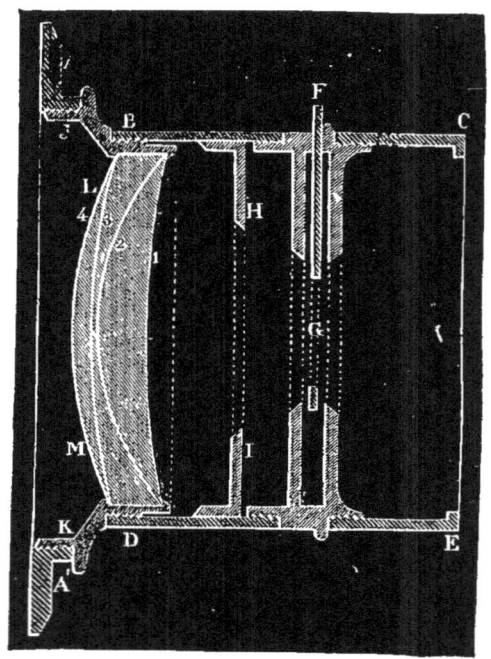

Nouvel objectif simple de M. Dallmeyer.

énorme, puisque le plus grand côté de l'image (qui est toujours, comme on le sait, rectangulaire) est plus grand que la distance focale de l'objectif, tandis que dans les meilleurs objectifs simples construits avant M. Dallmeyer, ce côté était tout au plus des deux tiers de cette même distance focale.

« Ceci a, pour la reproduction des paysages, un avantage considérable au point de vue artistique, c'est que les premiers plans se trouvent représentés sur l'image et donnent ainsi aux plans plus éloignés un effet de perspective étonnant. Cela n'avait pas lieu avec les anciens objectifs dont le champ était beaucoup moindre.

« La distorsion de cet objectif est réduite à une faible quantité, son diamètre étant relativement plus faible que celui de l'ancien objectif. D'ailleurs, l'objectif simple étant destiné uniquement aux paysages, la distorsion n'apporte aucun défaut visible dans l'image.

« L'image est plus brillante que celle fournie par un objectif de toute autre combinaison, parce qu'aucune lumière réfléchie par les surfaces de l'objectif ne vient la voiler.

« Le nouvel objectif simple de M. Dallmeyer a pour dernier avantage de ne nécessiter, par suite de sa courte distance focale, qu'une chambre noire beaucoup plus courte, ce qui est dans la pratique d'un très grand avantage, puisqu'elle prend moins le vent.

« Pour terminer cet article, nous avons à examiner dans quelles circonstances l'objectif simple est à préférer aux autres systèmes.

« Comme tous les objectifs non-aplanétiques,

l'objectif simple devant être muni d'un très petit diaphragme pour donner des images nettes, ne saurait convenir à la reproduction des groupes, paysages animés, portraits, à moins de disposer d'une lumière éclatante comme celle du soleil, ce qui produit généralement des effets peu artistiques. L'aplanat et le triplet, que nous décrirons plus tard, lui sont, sous ce rapport, infiniment préférables, puisque, avec un diaphragme d'un diamètre double (par conséquent quatre fois plus rapide), ils donnent des images parfaitement nettes dont le plus grand côté est $\frac{f}{2}$. L'objectif simple distordant les images ne saurait servir à la reproduction des monuments, cartes, et en général de tous objets où se trouvent des lignes droites.

« En revanche, il est l'objectif par excellence pour les paysages, parce qu'il donne des images très brillantes, très nettes, avec un diaphragme $\frac{f}{30}$, et qu'il a une grande profondeur de foyer.

« *L'objectif-globe ou globe-lens*. — Cet objectif, inventé par MM. Harisson et Schnitzer, de New-York, et représenté *fig.* 5, est formé de deux ménisques convergents achromatisés et identiques dont la distance est telle que la surface extérieure des ménisques prolongée se confond en une seule et même sphère : de là le nom de *globe-lens* ou *objectif-globe*.

« Au milieu de la monture de l'objectif se trouve le diaphragme rotatif qui est représenté à part à côté de la figure.

« Les ouvertures des diaphragmes sont telles que les temps de pose sont respectivement de 1, 2, 3, 4, 5; c'est-à-dire que le plus petit diaphragme

Fig. 5.

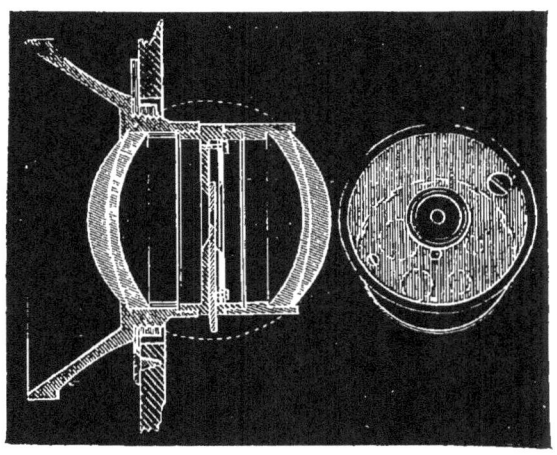

Globe-lens de MM. Harisson et Schnitzer, de New-York.

(n° 5) exige cinq fois autant de pose que le plus grand dont l'ouverture est 1; le suivant n° 2, deux fois autant; le n° 3, trois fois, et ainsi de suite.

« L'angle embrassé par l'objectif est très considérable et dépasse 75°, de sorte que la longueur du plus grand côté du verre dépoli nettement couvert est plus grande que sa distance focale. Un objectif de $0^m,10$ de distance focale couvre *nettement* un verre dépoli de $0^m,14$ sur 12. Sous ce rapport, cependant, l'objectif-globe est inférieur au *doublet* de M. Ross et au *pésiscope* de M. Steinheil.

« L'objectif-globe serait un objectif précieux pour les photographes, s'il ne possédait une aberration sphérique considérable. Aussi, les diaphragmes que porte l'objectif doivent-ils être extrêmement petits.

« Cette nécessité de très petits diaphragmes n'a pas seulement pour effet de rendre l'objectif très lent; ce ne serait là qu'un défaut auquel il serait facile de remédier en augmentant le temps de pose. Mais il conduit à un résultat plus fâcheux : il donne des images dans lesquelles les premiers plans sont généralement trop peu venus (trop noirs) et des horizons *solarisés*. Les détails dans l'horizon sont ainsi perdus par suite d'une pose trop longue. En un mot, l'image manque de brillant, de relief, et ne possède ces qualités que dans le cas où le sujet à reproduire offre une très grande surface, sans premiers plans, comme un panorama, une carte géographique, une gravure.

« *Le doublet de M. Thomas Ross*. — Cet objectif (*fig.* 6) est composé de deux ménisques achromatisés NM et HG (la surface PP' regardant l'objet à reproduire) ([1]). Chacun de ces ménisques peut être

---

([1]) La figure est dessinée renversée dans sa monture par une erreur du dessinateur. Mais la description est exacte.

employé isolément comme objectif simple. Les diaphragmes, dont l'ouverture maximum est de $\frac{f}{15}$, et minimum de $\frac{f}{41}$, sont gradués et construits comme ceux de l'objectif-globe. De plus, une pla-

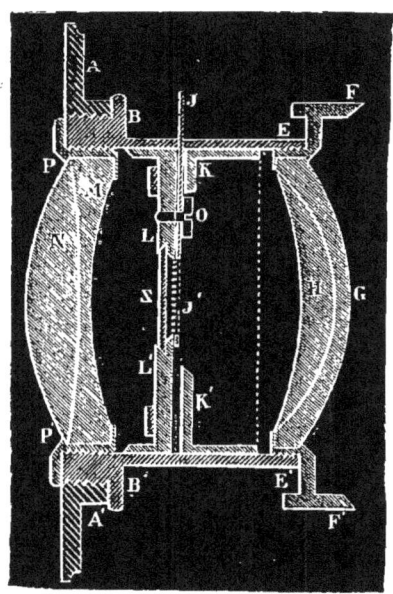

Fig. 6.

Doublet de M. Thomas Ross.

que glissante Z permet d'ouvrir ou de fermer l'objectif indépendamment de l'obturateur.

« Cet objectif est supérieur à l'objectif-globe, en ce qu'il possède moins d'aberration de sphéricité, ce qui permet l'emploi de diaphragmes moins étroits. Il embrasse un angle de 80° et est presque exempt de distorsion. Mais il possède les désavantages communs à l'*objectif-globe,* à savoir : l'emploi forcé de trop petits diaphragmes.

« Son usage est précieux pour la reproduction des monuments dont la distance est très rapprochée. Il donne des images d'une remarquable netteté et possède une très grande profondeur de foyer, qualités qui le font ranger parmi les meilleurs objectifs non-aplanétiques.

« *Le doublet grand angulaire* de M. J.-H. Dallmeyer, et l'*objectif pantoscope* de M. Busch, de Rathenow, ont une forme analogue au doublet de M. Ross, et servent au même objet : la reproduction des monuments trop rapprochés pour pouvoir être reproduits par les autres objectifs.

OBJECTIFS APLANÉTIQUES.

« *L'objectif orthoscopique.* — Cet objectif a été inventé par M. Petzval, de Vienne, et est basé sur des calculs extrêmement ingénieux. La *fig.* 7 le présente tel que le construisent MM. Harisson et Schnitzer, de New-York.

« L'ouverture de l'objectif orthoscopique est de $\frac{f}{8}$ environ.

« L'objectif orthoscopique n'est pas exempt de distorsion. Il courbe les lignes en croissant; il ne saurait donc convenir à la reproduction des monuments, des gravures, etc. L'usage de cet objectif est abandonné depuis que l'on possède les aplanats dont nous parlerons plus loin.

« *Le triplet*. — Le triplet que nous décrivons ici

Fig. 7.

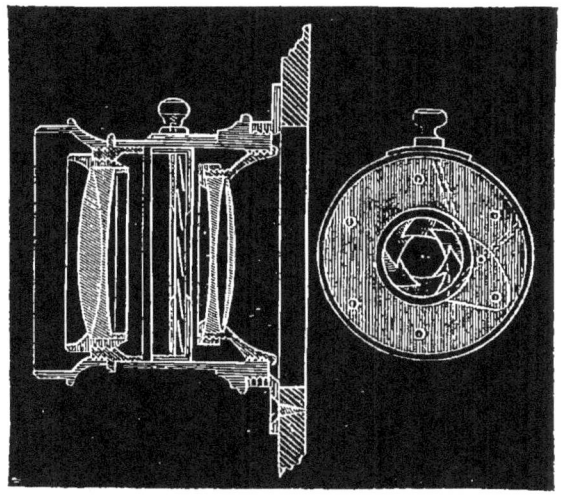

Objectif orthoscopique de MM. Harisson et Schnitzer.

est celui que construit M. Dallmeyer, l'inventeur de cet objectif. La *fig*. 8 représente *très exactement* le modèle de 7 pouces anglais de distance focale.

« L'angle embrassé par le triplet est de 44°, sa plus grande ouverture de $\frac{f}{9}$ à $\frac{f}{10}$.

« Pour les groupes et les effets instantanés, l'objectif doit être employé avec l'ouverture la plus large possible, de manière à obtenir le maximum

78   PREMIÈRE PARTIE.

de rapidité. Mais, pour les paysages et les reproductions, lorsque le temps de pose a une moindre

Fig. 8.

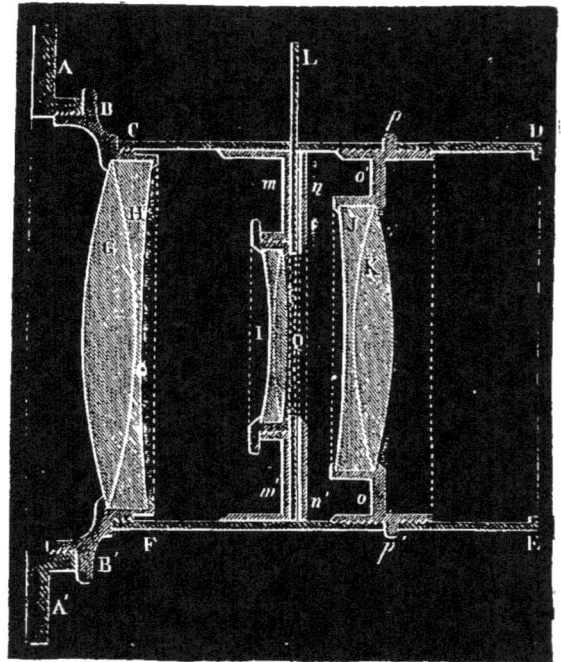

Triplet de M. H.-J. Dallmeyer.

importance, on peut employer des diaphragmes plus petits.

« L'usage du triplet, depuis l'introduction de l'aplanat dont nous parlons à l'alinéa suivant, est presque entièrement abandonné.

« *L'aplanat.* — Cet objectif, inventé en 1866 par

M. A. Steinheil, est représenté *fig.* 9. Il est formé de deux ménisques symétriques, composés chacun d'un flint très lourd collé à un flint léger. Les dia-

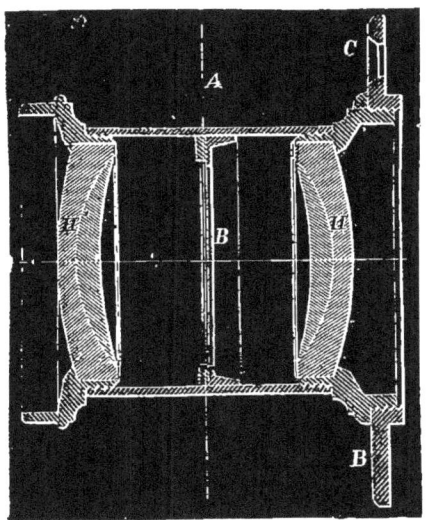

Aplanat de M. Ad. Steinheil

phragmes gradués se placent entre les deux ménisques, en AB.

« L'angle embrassé par l'aplanat est de 43°, donc sensiblement égal à celui qu'embrasse le triplet. Mais il est deux fois aussi rapide, parce qu'il a une ouverture plus grande ([1]).

« En dévissant l'objectif de devant H' et en laissant en place le ménisque H et les diaphragmes, on

---

[1] $\frac{f}{6}$ pour les petits objectifs, $\frac{f}{9}$ pour les grands.

obtient une longueur focale double et une image deux fois aussi grande, mais bien moins parfaite que si l'objectif est employé avec ses deux ménisques.

« Cet objectif est très remarquable, et *il est de beaucoup supérieur au triplet* dont il a tous les avantages, tout en étant deux fois aussi rapide. Il est parfaitement exempt de lumière réfléchie par les surfaces des lentilles.

« Comme il est parfaitement symétrique, il ne faut pas le retourner comme le triplet et les autres objectifs pour faire des agrandissements à la chambre noire.

« Il est parfaitement aplanétique, et peut, par conséquent, servir à faire des portraits en plein air. Mais il est plus lent que l'objectif double ordinaire, et d'un moins bon usage pour les portraits à l'atelier. Armé d'un diaphragme de $\frac{f}{20}$, il sert aux paysages animés, à la reproduction des intérieurs, des tableaux. Avec un diaphragme plus petit $\left(\frac{f}{30}\right)$, il sert à reproduire les cartes géographiques, les monuments. Il est absolument exempt de distorsion.

« C'est le meilleur entre tous les objectifs pour tout genre de photographie autre que le portrait à l'atelier. M. Adolphe Steinheil, l'inventeur de cet objectif, l'a depuis perfectionné considérablement dans sa construction primitive. Le nouvel objectif a plus de profondeur de foyer sur les bords de

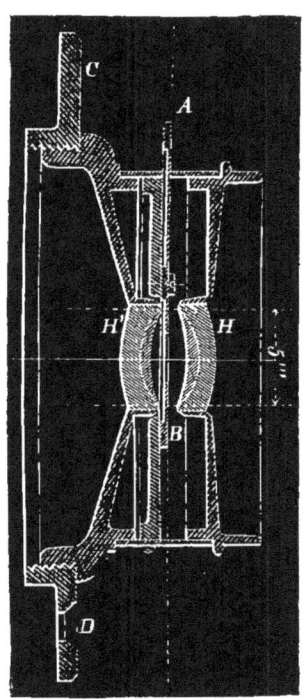

Fig. 10.

Aplanat grand-angulaire de M. A. Steinheil.

l'image, laquelle, par conséquent, est beaucoup plus nette.

« M. J.-H. Dallmeyer a construit le même objectif, mais à l'aide de flint et de crown ordinaire. Il l'appelle « *rapid rectilinear lens* » et l'exécute de la façon la plus remarquable.

« *Les aplanats grands angulaires de M. A. Steinheil.*
— Tous les objectifs embrassant un grand angle ont nécessairement un champ moins éclairé sur les bords qu'au centre. Cela provient du diaphragme qui, vu de face, est plus grand que vu de côté. Il est toutefois possible de rapprocher les lentilles du diaphragme, et dès lors, en se bornant à un champ d'une grandeur moyenne, de l'éclairer à peu près uniformément, ce qui est précieux pour la reproduction des cartes de géographie.

« La *fig.* 10 montre comment le D^r Ad. Steinheil a réalisé ce but. Dans un tube très large sont fixés deux ménisques achromatisés égaux entre eux, H, H′, et symétriques par rapport au diaphragme rotatif AB, dont les ouvertures N, M, O (*fig.* 11) sont dans le rapport de 1, 2, 4.

« La combinaison a, pour les petits objectifs, une ouverture de $\frac{f}{15}$; pour les grands, de $\frac{f}{16,8}$. L'angle embrassé est de 70°, donc moins grand que l'angle embrassé par les doublets de MM. Busch, Dallmeyer et Thomas Ross. Toutefois, ce désavantage est largement compensé par une ouverture bien plus grande, un aplanétisme complet et une absence absolue de distorsion.

« De plus, comme, dans les Instituts de géographie, on cherche surtout à obtenir des clichés propres à la gravure héliographique; qu'à cette

CHAPITRE DEUXIÈME. 83

fin, l'image doit être renversée par un miroir ou mieux par un prisme placé en avant de l'objectif; que ce prisme est d'un grand prix, et qu'il faut tâcher de le faire aussi petit que possible, M. Stein-

Fig. 11.

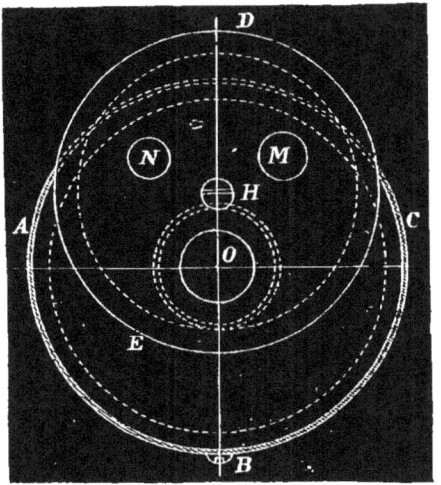

Diaphragme rotatif de l'aplanat.

heil a mis tous ses soins à atteindre ce résultat à l'aide des lentilles à petite surface.

M. Ad. Steinheil a livré au commerce de nouveaux objectifs aplanétiques et symétriques qui sont appelés à un grand succès. Leur forme générale est comprise entre celle des *fig.* 9 et 10.

« Le premier est destiné aux paysages. Son ouverture est $\frac{f}{12}$ à $\frac{f}{15}$. Le second est un grand angulaire d'une ouverture de $\frac{f}{20}$ à $\frac{f}{25}$. Ce dernier est spécialement destiné aux monuments dont il faut se rapprocher beaucoup.

« M. Prazmowski, opticien bien connu de Paris, construit également un doublet symétrique grand angulaire qui ne le cède en rien aux meilleurs objectifs construits en Angleterre et en Allemagne. L'auteur de cet ouvrage possède un de ces objectifs, qu'il a trouvé excellent ([1]).

« *Euriscope et aplanats à grande ouverture.* — Il y a plusieurs années, vers 1869, M. Dallmeyer nous envoya, à l'examen, un nouvel objectif, symétrique et aplanétique, de la forme générale représentée *fig.* 9, mais avec une ouverture du quart de la distance focale.

« Nous examinâmes cet objectif avec le plus grand soin, en le comparant à un objectif de même ouverture, de même diamètre et de même foyer, mais de la forme Petzval dont nous parlerons à l'alinéa suivant.

« Le résultat ne fut pas favorable au nouvel aplanat, et notre éminent ami Dallmeyer ne mit point cet objectif dans le commerce.

([1]) MM. Bézu, Hausser et Cie, opticiens, 1, rue Bonaparte, successeurs de M. A. Prazmowski, continuent à fabriquer d'après ses formules, dont ils sont seuls propriétaires, ces objectifs dits grands angulaires ou panoramiques. Nous avons essayé ces objectifs avec un grand succès. Ils sont remarquables, surtout par leur volume

CHAPITRE DEUXIEME. 85

« Il y a trois ans, M. Voigtländer annonça avoir trouvé une nouvelle combinaison, qu'il appela *euriscope*, symétrique et aplanétique, d'une ouverture moyenne de $\frac{f}{5}$ à $\frac{f}{6}$. Beaucoup de bruit a été fait au sujet de cet objectif. L'auteur de cet ouvrage le compara à la forme Petzval, et le résultat a été que l'euriscope est *inférieur* aux objectifs bien construits de la forme Petzval de même ouverture.

« Enfin, à la dernière exposition de Paris (1878), M. Dallmeyer exposa un nouvel objectif, toujours dans le genre des aplanats, c'est-à-dire symétrique et aplanétique, mais d'une ouverture encore plus grande $\left(\frac{f}{3}\right)$ que celui qui nous fut envoyé par lui en 1869. Quelques mois plus tard, M. Steinheil, de Munich, nous annonçait un objectif analogue.

« Nous avons examiné ces objectifs $\frac{f}{3}$ de M. Dallmeyer et de M. Steinheil, en comparaison avec la forme Petzval, et le résultat a été celui-ci :

« Les nouveaux objectifs $\frac{f}{3}$ étaient d'une quantité à peine appréciable plus rapides que celui de la

---

très réduit, ce qui les rend essentiellement portatifs. Leur foyer est très court par rapport à l'angle embrassé ; ainsi le n° 00 couvre 9 × 12 à 0ᵐ,08 de foyer ; le n° 0 couvre 13 × 18 avec 0ᵐ,12 de foyer ; le n° 1 couvre 21 × 27 avec 0ᵐ,18 de foyer ; le n° 2 couvre 24 × 30 avec 0ᵐ,22 de foyer ; et le n° 3 couvre 30 × 40 avec 0ᵐ,28 de foyer.

L. V.

forme Petzval, mais donnaient un champ moins plat et moins de netteté sur les bords de l'image. Et surtout l'achromatisme était bien inférieur.

« Jusqu'à présent donc, la palme pour les objectifs rapides reste à la forme Petzval, et ni les nouveaux aplanats pour portraits de M. Steinheil, ni ceux de M. Dallmeyer, ni ceux de M. Voigtländer ne peuvent rivaliser avec les premiers. M. Dallmeyer et aussi M. Steinheil ont pris le parti de renoncer à cette construction, au moins jusqu'au moment où ils auront pu trouver une meilleure combinaison.

« *L'objectif double ordinaire.* — L'objectif double est représenté *fig.* 12. Les deux combinaisons de lentilles sont montées aux deux extrémités d'un tube BA, terminé vers l'objet à reproduire par un cône C sur lequel s'adapte l'obturateur D. Il est mobile dans un tube C, à l'aide d'une crémaillère F, et se visse sur un anneau E fixé sur la chambre noire.

« Les diaphragmes H se plaçaient jadis dans le cône C. Aujourd'hui on les place généralement entre les deux lentilles dans une rainure ménagée à cet effet. Ils sont numérotés de telle façon que chaque chiffre comporte une pose *double* de celui qui le précède, excepté les diaphragmes marqués d'une croix qui ne comportent que la moitié du temps de pose en plus. Cette disposition est due à M. Waterhouse, et est adoptée par tous les bons opticiens.

CHAPITRE DEUXIÈME.

« Ainsi que nous l'avons dit plus haut, cet objectif a été inventé par M. Petzval. Plusieurs opticiens ont réclamé la priorité de l'invention de l'objectif double, se basant sur ce qu'ils avaient construit des objectifs à deux lentilles bien avant la publication du mémoire de M. Petzval. Mais ces objectifs n'étaient nullement conformes à l'objectif double universellement adopté aujourd'hui. Ils ressemblaient beaucoup à la *fig*. 6. Ces réclamations n'ont donc aucune valeur scientifique et sont, du reste, par cette cause, tombées aujourd'hui dans l'oubli. Passons à une description plus détaillée de cet objectif.

« La *fig*. 12 représente en grandeur naturelle l'objectif double de Petzval, construit par M. Dallmeyer sous le nom d'objectif rapide pour épreuves stéréoscopiques et dont la distance focale est de 4,62 pouces anglais. Il est composé :

« 1° D'un ménisque HG achromatisé (presque plan-convexe) dont la surface convexe regarde l'objet à reproduire. Ce ménisque, serti dans un anneau II', se visse sur un tube DEE'D' lequel reçoit le tube extérieur plus large FF', qui se ferme à l'aide d'un obturateur en cuivre ou en carton.

« 2° D'une combinaison biconvexe NM, formée d'un ménisque M divergent en flint placé à une certaine distance d'une lentille biconvexe N en crown. Le flint serti dans un anneau OO' se fixe dans l'anneau PP' qui reçoit le crown. Un anneau

88   PREMIÈRE PARTIE.

sépare les deux lentilles à la distance assignée par le calcul. Cette combinaison se fixe à l'extrémité opposée du tube DEE'D'. Les deux disques LL',

Fig. 12.

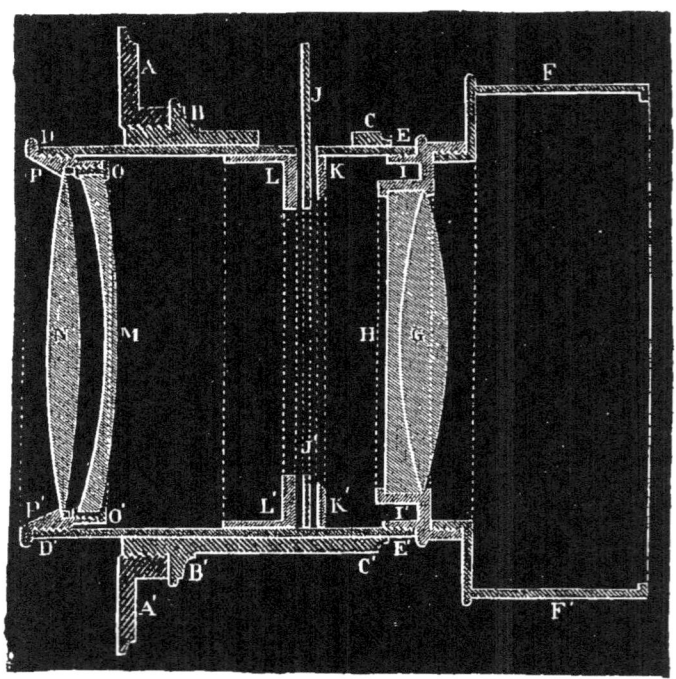

Objectif à portraits de J.-H. Dallmeyer.

KK' livrent passage aux diaphragmes gradués JJ'.

« La lentille de devant HG employée seule, donne une image nette à sa partie centrale, mais confuse sur les bords. Si on la retourne de manière que sa face convexe regarde le verre dépoli et qu'on la

CHAPITRE DEUXIÈME. 89

substitue à la lentille NM, elle donne une image confuse, mais que de petits diaphragmes placés en JJ' rendent nette. On s'en sert quelquefois pour les paysages, mais elle est bien inférieure pour cet objet aux objectifs simples construits exprès.

« Le but de la combinaison MN est d'allonger le foyer des rayons obliques à l'axe de manière à avoir un champ plat. Les bornes de cet ouvrage ne nous permettent point une description détaillée du rôle de ce ménisque qui constitue l'invention de M. Petzval, ce qui, du reste, est impossible sans calculs. Disons toutefois que l'intervalle qui sépare dans ce ménisque le flint du crown sert à corriger l'aberration sphérique du système entier.

« *De l'ouverture de l'objectif double dépend sa rapidité.* — Elle est variable suivant le but que l'on se propose. Pour portraits très rapides, M. Dallmeyer, qui construit les meilleurs objectifs existants, a adopté l'ouverture $\frac{f}{3}$ comme la plus grande possible avec un champ suffisamment plat, et désigne cette classe d'objectifs par la lettre B.

« Puis il construit une seconde classe d'objectifs un peu moins rapides, qu'il désigne par la lettre C, qui ont un foyer un peu plus long $\left(\frac{f}{4}\right)$, mais dont le champ est plus plat. Ils servent pour les climats plus clairs que le nôtre.

« Enfin la classe D, objectifs à foyer long $\left(\dfrac{f}{6}\right)$, est surtout destinée aux groupes et portraits en plein air.

« La rapidité comparative de ces objectifs est à peu près représentée par

$$1 : 1,8 : 4.$$

« Donc l'objectif B est 4 fois plus rapide avec toute son ouverture que D ; et 1,8 fois que C.

« Le *champ* de l'objectif double varie de 15° à 55°. Il dépend de la grandeur du diaphragme employé et de la distance entre elles des deux lentilles situées aux extrémités du tube qui les porte. Plus ces lentilles sont rapprochées et le diaphragme petit, plus le champ est grand ; plus elles sont éloignées et le diaphragme grand, plus le champ est faible. Mais inversement l'inégalité de l'éclairage du centre de l'image vers les bords est d'autant plus grande que le champ est plus grand.

« Cette inégalité de l'éclairage s'atténue du reste fortement par l'emploi de diaphragmes qui égalisent l'éclairage, en même temps qu'ils répartissent la netteté jusqu'aux bords, et cela d'autant plus qu'ils sont plus petits. Dans ce dernier cas, le champ de l'objectif double peut atteindre 60°.

« Le champ de l'objectif double employé avec toute son ouverture est assez courbe. De là difficulté dans la mise au point. Mais l'emploi de diaphragmes, comme nous venons de le décrire, atténue ce défaut.

« La profondeur de foyer de l'objectif double est très faible, et par suite, la mise au point de plans distants entre eux très difficile, surtout si l'on veut utiliser l'objectif avec toute son ouverture. Mais, même avec de petits diaphragmes, la profondeur de foyer de l'objectif double est bien moins grande que celle de l'objectif simple.

« Les images fournies par l'objectif double ne sont pas exemptes de distorsion. Donc, cet objectif n'est pas propre aux reproductions de monuments ni de plans.

« *Objectif double égaliseur du foyer.* — Le manque de profondeur de foyer de l'objectif Petzval a pour effet de limiter la netteté de l'image à un seul plan; s'il s'agit d'un buste, par exemple, de l'œil aux dépens des autres parties de la figure. Pour éviter ce défaut, M. Claudet conseille le procédé suivant : avant de mettre au point, il marque par des repères les positions de l'objectif qui correspondent à la partie la plus avancée de la figure et à la partie la plus reculée; puis, pendant la pose, il meut lentement la crémaillère de l'objectif dans les limites déterminées par les repères.

« De cette façon, aucun plan n'est absolument net dans la figure, ni aucun n'est absolument vague. On a une netteté moyenne qui, suivant M. Claudet, satisfait mieux l'œil.

« L'idée de M. Claudet est originale. Mais il est dangereux de toucher à l'objectif pendant la pose à cause du mouvement qu'on communique à la chambre noire.

« M. Dallmeyer a résolu le problème d'une façon beaucoup plus simple. Pour cela, il renverse la position du crown et du flint dans le ménisque NM (*fig.* 12) de l'objectif double. Donc, la lentille de flint M regarde le verre dépoli au lieu de regarder l'objet. Dans cet état, l'objectif est tout aussi bon que les objectifs ordinaires, sans cependant posséder une profondeur de foyer plus grande. Mais le flint M est monté à part dans un barillet sur lequel se trouvent, aux extrémités de deux diamètres perpendiculaires, des points de repère formés par 1, 2, 3 ou 4 points en regard d'un index fixé sur le tube. Ce barillet peut se dévisser d'un, de deux, de trois tours. En un mot, le flint M peut s'éloigner du crown adjacent.

« On enlève le verre dépoli, pour tourner le ménisque de 1/2 à 3 ou 4 tours, on met au point, on substitue au verre dépoli la glace sensible.

« L'image obtenue n'est plus aussi nette, elle est à contours un peu flous; mais cette netteté moyenne est répartie sur les différentes parties de la figure.

« L'effet obtenu répond au résultat que se proposait M. Claudet; mais on l'obtient en tournant simplement le ménisque avant la mise au point et sans danger de faire bouger la chambre noire.

« On introduit dans l'image une aberration sphérique qui altère la netteté de cette image *sur toute son étendue*, et l'on augmente ainsi la profondeur du foyer.

« Nous nous sommes servi du nouvel objectif de M. Dallmeyer avec beaucoup d'avantage. Mais il faut, pour en tirer un parti convenable, en étudier avec soin le mécanisme et l'effet. »

Les extraits que nous venons de citer font non seulement connaître les objectifs de certains opticiens étrangers très appréciés, mais ils éclairent à un point de vue théorique l'importante question de l'optique photographique. L'amateur comme le praticien ne peuvent se passer de savoir au moins à peu près en quoi consistent les divers objectifs dont ils peuvent avoir à se servir.

Nous répéterons maintenant, ainsi que nous l'avons dit au début de ce chapitre, que l'on peut, sans recourir à l'étranger, trouver dans les principales maisons d'optique qui ont été citées de très bons objectifs pour tous les genres de travail que l'on peut avoir à exécuter.

Les objectifs de M. Prazmowski sont réputés excellents; une construction semblable a lieu chez MM. Jarret et Saint-Martin [1], avec un soin extrême et une précision mathématique des plus rigou-

---

[1] Rue du Cherche-Midi, n° 43, Paris.

94 PREMIÈRE PARTIE.

reuses, en vue des résultats qu'ils sont destinés à produire. *Voir* à ce sujet page 84.

La maison Hermagis () a une réputation faite depuis longtemps. Ses aplanétiques ont permis de réaliser des instantanéités admirables, n'eussions-nous à rappeler que celles si remarquables qu'a

Fig. 13.

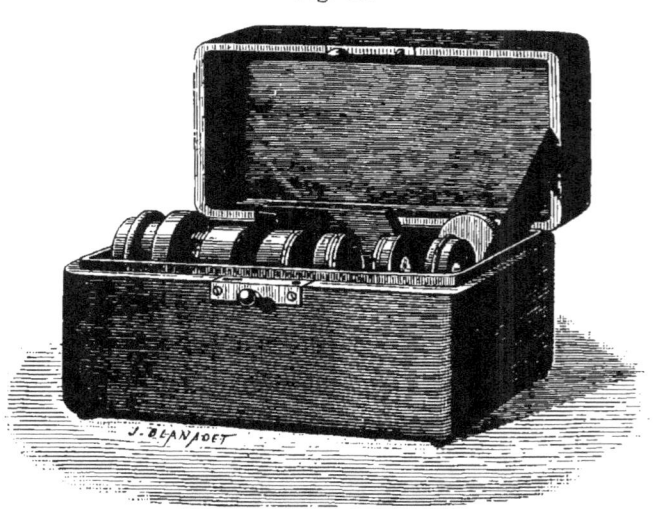

exposées M. Grassin, de Boulogne-sur-Mer, dans le Palais de l'Industrie, à l'exposition de l'Union centrale des arts décoratifs de 1882.

M. Français (²) a fondé une maison de date plus récente, mais où la fabrication des objectifs donne lieu aux soins les plus minutieux.

(¹) Rue de Rambuteau, 18, Paris.
(²) Rue du Chalet, 3, Paris.

Tout dernièrement, cette maison a produit un nouvel objectif rectilinéaire à foyers multiples, formant neuf combinaisons diverses, dont six doubles et trois simples donnant des angles de 60° et de 90°.

Le tout est enfermé dans une boîte en gainerie (*fig.* 13) et constitue pour le touriste une trousse photographique des plus commodes, parce que, grâce à ces diverses combinaisons, il peut faire face à tous les cas qui peuvent se présenter.

Nous croyons utile de reproduire ici la nature des neuf combinaisons et les foyers divers qui en résultent :

COMBINAISONS		NUMÉROS DES LENTILLES		FOYERS	DIMENSIONS		Numéro du plus grand diaphragme à employer
		antérieures	postérieures		du portrait	du paysage	
Rectilinéaires angle 60°	1re	2	3	36 cent.	18×24	24×30	1
	2me	2	4	28 »	13×18	18×24	4
	3me	3	4	25 »	9×12	13×18	4
Rectilinéaires angle 90°	4m.	5	6	19 »	»	24×30	5
	5m.	5	7	16 »	»	18×24	6
	6m.	6	7	13 »	»	13×18	6
Lentilles simples angle 50°	7m.	»	5	40 »	»	24×30	5
	8m.	»	6	30 »	»	18×24	6
	9m.	»	7	25 »	»	13×18	6

Les combinaisons panoramiques, grand angle, en raison de leur destination spéciale, ne peuvent s'employer qu'avec les petits diaphragmes. Il en est de même pour les lentilles simples ainsi que pour les trois premières combinaisons (*Rectilinéaires angle* 60°) lorsqu'elles sont employées pour le paysage.

L'obturateur circulaire dont il est parlé plus loin s'adapte à cet objectif et le complète.

M. Darlot (¹) a précédé M. Français dans l'exécution et la vente d'une trousse photographique très complète encore et dont on peut attendre les meilleurs services.

La maison Darlot est au nombre de celles qui ont fait leurs preuves depuis longtemps et dont les produits sont très appréciés.

M. Berthiot (²) est aussi un excellent fabricant d'optique photographique.

Il en est bien d'autres encore, dont les travaux sont de nature à mériter l'attention; mais nous ne pouvons les citer tous.

Ce que nous recommandons surtout aux débutants, c'est de ne faire leur choix que parmi des objectifs signés de fabricants connus, et autant que possible de s'adresser directement aux maisons qui fabriquent ou bien à des intermédiaires d'une honorabilité reconnue.

L'origine de l'objectif importe peu d'ailleurs, s'il est de qualité inférieure; il est donc rigoureusement nécessaire de faire l'essai d'un objectif quelle que soit la réputation de la maison d'où il vient.

Il est indispensable, quand on n'a pas une trousse combinée comme celles que nous avons indiquées

---

(¹) Boulevard Voltaire, 125, Paris.
(²) Rue Saint-Antoine, 168, Paris.

et notamment comme l'est celle de M. Français, de se munir d'au moins deux objectifs, un aplanétique et un objectif simple, tous deux doués d'un foyer capable de recouvrir la dimension maxima de la chambre noire dont on se sert.

Pour des chambres noires 13 × 18, il faut des objectifs de 20 à 25 centimètres de foyer environ.

Mais il ne faut pas oublier que deux objectifs ne suffiront jamais pour tous les cas dans lesquels le touriste peut se trouver; c'est pourquoi nous recommandons l'emploi d'une trousse d'objectifs à foyers multiples.

Pour les *monuments*, le meilleur objectif à employer est l'aplanat ou l'objectif rectilinéaire.

Mais si la distance entre le monument et la chambre noire est très courte, cas qui se présente très fréquemment, il est nécessaire d'user d'un objectif *grand angulaire*, c'est-à-dire embrassant un angle de vue plus étendu pour un même foyer. Ce serait donc un troisième objectif à joindre aux deux premiers, et l'on aurait ainsi un aplanat, un objectif simple et un grand angulaire; et ce n'est pas tout, car avec ces ressources on est loin encore de pouvoir satisfaire à toutes les exigences.

Il n'en est pas de même si l'on a une trousse donnant une série de distances focales diverses, et de plus contenant des lentilles pouvant servir à l'état simple et des combinaisons embrassant des angles différents.

Pour le *paysage*, le meilleur objectif à employer est l'objectif simple, mais ce dernier ne pouvant donner net qu'avec de petits diaphragmes, il faudra user d'un aplanat quand on aura à reproduire des vues animées, des arbres, des bateaux, des personnes en mouvement.

Pour le *portrait*, on vend des objectifs spéciaux, mais l'aplanat peut servir parfaitement de même que pour les groupes, sans qu'il soit utile au touriste photographe de se munir d'un objectif spécial au portrait.

Pour les *reproductions*, l'objectif simple donne d'excellents résultats, mais on peut aussi se servir de l'aplanat à la condition de le diaphragmer suffisamment.

Tout objectif, qu'il soit simple ou double, qu'il vienne de chez Ross ou de chez Steinheil, doit être essayé; on doit vérifier s'il couvre nettement la plus grande surface sur laquelle il doit donner des images.

Voici les conseils que donne Van Monckhoven pour les essais à faire; nous ne saurions en ajouter d'autres, ni en proposer de meilleurs :

ESSAI DES OBJECTIFS.

« *Mire d'essai.* — Sur un papier blanc bien tendu sur une grande planche à dessin, tracez au tirelignes un grand carré, par exemple de 90 centimètres de côté, dont vous diviserez les côtés en 9 parties égales. Joignez les divisions par des droites, de manière que le grand carré soit divisé en 81 petits carrés.

« Sur les deux lignes centrales perpendiculaires, écrivez à partir du centre les chiffres 0, 1, 2, 3, 4, 5. Puis, placez la planche à dessin bien verticalement dans un endroit fortement éclairé.

« *Mesure du vrai foyer de l'objectif (foyer absolu).* — Sur le verre dépoli de la chambre noire, tracez bien au milieu deux lignes perpendiculaires. Assurez-vous que votre objectif est bien rigoureusement au milieu de la chambre noire, dont le verre dépoli doit être vertical, et dirigez l'instrument sur la mire, de manière que le centre 0 de la mire et le centre des deux droites tracées sur le verre dépoli coïncident. Mettez bien au point. Employez un petit diaphragme.

« Vous verrez de suite si le plan de la mire est parallèle au verre dépoli, car la netteté doit décroître régulièrement du centre vers les bords.

« Rapprochez maintenant l'objectif de la mire et augmentez le tirage de la chambre noire jusqu'à ce que l'un des carrés centraux soit reproduit en même grandeur sur le verre dépoli. (Il est bien entendu que, si l'objectif était fort petit, on pourrait rendre la mire également plus petite.)

« Enlevez maintenant l'objectif, mesurez la distance de la mire au verre dépoli. Le quart de cette

100 PREMIÈRE PARTIE.

distance est le foyer absolu de l'objectif que vous inscrirez sur sa monture.

« Si le photographe veut uniquement mesurer le foyer de l'objectif, une gravure quelconque peut servir de mire.

« *Mesure de l'angle embrassé par l'objectif.* — Soient AB (*fig.* 14) des objets très éloignés situés à l'hori-

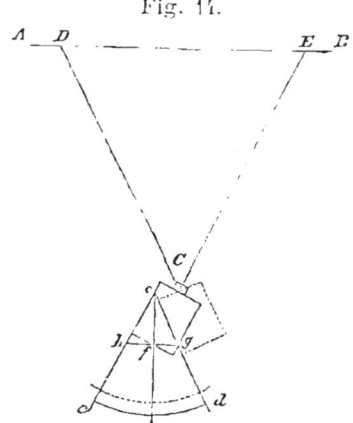

Fig. 14.

zon, C la lentille fixée sur une chambre noire placée sur une table bien de niveau. En les mettant au point sur le verre dépoli, nous trouvons que les objets D et E forment la limite de l'image sur le verre dépoli. Tracez au milieu du verre dépoli une droite verticale et tournez la chambre noire jusqu'à ce que le point E tombe sur cette droite. Avec un crayon appuyé sur le côté de la chambre noire, tracez la droite *ce*. Tournez la chambre vers le point D jusqu'à ce que ce point tombe sur la droite tracée sur le verre dépoli. Tracez la droite *cd* comme vous l'avez fait pour *ce*. Si elle ne vient pas couper *ce*, prolongez-la suffisamment. Il est clair que l'angle *ecd* est égal à DCE. Donc, en plaçant le centre d'un rapporteur en *c*, on lit le nombre de degrés *ed*, c'est l'angle embrassé par votre objectif.

« Cette méthode s'applique non seulement aux lentilles simples, mais encore aux lentilles composées telles que celles qui constituent les objectifs employés en photographie.

« *Essai du foyer chimique de l'objectif.* — Placez à quelques mètres de l'objectif à essayer le *focimètre* (*fig.* 15) dont l'image doit se former au centre du verre dépoli. Ce focimètre est formé de 8 segments de carton numérotés et placés à égale distance les uns des autres sur un cylindre en bois, leur assemblage vu de face formant un cercle. Mettez rigoureusement au point le carton n° 5, et, afin d'éviter toute erreur, servez-vous d'un verre dépoli placé dans le châssis à glace qui recevra plus tard la glace sensibilisée.

« Cela fait, substituez la glace sensibilisée au verre dépoli, faites une épreuve et voyez si l'image du carton n° 5 est bien rigoureusement nette. Si elle ne l'est pas, votre objectif possède un foyer chimique. Si le carton n° 6, 7 ou 8 est le plus net (au lieu du n° 5 mis au point), le foyer chimique est plus long que le foyer visuel, et après chaque mise au point il faudra allonger le tiroir de votre cham-

102   PREMIÈRE PARTIE.

bre noire d'une quantité variable avec la distance de l'objet à reproduire. Si c'est le carton n° 2, 3 ou 4, c'est l'inverse.

« *Mesure des diaphragmes pour le calcul des temps de pose.* — La plupart des opticiens construisent

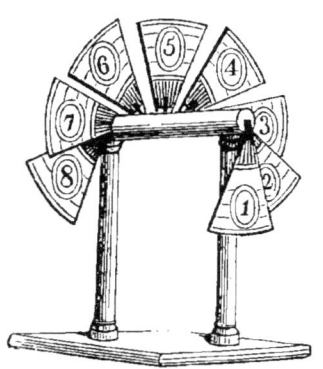

Focimètre.

aujourd'hui la série de diaphragmes qui accompagne les objectifs d'une telle façon que le temps de pose va toujours en doublant du plus grand diaphragme à celui qui le suit immédiatement.

« Mais on ne peut ainsi calculer les temps de pose pour des objectifs différents. Pour atteindre ce but, il faut diviser la longueur focale f de l'objectif (exprimée en millimètres) par les diamètres (en millimètres) des diaphragmes. On obtient ainsi des chiffres fractionnaires tels que $\frac{f}{40}$, $\frac{f}{30}$, $\frac{f}{15}$, $\frac{f}{10}$,

$\frac{f}{7}$, etc. Les temps de pose sont alors respectivement en raison inverse du carré de l'ouverture des diaphragmes, soit : 1600, 900, 225, 100, 49. En prenant 49 pour 1, les temps de pose seraient de 1, 1/2, 2/9, 1/18, 1/32, le temps de pose du plus grand diaphragme étant pris pour unité.

« Voilà les temps de pose pour un seul et même objectif. Mais si l'on en a plusieurs, on établit les mêmes rapports entre f et le diaphragme, et alors les temps de pose sont comparables, car tous les objectifs ont sensiblement la même rapidité.

« Cette règle est approximativement exacte [1], et elle l'est tout à fait pour l'objectif simple. »

Mise au point. — La mise au point s'obtient en couvrant le verre dépoli de la chambre noire d'un voile noir ou d'une manche en velours noir. On engage la tête dans le voile ou dans cette manche et l'on fait varier la place de la plaque dépolie par rapport à l'objectif en avant et en arrière jusqu'à ce que l'on perçoive nettement l'image réfléchie

---

[1] Pour connaître exactement le diamètre d'un diaphragme placé entre les deux lentilles d'un objectif, dirigez ce dernier, muni du diaphragme à mesurer, vers le soleil. Puis, avec un compas dont les pointes portent sur la surface extérieure de la lentille qui regarde le soleil, cherchez, en ouvrant ou en fermant le compas, à faire coïncider l'ombre des pointes du compas avec les bords de l'ouverture du diaphragme. La distance des pointes du compas est alors l'ouverture *vraie* du diaphragme. Elle est toujours un peu plus grande que celle du diaphragme, puisque l'effet de la première lentille de l'objectif est de faire *converger* les rayons lumineux qui la traversent.

sur la plaque dépolie. Cette plaque doit avoir un *douci* très fin pour qu'on puisse arriver à la netteté la plus rigoureuse. Un verre trop rugueux ne permettrait pas une bonne mise au point. La surface sensible doit remplacer exactement, mathématiquement, le plan sur lequel on a vu se former une image très nette. Si, en dépit de cette mise au point parfaite, le négatif était flou, on devrait en conclure que le châssis est défectueux. L'examen de toute chambre noire et des châssis négatifs est donc indispensable, avant toute campagne photographique, si l'on veut être certain de retrouver sur les plaques sensibles la netteté des images bien rigoureusement mises au point.

On peut, si la vue ne sert pas, faire usage d'une loupe qui grossit les détails de l'image réfléchie et permet de s'arrêter à un point où elle est bien nette.

Nous avons aussi imaginé un oculaire que l'on peut placer en arrière de la chambre noire sur une planchette spéciale, et avec lequel on évite l'emploi d'une glace dépolie. Cet oculaire ne laisse voir l'image que dans la partie centrale de l'appareil; mais si l'objectif est doué de bonnes qualités, on pourra conclure de la netteté de l'image en cette partie qu'elle est bien au point partout.

Pour les vues des monuments, la glace dépolie est très suffisante; il est donc inutile de se munir d'outils complémentaires qui accroîtraient le matériel à transporter, sans procurer d'avantages bien sérieux.

Il est toujours bon d'avoir, dans l'étui de la chambre, une feuille de papier végétal enroulée sur un petit cylindre de bois, pour y tailler une plaque dépolie de rechange en cas d'une rupture accidentelle de celle qui va avec la chambre noire. On la tendra avec un peu de gomme à bouche ou avec des pains à cacheter en repliant ses bords, en haut et en bas seulement sur les arêtes du châssis de la plaque dépolie, puis on mesurera exactement la distance qui sépare ce nouveau plan de celui où se formait l'image sur la glace, et, après avoir mis au point sur le plan du papier, on reculera le tiroir de la chambre d'une quantité égale à cette différence.

Le moyen est rudimentaire, mais mieux vaut cela que de ne pouvoir travailler, si l'on était la victime d'un accident de ce genre, ce qui arrive assez fréquemment, le verre étant de nature fragile.

Tout autre moyen peut être bon ; nous indiquons celui-là parce qu'il est simple et facile, et donne des résultats convenables. Évidemment cela ne saurait remplacer la glace dépolie, pas plus qu'une corde et des branches d'arbre ne remplacent le brancard d'une voiture, mais on marche et l'on arrive tout de même, or, c'est là le point essentiel.

CHAPITRE III.

Appareils portatifs. — Chambres noires. — Pieds. Châssis pour plaques et pour pellicules en papier. Laboratoires portatifs. — Boîtes portefeuilles et à escamoter. — Chambre noire automatique à bandes pelliculaires et sensibles sans fin de M. Stebbing.

Par les mots *appareils portatifs*, nous entendons désigner non pas seulement des appareils photographiques d'une *portativité* réelle, c'est-à-dire offrant des conditions de légèreté exceptionnelle, mais encore des appareils construits pour servir à la photographie en excursion, quel que soit leur poids. Nous indiquerons plus loin des appareils de poche susceptibles de constituer des *vade-mecum* photographiques plus ou moins complets.

La dimension des résultats fournis par une chambre noire est pour tout dans la nature de sa portativité. Evidemment, si l'on se contente d'exécuter des reproductions de dimensions restreintes de 9 × 12 par exemple et au-dessous, on pourra compter sur l'emploi possible d'appareils d'une grande légèreté et d'un volume peu considérable, mais il n'en est pas de même si l'on désire réaliser des négatifs directs d'au moins 13 × 18 et au-dessus.

Le poids d'un bon appareil 13 × 18 est déjà assez élevé, surtout si l'on y ajoute celui des châssis supplémentaires et des plaques sensibles; à plus forte raison s'éloigne-t-on davantage encore des conditions de légèreté, si l'on entreprend des excursions muni d'un appareil pour vues de 18 × 24 à 21 × 27 environ.

En pareil cas, l'œuvre photographique constitue l'objet principal de l'excursion, car on ne se décide à emporter avec soi des appareils semblables que si l'on veut consacrer la majeure partie de son temps à des reproductions photographiques.

Nous aurons donc à distinguer entre les appareils qui, par leur légèreté d'une part, et par leur faible volume d'autre part, méritent d'être considérés comme de véritables en-cas photographiques, et les appareils déjà trop lourds et trop encombrants pour appartenir à cette première catégorie, mais capables de fournir des négatifs directs d'une dimension allant depuis 13 × 18 jusqu'à 21 × 27 et au delà.

Nous rangerons les appareils stéréoscopiques dans la classe des appareils de demi-plaques, soit de ceux qui donnent des épreuves du format 13 × 18.

Ce format est, de tous ceux que peut choisir un

touriste, le plus convenable pour donner des images suffisamment grandes sans que l'on ait à compter avec un poids trop considérable. Dès que l'on dépasse ces dimensions-là, la distraction photographique devient un vrai travail; le transport du matériel impose l'obligation de recourir à des agents auxiliaires; les nombreuses complications inséparables de toute reproduction photographique s'accroissent dans des proportions considérables. On en est alors réduit à faire du métier, loin de se distraire.

Nous engageons donc les amateurs photographes à ne pas se charger, pour les excursions, d'un matériel qu'ils ne puissent porter eux-mêmes, à moins qu'ils n'aient à leur disposition telles facilités, comme une voiture, par exemple, qui leur permette d'arriver assez près des vues ou monuments à reproduire, pour que le transport, à bras, d'un appareil assez encombrant et assez lourd, ne soit une cause de fatigue.

Parmi les appareils construits pour le photographe en excursion, il en est de plus ou moins légers pour des formats d'épreuves identiques.

Faut-il choisir parmi les plus légers? La réponse serait aisée à faire si, au nombre des types les plus légers, il s'en trouvait d'assez solides, d'assez bien construits pour satisfaire à tous les besoins; malheureusement, les appareils trop légers manquent généralement de stabilité; ils sont sujets à se détériorer rapidement sous l'influence de la chaleur et de l'humidité. Le moindre choc peut fausser un de leurs organes essentiels. Si l'excursion pendant laquelle on s'en sert doit avoir une certaine durée, on est peu certain qu'ils demeureront en parfait état jusqu'à la fin.

Avant tout, nous conseillons, même au prix d'un poids un peu plus fort, des appareils solidement établis, capables de résister à des chocs accidentels, à la pluie, à un soleil ardent, sans être mis hors de service presque au début de leur emploi. Nous disons : hors de tout bon service, car la plupart des amateurs photographes usent d'appareils vraiment défectueux et avec lesquels ils ne peuvent rien obtenir de satisfaisant.

De ces appareils de médiocre valeur, le nombre est grand. Nous nous abstiendrons de les désigner, mais au moins indiquerons-nous quelques-uns de ceux qui sont excellents et que l'on peut acheter en toute confiance.

En France et un peu partout à l'étranger, en Amérique, en Angleterre, en Autriche, en Allemagne, il est actuellement des constructeurs du matériel photographique qui ont perfectionné cet art spécial à un très haut degré.

Chez nous, nous pouvons citer, parmi les constructeurs les plus habiles, MM. Jonte, Gilles, Martin, Ruckert, Mackenstein et Enjalbert, à Paris.

Nous disons parmi les plus habiles, car il en est bon nombre d'autres encore que nous ne pourrions malheureusement indiquer sans arriver à dépasser les limites que nous impose la concision nécessaire à un ouvrage comme celui-ci.

Nous avons adopté comme type d'un bon appareil à conseiller l'appareil du format 13 × 18 de la maison Jonte ([1]).

Cet appareil est un peu plus lourd que d'autres d'un même format, mais il réalise les conditions de durée dont nous parlions plus haut. C'est tout ce que l'on peut désirer comme exécution confortable, comme bonne entente de l'agencement parfait de chacun des organes. Tout y est bien compris et solidement établi, et si l'on est exposé à subir le poids de quelques centaines de grammes de plus qu'avec d'autres outils du même genre, on a bientôt la satisfaction de n'en éprouver aucun regret, tant on a lieu d'être content du bon usage d'un semblable appareil.

Certainement, en amincissant les épaisseurs du bois, en supprimant certaines parties métalliques, arriverait-on à gagner un peu plus de légèreté, mais on conçoit bien vite, pour peu qu'on examine ces appareils avec soin, qu'il n'y saurait être apporté de semblables modifications sans leur enlever en même temps une bonne partie de leurs

---

([1]) rue Lafayette, 126, à Paris

qualités. Ils ne sont supérieurs à bien d'autres qu'à cause de leur grande solidité, et l'on peut remarquer que cet avantage si sérieux n'existe pas chez eux aux dépens de l'élégance de la forme. Celle-ci, en effet, a toute la légèreté apparente possible, aucune proportion n'étant exagérée. Nous connaissons d'ailleurs des appareils bien plus lourds d'aspect, qui, en réalité, ont un poids moindre que ceux de M. Jonte, tout en leur étant inférieurs aussi à bien d'autres points de vue.

Quelques dessins vont nous permettre de faire connaître dans tous ses détails cet appareil type.

Il se compose de la chambre noire proprement dite et d'un pied de campagne à coulisses rentrantes.

La chambre noire représentée dans l'état où elle occupe le moindre volume est indiquée en A, (*fig.* 16); on la voit là placée sur le pied de campagne entièrement déployé. Ce même pied, lorsqu'on fait rentrer dans la première partie D les deux rallonges E et C, se réduit à une longueur qui n'excède pas $0^m,60$. On voit en B le pied replié et prêt à être enfermé dans son étui F.

Quant à la chambre noire fermée, elle occupe un volume qu'indiquent les dimensions suivantes :

Longueur. . . . . 242^{mm}
Largeur. 177
Epaisseur. 90

Dans ce volume se trouve compris celui d'un des châssis doubles.

112   PREMIÈRE PARTIE.

L'étui G est destiné à la recevoir en même temps que les châssis supplémentaires au nombre de 4 ou 5, l'objectif, l'obturateur instantané et le voile

Fig. 16.

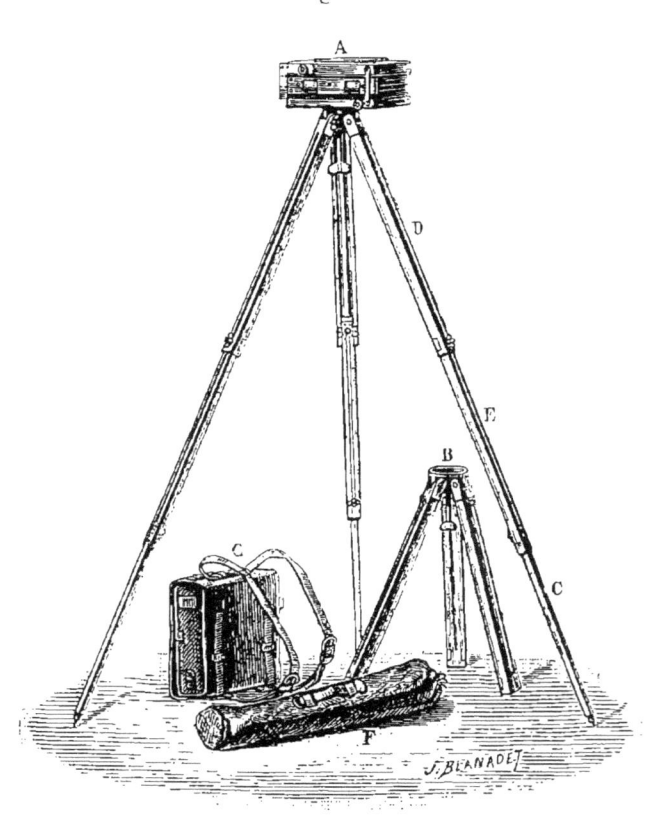

noir. La poche à soufflet de cet étui permet de lui donner un volume double de celui qui est apparent dans notre dessin.

Le tout ensemble constitue un poids d'environ 8^{kil},250.

> 6^{kg},750 pour l'appareil, les six châssis doubles garnis et l'étui, objectif compris.
> 1^{ks},500 pour le pied et son étui.]

Ainsi que nous l'avons dit plus haut, c'est là un poids encore assez élevé et dont le transport, en excursion, doit être assez pénible, aussi aurons-nous soin d'indiquer d'autres appareils plus légers

Fig. 17

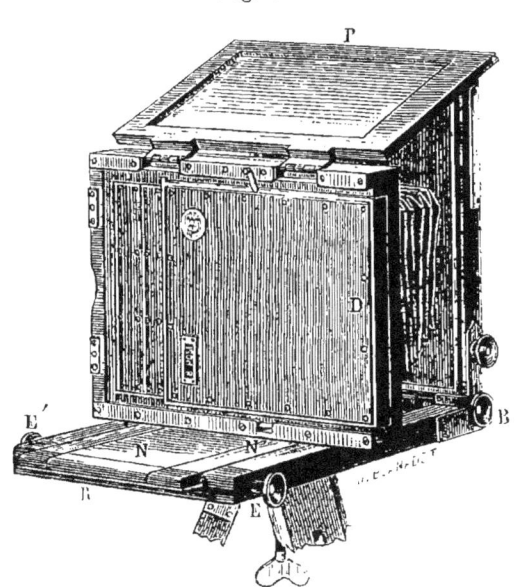

pour ceux qu'effrayerait le poids de celui qui nous occupe en ce moment.

La chambre noire, à soufflet tournant, porte une

glace dépolie à charnière P, qu'il suffit de rabattre ainsi qu'on le voit dans les *fig.* 17, 18 et 19. Le châssis prend la place qu'occupait le verre dépoli avant d'avoir été rabattu.

Cette disposition permet d'éviter le bris si fréquent des plaques dépolies quand il faut les déplacer pour les poser sur le sol. Cet arrangement

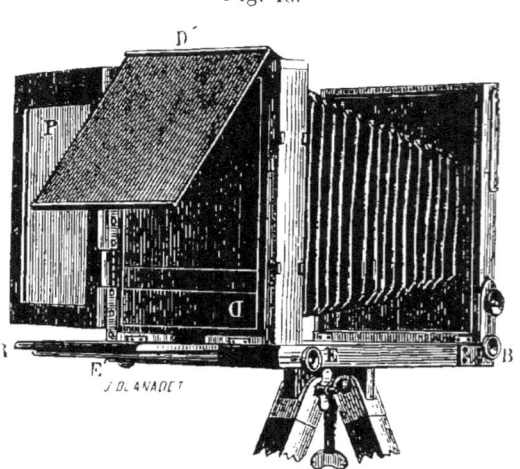

Fig. 18.

permet de ne jamais séparer le verre dépoli de la chambre noire.

Grâce au soufflet tournant, les châssis peuvent être placés soit en hauteur, ainsi que cela existe dans la *fig.* 18, soit en largeur, comme dans la *fig.* 17.

Les boutons EE' commandent une crémaillère à l'aide de laquelle on fait mouvoir la planchette de rallonge de la chambre noire pour la mise au foyer.

En B se trouve un bouton commandant une autre crémaillère permettant de faire basculer sur sa base la face antérieure de la chambre noire. Il est des cas où cette inclinaison de la planchette antérieure, soit en avant, soit en arrière, est nécessaire pour réaliser une mise au point plus complète.

En arrière de l'objectif O', mais extérieurement à la chambre noire, peut se placer un obturateur à guillotine O, ainsi qu'on le voit dans quelques-uns de nos dessins; la poire en caoutchouc C commande le déclenchement.

L'appareil, disposé ainsi que l'indique la *fig.* 19, est prêt à fonctionner, le châssis est introduit à la place qu'occupait le verre dépoli P, le volet D' (*fig.* 18) est ouvert, et la pose a lieu, soit très rapidement à l'aide de l'obturateur à guillotine ou autre, soit plus lentement en usant d'un obturateur à volet, du système Guerry, par exemple, qui sera indiqué plus loin.

Chaque châssis double porte, sur chacun des volets, un numéro d'ordre gravé sur une petite plaquette mobile dans une coulisse et pouvant découvrir le mot *exposé*. On a donc soin, après chaque exposition, de découvrir le mot *exposé*, ce qui permet d'éviter toute erreur. De plus, une rondelle blanche susceptible de recevoir des inscriptions au crayon, qu'on peut effacer, sert à rappeler, par une note brève, la nature des vues reproduites sur la plaque de chaque châssis double.

Deux niveaux à bulle d'air NN' (*fig.* 17) placés

Fig. 19

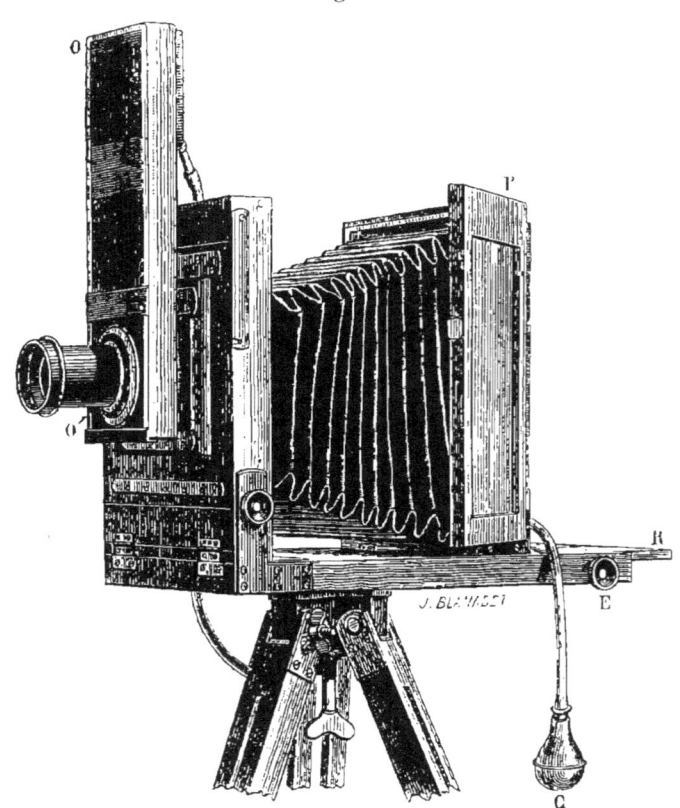

en croix sur la tablette de la chambre noire permettent de la placer, sans de longs tâtonnements, dans une position parfaitement horizontale.

L'obturateur à guillotine placé en arrière de

CHAPITRE TROISIÈME. 117

l'objectif, ainsi que l'indiquent nos dessins, peut être incliné sur son axe comme on le voit dans la *fig.* 43. La vitesse de chute est alors diminuée

Fig. 20.

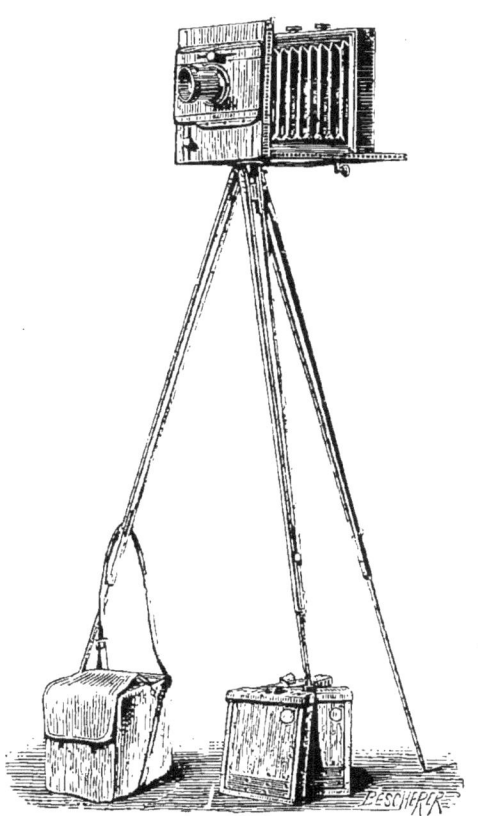

dans un rapport qu'il est facile de calculer en employant la méthode de graduation décrite au chapitre des obturateurs instantanés.

Pour compléter cette chambre si bien comprise, il suffirait de graduer en centimètres sa base, de façon à pouvoir lire d'un coup d'œil la distance focale à laquelle on opère. Il serait à désirer que cette graduation fût exécutée par les constructeurs eux-mêmes. Espérons qu'ils se décideront à ajouter à leurs appareils ce complément utile sinon indispensable, en vue d'une précision plus grande dans les opérations.

Nous avons décrit un type d'appareil complet; il comprend une série de formats divers depuis le quart de plaque, soit l'appareil 9×12, jusqu'au format 21×27, et même au delà si on le désirait.

M. Martin, constructeur à Paris [1], fabrique des appareils (touriste), offrant beaucoup d'analogie dans leurs dispositions avec ceux de M. Jonte, dont la description vient d'être donnée.

Un châssis spécial pour pellicule ou pour papier pelliculaire, permet de remplacer les châssis doubles à plaques par une série de portefeuilles légers, d'un emploi très commode sur nature. La pellicule, une fois le volet retiré, est appliquée par des ressorts contre une glace polie qui est fixée à demeure en avant de la plaque dépolie, laquelle est posée dans un châssis à charnières.

Les divers modèles de M. Martin sont étagés depuis le format 9×12 jusqu'au format 21×27.

---

[1] 45, rue de Lacépède

CHAPITRE TROISIÈME. 119

Voici un dessin donnant les dispositions d'ensemble de cet appareil spécial aux excursions.

M. Enjalbert, de Montpellier, a imaginé un appareil d'un modèle un peu différent de ceux qui précèdent : *le Touriste*, dont le dessin ci-après (*fig.* 21) fait comprendre le fonctionnement.

Par suite d'une combinaison spéciale, les châs-

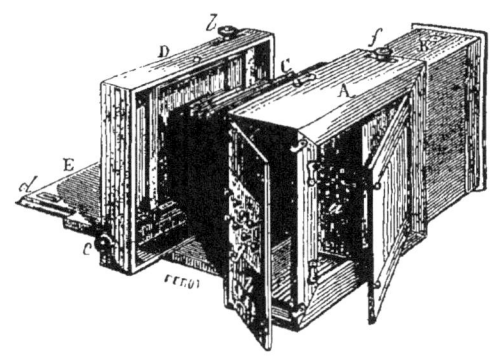

Légende explicative :

A. Chambre noire ouverte pour montrer l'intérieur
B. Tiroir à châssis, à demi tiré ;
C. Soufflet ;
D. Planchette de l'objectif ;
E. Planchette support de l'appareil à crémaillère ;
a. 8 châssis contenant les glaces ;
bc. Boutons pour manœuvrer l'objectif en tous sens ;
dd'. Gâches servant à fixer la planchette de l'objectif pour les longs foyers ;
e. Rainures correspondant aux châssis pour le verre dépoli
f. Vis de pression pour fixer le tiroir ;
g. Vis pour saisir les châssis ;
h. Tubes pour le dégagement de l'air.

sis négatifs ordinaires sont supprimés, et les plaques sensibles, au nombre de huit, sont réunies dans un seul tiroir à châssis B qui remplit le vide de la chambre noire. La mise au point une fois obtenue, on accroche au moyen d'un des boutons G le châssis après avoir préalablement poussé le tiroir, et, lorsqu'on le retire, la plaque saisie reste seule dans la chambre noire. On n'a plus à craindre, grâce à ce moyen, les traînées lumineuses et les voiles qui se produisent souvent avec les châssis ordinaires lorsqu'on ouvre le volet pour démasquer la plaque sensible.

Cette chambre à soufflet tournant permet de faire des reproductions en long et en travers.

On peut utiliser l'appareil pour les clichés pelliculaires et sur papier, en se servant des châssis spéciaux (genre stirator), construits spécialement par M. Enjalbert.

Voici le volume et le poids des divers appareils de cette sorte, les huit châssis et le verre dépoli compris :

	Format	Longueur	Largeur	Epaisseur	Poids approximatif	Noyer verni	Acajou g. dorées	Faç. chêne g. nickel
1/2 plaque....	13 × 18	22cm	18cm	10cm	1700gr	190fr	215fr	220fr
Stéréoscopique..	12 × 20	24	17	11	1800	195	220	225
Plaque normale.	18 × 24	30	21	11	3000	260	270	295
Extra-plaque à 5 châssis ...	24 × 30	36	31	10	3500	300	330	335

Grâce à la disposition adoptée par M. Enjalbert,

on peut, sous un faible volume, porter un assez grand nombre de châssis supplémentaires contenant soit des pellicules ou papiers pelliculaires sensibles, soit des plaques de verre sensibles.

Nous aurons à parler ultérieurement du Photo-revolver de M. Enjalbert, appareil photographique de fantaisie et qui est destiné à *tout le monde* plutôt qu'aux touristes photographes.

Il existe des pieds-cannes, notamment ceux de MM. Français, Hermagis, Arwin et d'autres encore, qui, par leur légèreté et par leur heureuse disposition, contribuent à faciliter le transport du matériel photographique; mais leur emploi ne convient que pour des chambres noires fort légères elles-mêmes.

Quand on veut opérer avec un appareil d'une stabilité convenable, il est peu prudent de recourir à des pieds aussi légers. On est exposé à voir des vibrations se produire au moindre air qui d'aventure vient ébranler la chambre noire, et le résultat, manquant d'une netteté suffisante, donne bien vite le regret de n'avoir pas usé d'un pied plus solide.

Les proportions adoptées par M. Jonte pour son pied de campagne sont excellentes, elles peuvent servir de type. D'ailleurs, ce pied construit en bois léger est d'un poids et d'un volume de nature à assurer sa parfaite portativité.

Dans les excursions lointaines, il est quelquefois nécessaire de connaître immédiatement le

122 PREMIERE PARTIE.

Fig. 22.

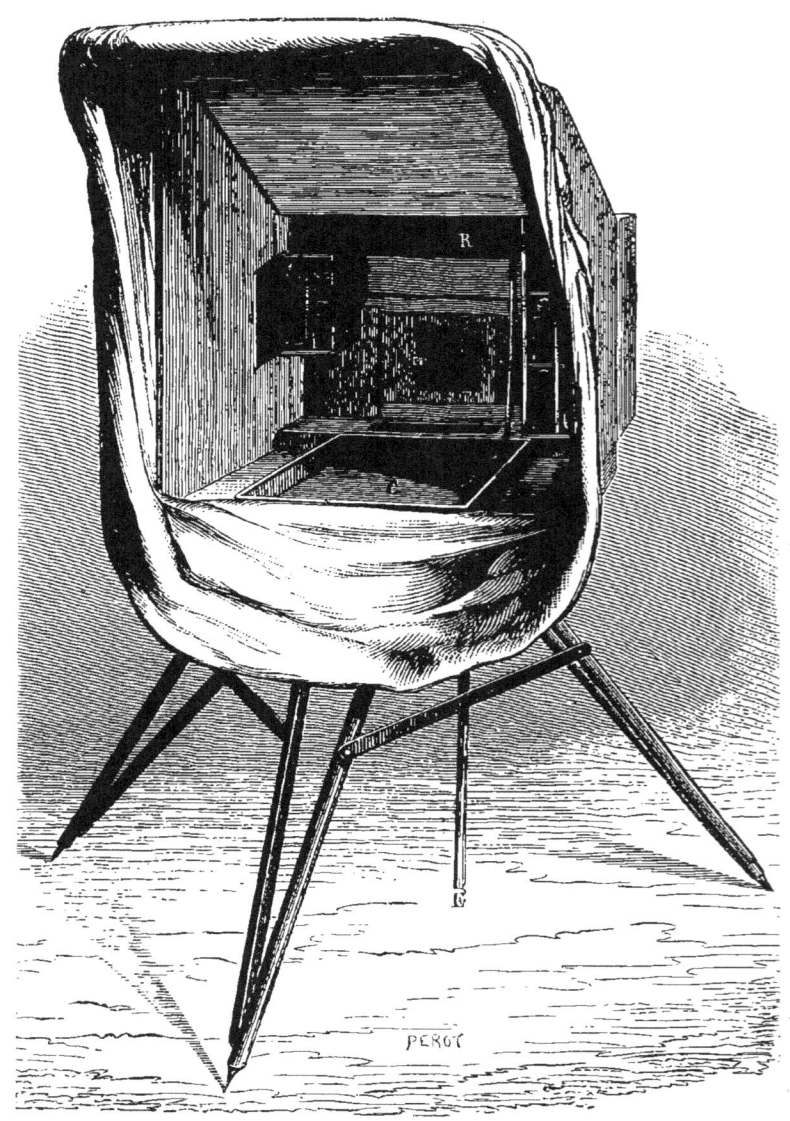

résultat des opérations si l'on ne veut être exposé à revenir, quand cela est toutefois encore possible, pour prendre de nouveau les vues non réussies une première fois.

Il convient alors d'opérer le développement sur place, afin de pouvoir recommencer en cas d'insuccès.

On construit, dans ce but, des laboratoires portatifs assez légers que l'on peut rapidement monter; ils contiennent un réservoir à eau avec tube en caoutchouc et pince en cuivre, des flacons à produits divers, des verres à développer, des cuvettes en caouchouc, se roulant comme une étoffe quand le travail est terminé.

Ils reposent sur un trépied à triangle en fer très solide dont l'écartement est maintenu par des tringles en fer.

Le tout est enfermé dans une boîte en sapin poli avec poignée. Il en est construit pour des formats de plaques diverses depuis 13×18 jusqu'à 30×40 [1].

Parmi les divers systèmes qui permettent le transport d'un certain nombre de plaques sensibles et leur mise au châssis en pleine lumière, nous devons recommander la boîte à escamoter qu'indiquent les *fig.* 23 et 24.

---

[1] En vente chez tous les dépositaires de produits et appareils photographiques.

Le châssis porteur ABJN (*fig.* 23) y est placé sur la boîte à glaces (*fig.* 24) dans la position convenable pour recevoir une des plaques non exposées. Le système est alors renversé, la plaque tombe dans

Fig. 23.

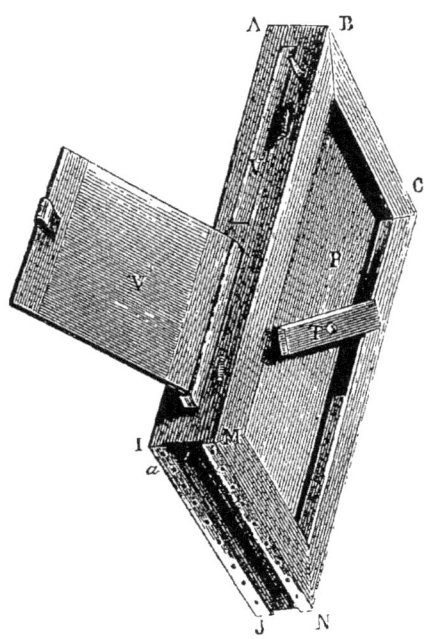

le châssis, et, lorsqu'on retire ce dernier, les deux ouvertures, celle du châssis et celle de la boîte, se ferment automatiquement et hermétiquement.

Un index H indique sur la graduation fixée le long de la boîte le numéro qui correspond avec la place occupée par chaque glace et par suite la position où il faut amener la rainure O, pour faire tomber tour à tour dans le châssis-porteur les plaques non encore impressionnées.

Il est un autre système de construction anglaise que montre la *fig.* 25.

Ces boîtes et châssis sont exécutés avec un grand

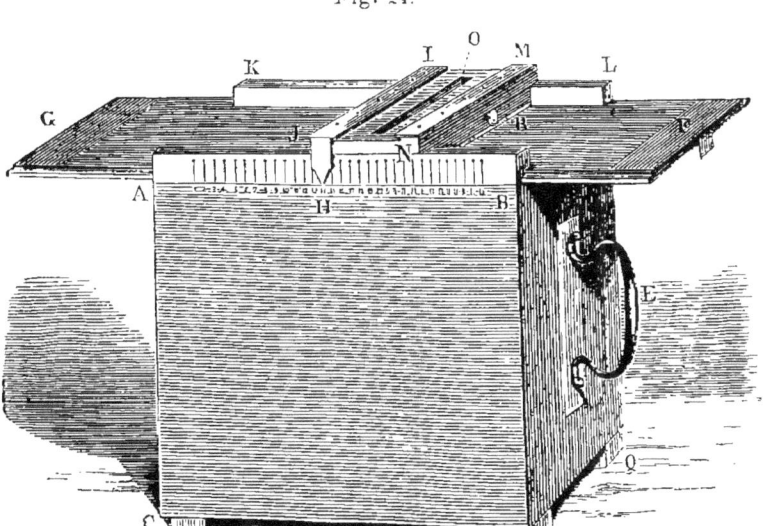

Fig. 24.

soin : aucune filtration de lumière ne peut s'y produire de façon à altérer les plaques sensibles. Il en existe de tous formats depuis 9 × 12 jusqu'à 27 × 33. Seulement, le châssis spécial ne pourrait être adapté à une chambre quelconque qu'à la condition d'en régler la mise au point conforme à celle de la plaque dépolie.

On a aussi imaginé des portefeuilles boîtes

126   PREMIÈRE PARTIE.

pour changer les plaques sensibles en pleine lumière. Nous en montrons une en fonction, déployée et pliée (*fig.* 26, 27 et 28).

On suspend le portefeuille autour du cou, la

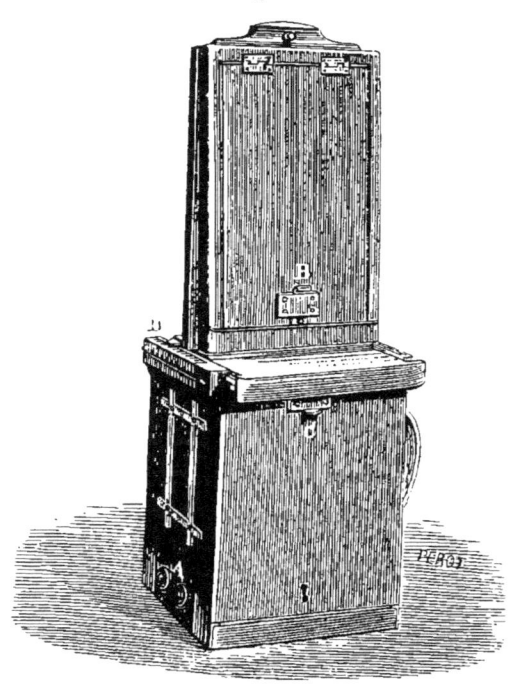

Fig. 25.

fenêtre tournée vers le jour; on introduit les deux mains et l'on relève les trois supports en bois juste au-dessous des trois points marqués sur le couvercle de façon à rendre la boîte parfaitement rigide; on retire la main droite seulement pour prendre un paquet de glaces que l'on passe par la porte du fond; la main gauche le reçoit en dedans et le place du côté du support du milieu, en face de la lumière.

Le châssis négatif y est introduit de la même manière et déposé sur le fond au-dessus de la porte. Avec la main droite, on tire sur la courroie

Fig. 26.   Fig. 27.   Fig. 28.

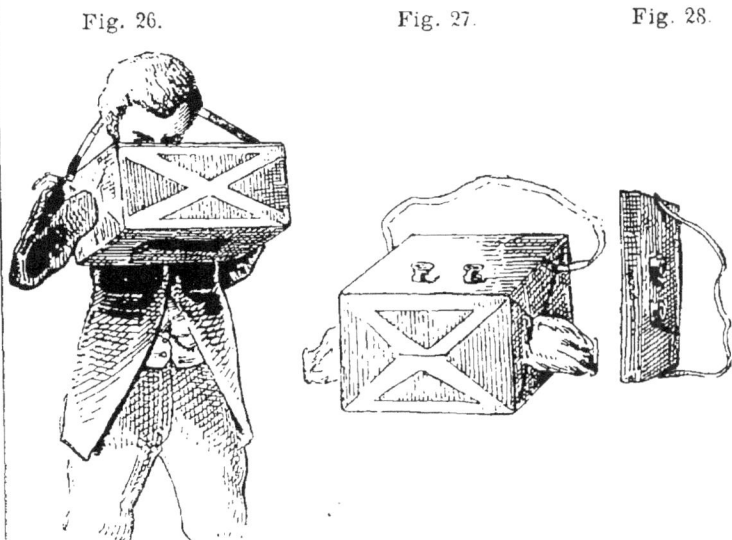

pour approcher la boîte tout près des yeux, ce qui permet de voir parfaitement dans l'intérieur. La main droite étant alors introduite, on ouvre le châssis, puis le paquet de plaques dont une est mise la face sensible en bas dans le châssis; on ferme ce dernier, puis le paquet de plaques. Retirer alors la main droite, pousser la porte du fond, et avec la main gauche passer le châssis en dehors pour le mettre dans la main droite prête à le recevoir, ouvrir enfin la courroie et descendre le portefeuille du cou.

Cette boîte peut rendre de très grands services dans les cas où l'on a à faire un grand nombre de reproductions sur nature, loin de tout abri permettant de changer à nouveau des châssis négatifs.

Au lieu de paquets de plaques, mieux vaut porter des boîtes à rainures en carton dont la fermeture est complète et dans lesquelles l'emmagasinage des plaques s'opère sans aucune difficulté.

Il existe aussi des portefeuilles-boîtes de divers formats ([1]), depuis 13×18 jusqu'à 21×27 et au-dessus.

On a construit un très grand nombre d'appareils plus ou moins portatifs dont les touristes préoccupés de rapporter de leurs excursions des impressions quelconques plutôt que des œuvres photographiques parfaites peuvent faire l'acquisition à un prix moindre que celui des appareils très sérieusement établis indiqués plus haut.

De ce nombre sont les appareils à foyers fixes connus sous le nom :

1° De *polygraphe* (*fig.* 29), de la maison Arwin ([2]).

2° D'*appareil pour touriste*, de la maison Her-

([1]) En vente chez M. Schaeffner, 12, passage du Buisson Saint-Louis, Paris.

([2]) Rue du Quatre-Septembre, 35.

CHAPITRE TROISIÈME. 129

magis, dont ci-joint le dessin de détail et la description (*fig.* 30).

Cet appareil est établi pour les formats 9×12 et 13×18.

Le tout, sauf le pied, est enfermé dans une boîte

Fig. 29.

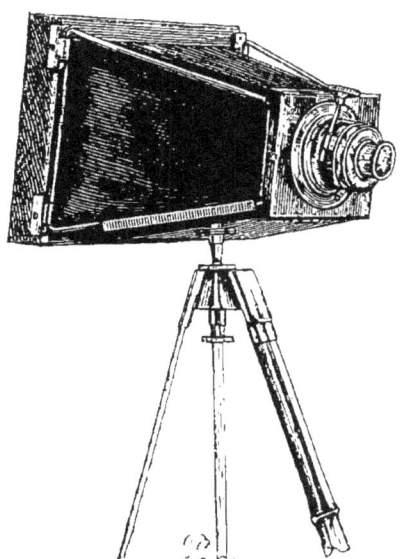

ayant la forme d'un album d'artiste, et le pied, dont les trois tranches sont groupées en une seule, forme un bâton de montagne.

Un étui avec courroie renferme tout l'appareil.

3° D'*appareil* Dubroni ou *Stéréographe*.

Les *fig.* 31 et 32 représentent les deux modèles d'appareils à foyers fixes de la maison Dubroni.

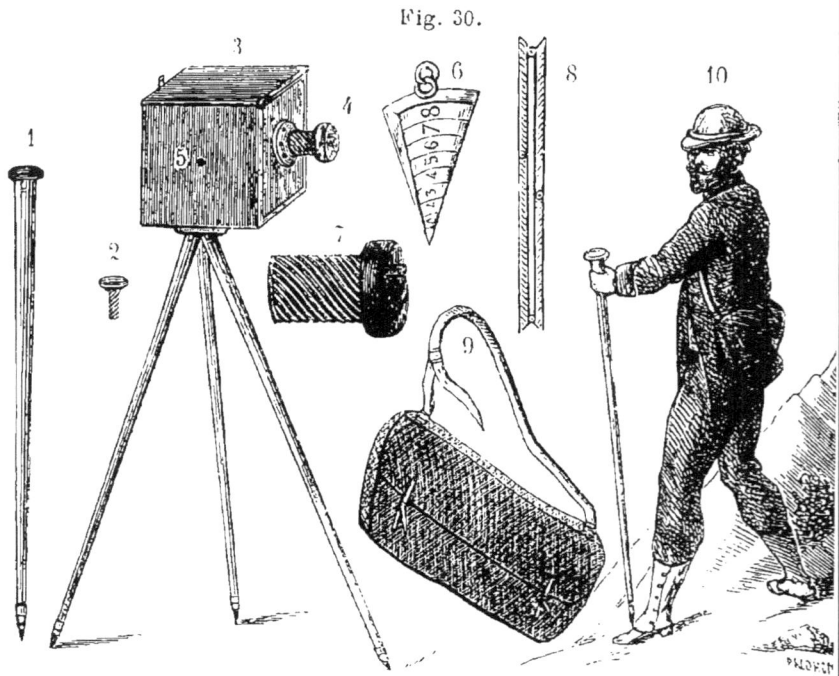

Fig. 30.

1. Pied-canne à 3 branches fermé, servant au Touriste de bâton de montagne, avec picot d'acier, à l'épreuve du rocher.
2. Pomme de ce pied, dont la vis sert à fixer solidement la chambre sur son pied et à relever, au besoin, par un fil a plomb, les stations géodésiques.
3. Chambre tout en bois, ouverte et montée, mais pouvant s'aplatir, étant fermée, comme le montre en coupe le dessin n° **8**, grâce à ses planchettes taillées en onglet et articulées à 4 charnières d'une seule pièce (équerre parfaite).
4 et **7**. Objectif aplanétique à grand angle pour vues et portraits, monture en nickel inoxydable, à coulant hélicoïdal, permettant la mise au point à toute distance, et supprimant le soufflet branlant des chambres ordinaires. La planchette sur laquelle cet objectif est monté, est munie d'une vis à décentrer évitant les déformations dans les monuments, quand on peut s'élever jusqu'au milieu de leur hauteur. L'obturateur porte avec lui l'étui à diaphragmes.
5. Trou pour introduire la vis de la pomme du pied quand on veut fixer la chambre dans l'autre sens, et opérer en largeur plutôt qu'en hauteur.
6. Photomètre à prisme, pour apprécier exactement la durée du temps de pose.
8. La chambre, vue en coupe et fermée, moitié moins épaisse que le seul chariot de la plus mince Chambre à soufflet.
9. Sac élégant de Touriste, contenant tout l'appareil.

La *fig*. 33 montre cet appareil replié sur lui-même;

Fig. 31.

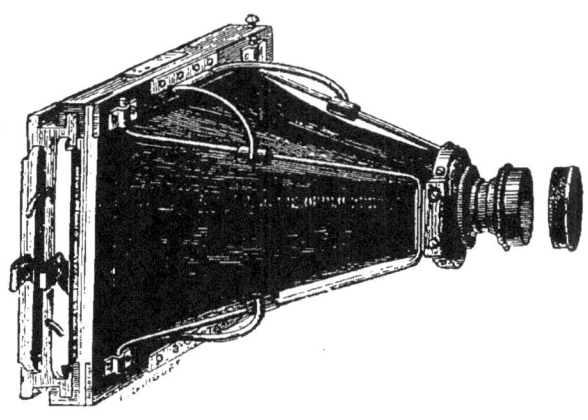

dans la *fig*. 34 on le voit monté sur son pied (¹).

Fig. 32.

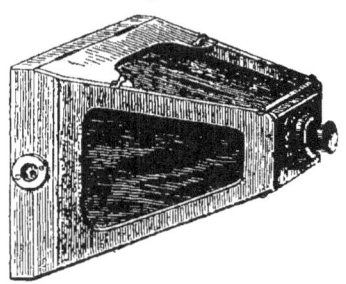

Voici le dessin (*fig*. 35) d'un appareil portatif très léger qui a quelque rapport avec celui de M. Deyrolle (*scénographe*), mais qui est plus complet; il a été combiné par un amateur distingué, M. le comte

---

(¹) Maison Dubroni, rue de Rivoli, 250, Paris.

de la Laurentie. C'est un spécimen, choisi entre mille, d'appareils de ce genre, chacun étant en état, après s'être bien rendu compte des exigences de son propre travail, d'y approprier son outillage. Ces divers appareils et bien d'autres encore qu'il serait trop long et inutile d'indiquer ici, peuvent, ainsi qu'il vient d'être dit, rendre d'utiles services, mais il sont d'un prix relativement peu élevé, et, si

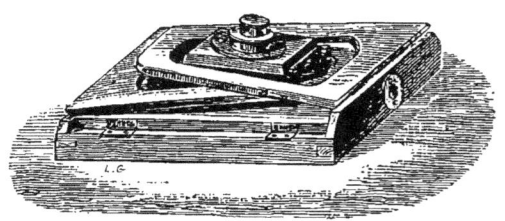

Fig. 33.

complets qu'ils soient pour un coût aussi bas, ils ne sauraient être considérés, au point de vue photographique sérieux, à l'égal des premiers appareils cités, de ceux par exemple de MM. Jonte, Martin, Enjalbert.

Nous aurons d'ailleurs à revenir sur la question des appareils essentiellement portatifs ou *de poche* et nous indiquerons alors l'état actuel de cette question et les progrès à rechercher dans cette voie.

Chambre noire automatique à bande pelliculaire sans fin de M. Stebbing [1]. — M. Stebbing a fait con-

[1] Rue des Apennins, 25, Paris.

struire une *chambre noire automatique* à rouleau

Fig. 34.

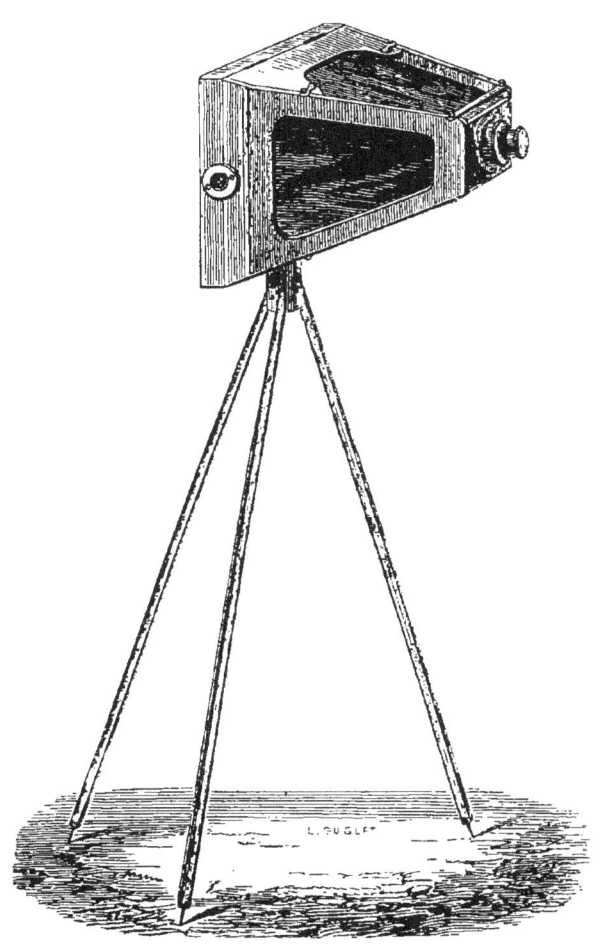

pelliculaire sans fin. Cet appareil, sans présenter les conditions essentielles d'une portativité telle

Fig. 35.

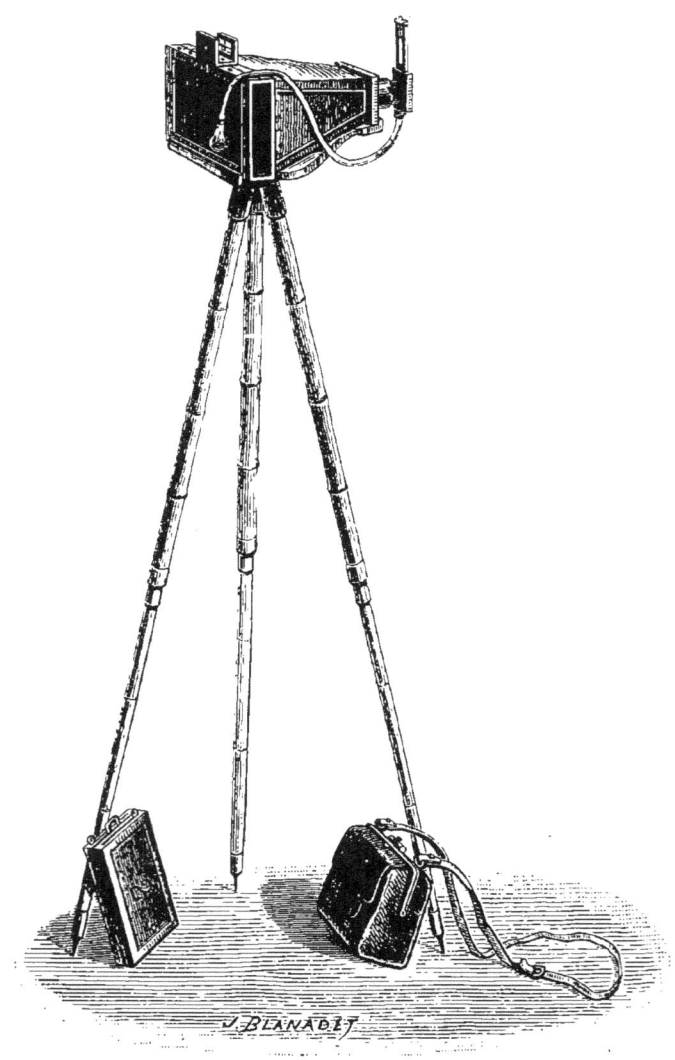

que nous la comprenons, soit celle de l'*en-cas* photographique dont nous aurons à parler, n'en est pas moins très commode pour les personnes nullement initiées aux opérations photographiques, telles que les artistes peintres et sculpteurs, les géologues, les archéologues, les naturalistes, le

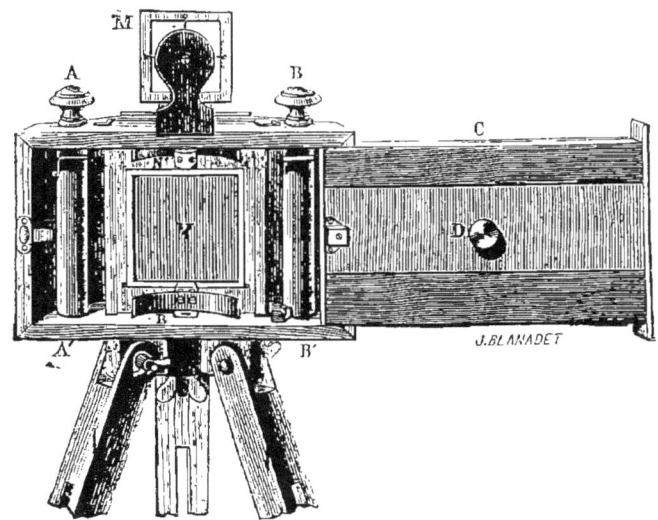

Fig. 36

plus grand nombre des explorateurs et les savants en général.

Cet appareil, dont les deux dessins ci-joints (*fig*. 36 et 37) donnent une idée complète, est formé d'une chambre noire ordinaire mais à foyer fixe, c'est-à-dire qu'elle est sans tiroir. L'image se formant toujours sur le même plan situé à environ $0^m,11$ de la lentille ou objectif O, celui-ci est réglé de façon que tout soit mathématiquement au point à partir de 5 mètres en avant de la chambre noire.

C'est l'ancien appareil automatique de Bertsch, mais très heureusement perfectionné par M. Stebbing.

Au lieu d'avoir à employer des châssis simples ou doubles contenant les pellicules sensibles, on n'a qu'à garnir au départ, d'une pellicule très longue pouvant donner 50 à 60 épreuves différentes, un rouleau situé en arrière de la chambre noire sur un des côtés, à gauche par exemple de la plaque de verre qui occupe la place de la glace dépolie.

A l'aide d'une sorte de couteau longitudinal, on insère une extrémité de la bande sensible dans une rainure pratiquée dans le rouleau AA', puis on tourne le bouton A jusqu'à ce que la bande entière soit enroulée, sauf une partie à peu près longue comme le fond de l'appareil. Cette partie est amenée vers le rouleau de droite BB', on insère son extrémité de la même manière que pour l'autre, puis on ramène AA' de façon à tendre parfaitement la bande. La partie médiane passe derrière une glace polie et c'est sur la surface postérieure de cette glace que devra porter la partie de la bande devant fournir un négatif.

Une petite planchette garnie d'un morceau de drap est posée en arrière de la bande dans la position correspondante à celle de la glace et portant contre les deux ressorts RR'. Tout cela étant fait, on ferme la planchette C et l'on tourne le bouton à vis D situé au milieu de cette planchette jusqu'à ce qu'il refuse d'avancer davantage. Il a alors poussé à bloc la petite planchette mobile, laquelle a appliqué la pellicule contre la plaque. L'épreuve se fait en démasquant l'objectif, puis on passe à une deuxième partie de la bande sensible sans fin. Tout d'abord on desserre le bouton D et l'on tourne BB' d'un cran. Un bruit que produit la détente d'un ressort à l'intérieur indique le moment où il s'est enroulé sur BB' une longueur de bande égale à celle d'une épreuve; en même temps, une pointe convenablement placée sur BB' perce la bande d'un trou. C'est entre chacun de ces trous successifs que se trouveront les épreuves à développer.

On serre de nouveau le bouton D, une nouvelle épreuve est faite et ainsi de suite.

Aucune mise au point ne pouvant avoir lieu, on centre et l'on encadre la vue à reproduire à l'aide de la mire M et du cadre M', à charnières tous deux, qui sont placés sur le haut au centre et en arrière de la chambre noire. La mire M est une plaque circulaire noire percée d'une petite ouverture : tel est un diaphragme ordinaire. Le cadre M' est coupé en croix à son centre par deux fils métalliques. Le point d'intersection de ces fils est dans l'axe du centre de la mire M et la distance de M à M' est telle que l'ensemble de la vue encadrée par le cadre est bien celui que l'on aura sur le négatif, dont le point central coïncidera avec l'objet vu à travers la mire à l'intersection des deux fils.

L'avantage offert par cet appareil est assez grand : d'abord il n'occupe qu'un volume assez restreint étant donné surtout le nombre de négatifs successifs qu'il permet d'obtenir sans autre matériel que la chambre indiquée par notre dessin.

Cette chambre a $0^m,18$ dans sa plus grande largeur, celle du fond; $0^m,14$ de profondeur et $0^m,11$ de hauteur; elle pèse à peine 1^{kg}, garnie de sa bande sensible y compris le poids de l'étui dans lequel on peut la porter avec une courroie passée en sautoir comme on le fait pour les jumelles de voyage.

Quant au pied, il suffit d'un pied-canne; on en construit d'excellents, de très solides, dont on use comme d'une canne ordinaire et qui, au moment de prendre une vue, permettent de poser l'appareil sur une base très rigide.

Des bandes contenues dans de petits étuis imperméables à la lumière peuvent être emportées dans la valise, ainsi qu'une petite lanterne à verre rouge. Dès qu'on a épuisé une bande sensible, on l'enlève, on la remplace par une nouvelle et l'on met la bande impressionnée dans la boîte qui contenait la dernière mise en place. Une fois de retour, on développe les négatifs par séries de 4 ou de 6 en opérant la section aux endroits indiqués par des points.

Un compteur à déclic peut aisément être adapté au rouleau BB', ainsi qu'on le voit en T pour compter automatiquement le nombre de vues déjà prises, ce qui permet de savoir combien il en reste à prendre avant de passer à une nouvelle bande.

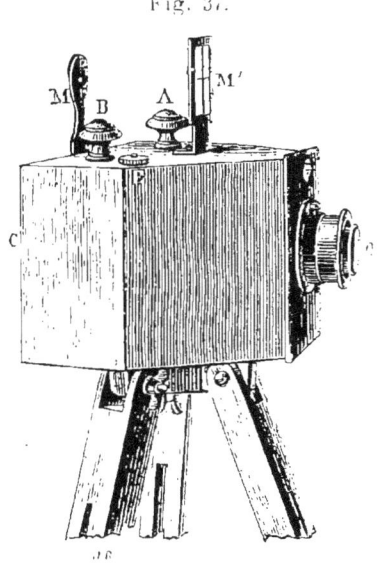

Fig. 37.

Les épreuves fournies par cet appareil n'ont que $0^m,06 \times 0^m,06$; c'est dire qu'elles sont bien petites. Mais elles ont une telle netteté, qu'on peut, pour les mieux lire, les agrandir aisément à l'aide d'un appareil dont nous nous occuperons plus loin (*voir* au Chapitre des *Appareils de poche*).

Il s'agit, en employant cet appareil, non pas d'exécuter des épreuves photographiques pour en user directement, ainsi qu'on le fait des épreuves ordinaires, mais bien pour avoir des séries de documents d'une grande exactitude, obtenus très rapidement et sans peine aucune. Ce sont des souvenirs fixés par la lumière, tout comme si chacune des vues qui nous intéresse pouvait rester gravée, même en très petit, dans un coin de notre cerveau. L'artiste, le savant, munis de ces documents, sauront bien en tirer parti soit en les agrandissant eux-mêmes, soit en les confiant à des spécialistes, à des graveurs, des dessinateurs qui en feront l'usage auquel ils seront destinés, dussent-ils, pour s'en servir, recourir à l'emploi de tels auxiliaires optiques dont besoin sera.

La chambre automatique de M. Stebbing, en attendant mieux, c'est-à-dire en l'absence de tout appareil plus portatif encore, a sa place marquée dans le bagage de tout voyageur intelligent; elle permettra à tout excursionniste qui en usera de se procurer, sans peine et sans poids à porter, une impression de chaque vue, de chaque objet dont il tiendra à conserver un reflet exact.

Pour le moment, il n'est rien encore de plus complet que ce charmant instrument. Il joint la légèreté, l'ingéniosité des dispositions, à une précision que l'on a de la peine à rencontrer dans la plupart des autres appareils de voyage; son seul défaut est de n'être pas un appareil de poche.

En résumé, le touriste photographe n'a que l'embarras du choix, et en prenant nos indications pour guide il peut se munir d'excellents appareils, plus ou moins précis, plus ou moins solides et légers, suivant la nature des reproductions auxquelles il désirera se livrer.

CHAPITRE IV.

Appareils photographiques de poche. — Jumelle Germeuil-Bonnaud et Loiseau. — Photorevolver Enjalbert. En-cas photographique Léon Vidal.

I. *Jumelle Germeuil-Bonnaud.* — Bien avant l'apparition du procédé d'impression sur la gélatine bromurée d'argent, M. Geymet avait imaginé une jumelle photographique que l'on employait avec des plaques au collodion sec.

M. Germeuil-Bonnaud a reproduit exactement la jumelle Geymet, mais en l'appliquant à des couches bien plus sensibles de gélatinobromure d'argent. Les deux corps de la jumelle sont munis de deux objectifs doubles semblables; l'un d'eux sert à voir l'objet à reproduire et à le mettre au point à l'aide de la crémaillère, et l'autre sert à la reproduction.

Pour la mise au point, on regarde par le côté qui est d'habitude appelé le gros bout de la lunette; là se trouve une loupe, et en dedans une plaque dépolie.

Dès que l'on a mis au point, on peut, avec l'autre corps qui représente en somme une chambre noire complète, reproduire la vue. Cet autre corps porte en effet l'objectif muni d'un obturateur que l'on meut à la main, ce qui demanderait à être amélioré; puis en arrière une rainure dans laquelle est engagé un châssis à rideau contenant une plaque sensible; l'obturateur une fois fermé, le rideau est ouvert. On met au point avec la lunette auxiliaire, et la main libre pousse l'obturateur, qui passe, suivant qu'on le désire, plus ou moins vivement devant l'objectif.

Nous pensons que les châssis de cet ingénieux appareil gagneraient à être amincis, car ils ont une épaisseur telle que pour douze plaques on est condamné à transporter un cube rectangulaire d'une dimension d'environ 6^{cm} ou 7^{cm} ou carré sur une longueur de 24^{cm}, ce qui, à notre avis, pourrait être réduit à 36^{mm} au plus.

Il est des cas où une jumelle photographique peut rendre des services exceptionnels, surtout lorsqu'on veut photographier sans être remarqué. Pour des applications de cette nature, la jumelle en question peut être très utile, mais en améliorant un peu les détails, soit surtout les châssis, l'obturateur rapide qui devrait fonctionner à l'aide d'un ressort, et aussi le procédé de mise au point qu'il faudrait pouvoir régler suivant la vue de chacun, à l'aide d'une loupe mobile.

Quant à la jumelle, elle constitue un poids indivisible assez fort encore pour qu'il soit malaisé d'en faire une sorte de *vade-mecum* permanent. Le mieux est donc, quand on voudra en user, de la mettre dans un étui porté en sautoir, ainsi qu'on le fait avec les jumelles de courses. Les plaques sensibles qu'elle permet d'impressionner ont 5 × 5. On procède à l'agrandissement de ces petits négatifs ainsi qu'il est dit plus loin.

II. *Photorevolver Enjalbert.* — Rien de plus ingénieux que l'appareil photographique dont nous donnons ici le dessin et la description sommaire.

La *fig.* 38 représente très exactement cet appareil au quart de ses dimensions.

On dirait vraiment, à le voir, que c'est là un instrument des plus meurtriers, car rien n'a été négligé de ce qui pourrait lui donner une ressemblance exacte avec un véritable pistolet-revolver.

Est-ce un bien, est-ce un mal, c'est ce que nous n'avons pas à rechercher, bien qu'à parler franchement nous lui désirerions une forme moins effrayante. M. Enjalbert qui, certes, n'en est pas à son coup d'essai en matière d'ingéniosité, nous dira peut-être avec raison que la forme de son photorevolver lui était imposée par la nature même des services qu'il doit rendre.

Il est incontestable qu'on doit en user absolument comme on le fait d'un pistolet-revolver, et, à ce point de vue, l'on ne pouvait réellement faire mieux. Quant à l'aspect offensif, il serait, pensons-nous, facile à supprimer, en recouvrant le tout d'une sorte de fourreau en étoffe, qui dissimulerait le pistolet sans gêner en rien la personne appelée à s'en servir et sans cacher les mires. La prudence

Fig. 38.

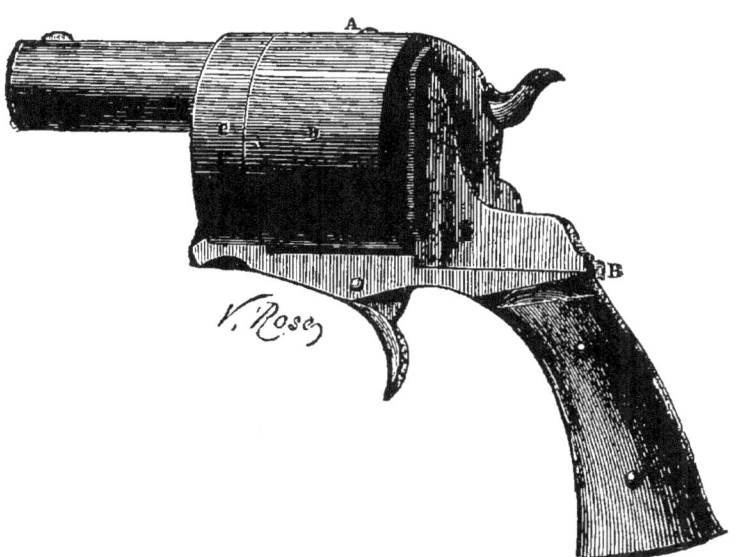

exige qu'on prenne cette précaution, si l'on ne veut courir le risque d'être pris pour un assassin chaque fois que, très innocemment, on voudra faire une simple reproduction photographique, créer un négatif, au lieu de détruire une vie humaine.

Cette réserve faite, décrivons en quelques mots ce charmant instrument. L'objectif est dans l'intérieur du canon. Le barillet A contient deux cases semblables, dont une contient 10 plaques sensibles ; chaque plaque sensible, de $0^m,09$ de côté, est engagée dans un petit châssis métallique qui permet de régulariser leurs dimensions. A mesure que l'on fait tourner le barillet à l'aide de la gâchette, une plaque vient s'engager, dans une place qui lui est réservée, au foyer de l'objectif ; puis l'obturateur découvre et recouvre cette plaque, qui, cela fait, abandonne sa position pour passer par dessous et pénétrer dans la deuxième case, où elle sera successivement refoulée par l'arrivée de chaque nouvelle plaque impressionnée.

Une coulisse à rainures en B permet de démonter le barillet et de le charger puis de le décharger, la série des dix plaquettes étant usée.

L'amateur n'a, pour se servir de ce photorevolver, qu'à presser du doigt sur la gâchette en visant l'objet ou la vue à reproduire ; il fait ainsi successivement, ou à tels intervalles qu'il lui convient, de petites vues, très petites, puisqu'elles n'ont en tout qu'une surface maxima de $0^m,04$. Aussi M. Enjalbert a-t-il cru pratique d'adjoindre à son ingénieux photorevolver un appareil d'agrandissement dont la *fig.* 39 indique la disposition.

L'objectif du photorevolver est placé dans le tube V ; le négatif est mis à l'intérieur du grand cylindre qui porte un condenseur de lumière R, et le tout est posé par la rondelle VV' sur la planchette d'une chambre noire. L'image est mise au point comme d'habitude sur la plaque dépolie de la chambre et reproduite ensuite sur papier ou verre recouvert d'une couche sensible ; une crémaillère S permet de faire varier la distance du négatif par rapport à l'objectif.

La grande ouverture de l'objectif par rapport à sa

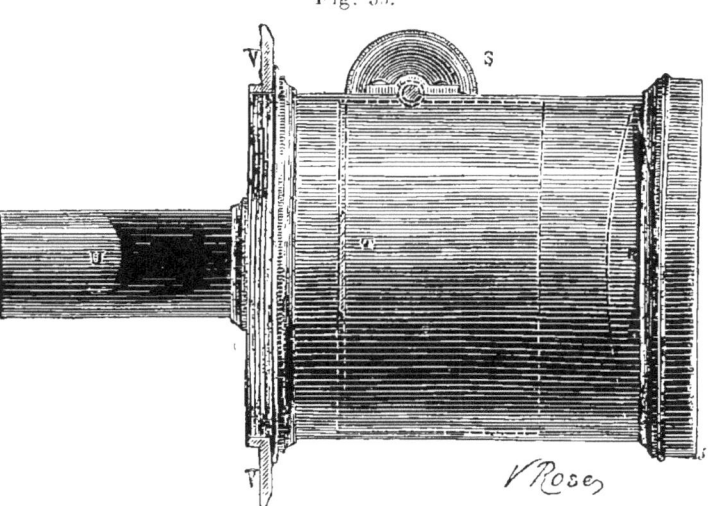

Fig. 39.

distance focale, qui est très courte, permet d'opérer avec une instantanéité très grande ; cet instrument n'implique donc pas l'emploi d'un pied : il ne sert que pour des instantanéités, pour croquis, vu son poids indivisible et relativement si élevé, qu'on doit le porter dans un étui, ainsi que nous l'avons dit de la jumelle photographique, et à l'aide d'une courroie passée en sautoir.

III. *En-cas photographique Léon Vidal.* — Parmi les divers appareils photographiques que nous avons décrits jusqu'ici, il n'est guère que la *jumelle photographique* de MM. Germeuil-Bonnaud et Loiseau, et le *photorevolver* de M. Enjalbert, que l'on puisse considérer comme étant des appareils très portatifs.

La jumelle photographique et le photorevolver présentent toutefois un inconvénient : c'est leur poids indivisible qui oblige à les mettre dans un étui porté en sautoir plutôt que dans la poche.

La jumelle, de même que le photorevolver, ne peut guère servir que pour des instantanéités ; il faut donc, pour en user, opérer avec une belle lumière.

Ces deux appareils sont d'un emploi qui peut avoir des avantages, mais ils ne sauraient répondre à tous les besoins d'un artiste ou d'un savant voulant, tout en usant d'un appareil de dimensions très réduites, en tirer tout le parti possible, c'est-à-dire travailler par tous les temps, faire des vues instantanées, la chambre noire étant tenue à la main, ou bien poser durant un temps plus ou moins long, l'appareil étant porté par un pied.

L'en-cas photographique de poche dont nous avons créé le modèle, fort bien transformé en outil sérieux et pratique par M. Français, n'a aucune prétention à être une chose nouvelle dans son ensemble ; mais, quant à ses détails et accessoires,

CHAPITRE QUATRIÈME.

ils ont été appropriés à l'œuvre qu'on devait produire avec un outil de dimensions aussi réduites.

Avant tout, il fallait en faire un *vade-mecum* vraiment digne de ce nom, tout en lui donnant des dimensions susceptibles de produire un premier type aussi grand que possible.

Nous nous sommes arrêté au format de plaque 6 × 7, qui permet de faire des clichés dont la contre-épreuve directe ou positive peut être directement projetée à l'aide des lanternes à projections courantes, telles que celle qui va être indiquée plus loin.

L'épreuve positive d'un négatif 6 × 7 tirée sur papier est déjà assez lisible, sans qu'il soit absolument nécessaire d'en faire un agrandissement.

La chambre noire TT, que représente le dessin ci-après (*fig.* 40), est établie comme le sont toutes les chambres noires à soufflet: une fois le soufflet serré et la queue G repliée, on a une boîte carrée de $0^m,10$ environ de longueur, large de $0^m,08$ à $0^m,09$ et haute de $0^m,03$, le tout pesant seulement 280^{gr} environ.

Cette boîte, enfermée dans un étui en peau souple, se met aisément dans la poche d'un paletot ou d'une jaquette; les châssis constituent une autre boîte qui se met dans une autre poche, et enfin l'on a dans un petit étui *ad hoc* l'objectif portant son obturateur rapide et le petit déclenchement pneumatique.

Veut-on user de l'appareil, il n'y a qu'à le sortir de son étui, à rabattre la queue G; le soufflet ouvert est fixé à l'extrémité de la queue de la chambre par l'introduction, dans une rainure, de deux coulisseaux placés au bas de la planchette de l'objectif.

Il va sans dire qu'un verrou de bois, placé dans la queue à rabattement, permet d'en maintenir la rigidité.

L'objectif est alors placé sur la planchette à l'aide aussi de deux rainures dans lesquelles s'engage sa rondelle, ainsi qu'on le voit en F. Si l'on veut opérer instantanément, le petit déclenchement est aussitôt mis à sa place, de façon à faire fonctionner l'obturateur circulaire M placé au centre de l'objectif rectilinéaire O entre les deux lentilles. Le point automatique pour des reproductions à partir de dix mètres de distance de l'objectif, est indiqué par un trait où l'on amène, à l'aide de la crémaillère B, la petite planchette mobile dont le déplacement permet de faire varier les distances focales.

Un des châssis doubles étant toujours en place dans la chambre noire, il n'y a plus, dès qu'on a centré l'objet à reproduire à l'aide de la mire MM', qu'à faire fonctionner le déclenchement en pressant la petite poire P.

Une petite poignée munie d'une vis à son extrémité sert à tenir la chambre noire d'une main, tandis que l'autre main presse la poire au moment opportun.

Fig. 40.

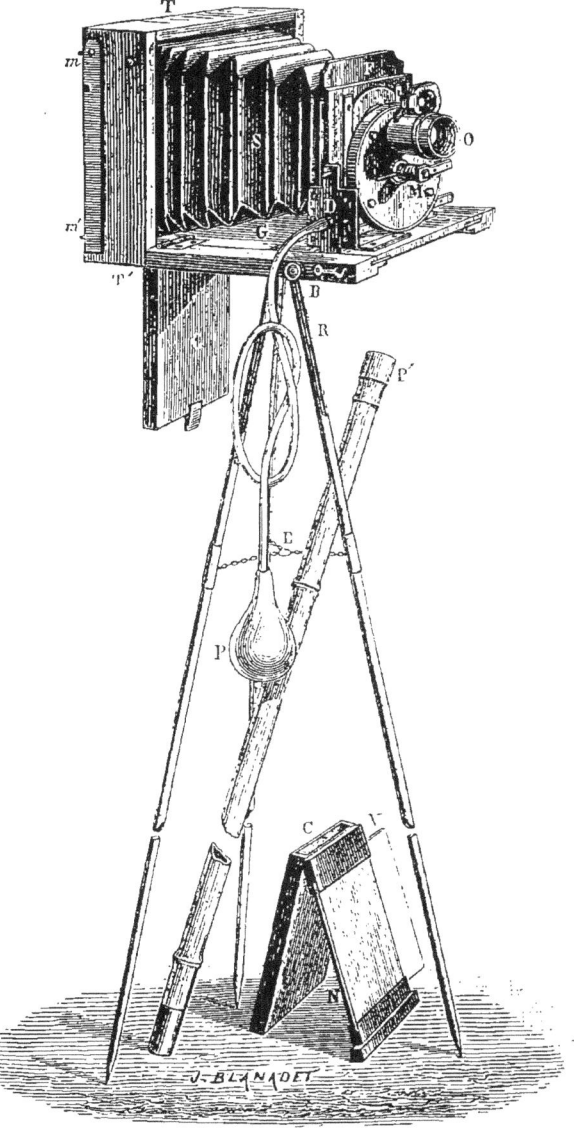

Après l'opération, le fourreau du châssis, qui s'ouvre de haut en bas, ayant été fermé, on ouvre la porte placée en arrière de la chambre noire, et l'on place du côté de l'objectif l'autre côté du châssis, de façon à pouvoir exposer une nouvelle couche sensible.

Si, au lieu de faire des vues instantanées, on doit poser un certain temps, il est nécessaire d'user du pied P, que l'on sort alors de la canne P', qui lui sert d'étui.

Ce pied est formé de tubes en cuivre, dont une partie, rentrant dans l'autre à frottement, sert en la retournant à donner à ce support une hauteur convenable. Trois douilles reliées par trois morceaux de chaîne L à un anneau central, permettent, une fois l'appareil posé comme on le désire, de donner aux trois branches une rigidité suffisante, rigidité que l'on accroît encore s'il est nécessaire, si, par exemple, il fait du vent, en suspendant un poids quelconque à l'anneau central. Le pied enfermé dans son étui, on a en somme une canne ordinaire, un peu forte, mais ne rappelant en aucune façon un appareil photographique ou n'importe quel outil.

Si l'on a des reproductions à faire à une distance plus ou moins rapprochée de l'objectif et moindre de 10^m, une mise au point devient nécessaire; en ce cas, on met la plaque dépolie attenante à la chambre noire à la place occupée par le châssis négatif, et l'on met au point en s'abritant sous une manche noire. La crémaillère B permet de faire avancer l'objectif d'une quantité suffisante pour ces mises au point accidentelles.

Si la vue n'est pas instantanée, on se sert, pour ouvrir et fermer l'objectif, d'un petit bouchon à charnière très douce et dont la mise en mouvement s'obtient à l'aide d'un simple fil. De cette façon, aucune secousse ne peut faire vibrer l'appareil.

Il va sans dire que pour des instantanées avec l'obturateur rapide il n'y a, tout étant prêt et en plein repos, qu'à agir sur la poire du déclenchement.

L'objectif rectilinéaire construit par M. Français peut recevoir une série de diaphragmes reliés entre eux par un point fixe ; on met celui de ces diaphragmes que l'on juge convenable, suivant l'intensité de la lumière et la nature du sujet à reproduire.

Le châssis double C de cet appareil de poche est construit de façon à servir soit pour des plaques de verre, soit pour des papiers ou pellicules sensibles.

On en voit la disposition dans notre dessin : le fourreau ou étui du châssis est représenté seul, et entièrement adossée contre lui se trouve la planchette intérieure N portant de chaque côté, en haut et en bas, deux rainures dans lesquelles s'engagent deux plaques de verre 6×7 de 1^{mm} d'épaisseur.

Ces plaques V servent à maintenir des pellicules de papiers sensibles engagées entre leur surface postérieure et la planchette.

Si l'on préfère user de plaques rigides, on n'a qu'à se procurer des plaques de verre couvertes d'émulsion ; la maison Français fournit ces préparations spéciales à l'appareil de poche.

Si les châssis ne devaient être employés que pour des pellicules, ils pourraient être d'un volume bien moindre quant à leur épaisseur qui est de $0^m,005$ à $0^m,006$, mais nous avons pensé que grâce à un surcroît d'épaisseur, qui n'est en définitive pas bien considérable, on gagnerait en facilités de toute nature.

D'ailleurs les 6 châssis doubles ne forment ensemble qu'une épaisseur maxima de 35^{mm} sur une largeur et une longueur naturellement un peu moindres que celles de la chambre noire ; ils sont enfermés dans un étui souple comme celui de la chambre noire. Une petite plaquette blanche posée sur chaque côté des châssis sert à y inscrire des indications sommaires.

La disposition de ces châssis est telle qu'aucun rayon lumineux ne s'y peut glisser furtivement, la totalité de la planchette est en effet engagée dans un étui sans ouverture autre que celle nécessaire au fonctionnement, et là se trouve une surface de recouvrement assez large et communiquant avec l'extérieur par un retour d'angle, de telle sorte que la lumière ne peut pénétrer dans l'intérieur.

La disposition adoptée pour ouvrir le châssis par en bas, une fois qu'il est dans la chambre noire, est encore une garantie contre toute pénétration des rayons lumineux jusqu'à la plaque sensible, pourvu, bien entendu, que la porte ait une fermeture bien étanche, ce qui est obtenu à l'aide d'un recouvrement de $0^m,005$ à $0^m,006$ environ, formé par le cadre intérieur contre lequel butte la porte.

Si l'on veut, ainsi que cela est nécessaire dans certains cas, faire des reproductions sans attirer l'attention, on peut recourir à un petit sac noir enveloppant l'appareil tout entier, sauf une ouverture pour l'objectif et une autre pour la vis du pied ou du support à main.

Ce sac serait d'ailleurs le même qui servirait pour la mise au point; il dépasserait la chambre noire en arrière juste de la quantité voulue pour former écran de tous côtés sur une longueur de $0^m,015$ à $0^m,020$.

Ce sac en étoffe légère, soie ou laine caoutchoutée, ou bien en peau mince, pourrait être toujours placé sur l'appareil en fonctionnement, ce qui donnerait une garantie complète contre toute introduction accidentelle de rayon lumineux.

Quant au développement des plaques ou pellicules imprimées dans la chambre noire de poche, il n'est aucune indication spéciale à donner et l'on n'a qu'à s'en rapporter aux descriptions très détaillées données par nous, au sujet du développement en général.

Nous conseillons seulement l'emploi de papiers pelliculaires de préférence à celui des plaques de verre couchées d'émulsion sensible.

Le papier Balagny se prête admirablement à la photographie portative; il donne des images d'une très grande pureté, très intenses, et qui, par projection, donnent des clichés agrandis d'une grande netteté.

Le coût d'un fragment de papier sensible 6 + 7 est de $0^{fr},10$. On peut donc faire de la photographie très économiquement, puisque pour 10^{fr} on a 100 feuilles sensibles.

Ces petits clichés montés, ainsi qu'il a été dit plus haut, sur feuilles de gélatine mince, constituent des négatifs à imprimer d'un côté ou de l'autre suivant qu'il est besoin; leur conservation entre des feuilles de cahiers de papier souple est très facile sans que l'on ait à courir les risques de bris et d'éraillures au moindre contact ainsi que cela arrive pour le verre.

Quant aux positifs pour projections, on les obtiendra très commodément aussi sur le papier Balagny en les conservant à l'état pelliculaire. En les introduisant entre deux verres, ils seront à l'état de planité parfaite au moment de procéder à leur projection.

CHAPITRE QUATRIÈME. 157

On peut aussi les imprimer sur des plaques au gélatinochlorure d'argent que fabrique la maison Hutinet.

Du reste, rien de plus aisé, si l'on tient à monter sur verre les pellicules Balagny, que de les appliquer sur un verre mince après le dernier lavage. Après dessiccation, on enlèvera le papier, puis on vernira le dos de l'image pour faire disparaître l'opacité de l'enduit d'amidon qui donne au blanc des images un aspect de verre dépoli.

La lanterne à projection, dont nous donnons ici un dessin, est celle de M. Laverne ([1]) (*fig*. 40); M. Molteni ([2]) s'occupe d'une fabrication spéciale de lanternes du même genre. Nous recommandons son dernier modèle à une seule mèche.

Cette lanterne est à la portée de tous, car elle est éclairée simplement à l'huile de pétrole à l'aide de trois mèches dont les flammes combinées donnent une clarté assez puissante pour réaliser des projections depuis $0^m,30$ jusqu'à 2^{mq}.

Sur une de ces lanternes munie d'un tube à rallonge on peut placer le même objectif qui sert à la chambre noire de poche, de façon que c'est la même combinaison optique employée à l'obtention directe du phototype qui sert à son agrandissement.

Pour obtenir l'agrandissement, on dispose la lanterne en avant d'un appareil à châssis mobile,

[1] rue de Malte, 10, Paris.
[2] rue du Château-d'Eau, 44.

sorte de chambre noire dont le châssis mesure soit 30 × 40, soit 40 × 50, soit enfin 50 × 60. L'image est mise au point sur la plaque dépolie à telle dimension intermédiaire qui convient, et la

Fig. 41.

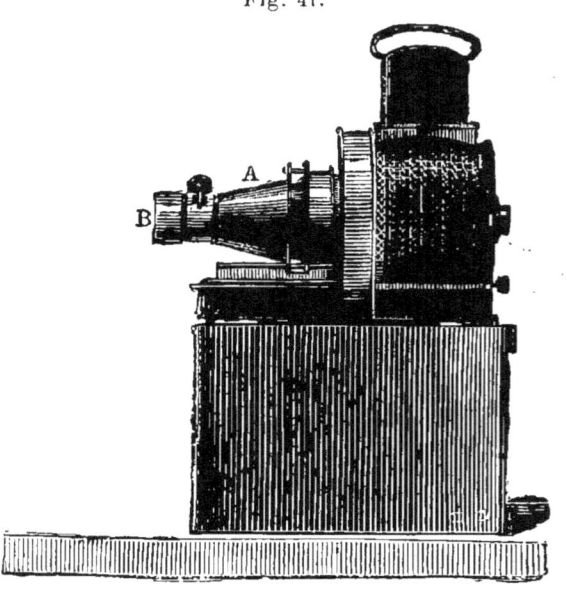

plaque dépolie est remplacée par le châssis contenant soit une plaque, soit un papier sensible.

Avec un peu d'habitude d'user d'un ensemble de ce genre, c'est-à-dire composé de l'appareil de poche ci-dessus décrit, de la lanterne et de l'appareil à châssis mobile, il est vraiment inutile pour un amateur de photographie, pour un artiste, pour un savant, de se munir d'autres appareils, puisqu'il pourra à son gré et dans des conditions de netteté aussi parfaites que possible, obtenir de tous ses petits négatifs des épreuves assez agrandies et en employant toujours une clarté artificielle dont il connaîtra bien le pouvoir éclairant, ce qui lui permettra d'ailleurs de travailler à toute heure de jour et de nuit n'importe où et quel que soit le temps.

Si l'on veut faire des impressions positives

Fig. 42.

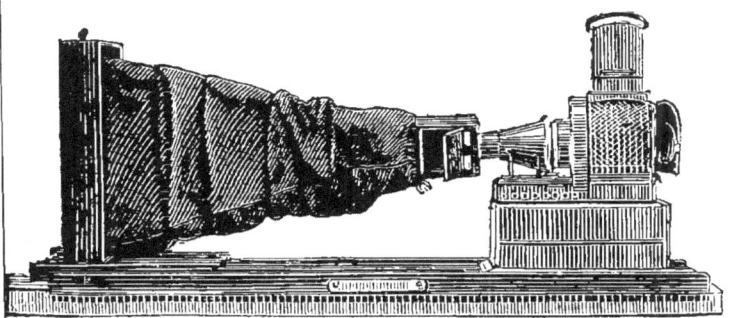

agrandies, rien de plus aisé : on met dans le porte-objet de la lanterne le petit négatif, et dans le châssis de l'appareil à agrandissements une feuille du papier au gélatinobromure brillant de la maison Hutinet ([1]) ou bien encore du papier Balagny.

On peut ainsi, si l'on est pressé, obtenir directement à toute heure et en toute saison des positifs agrandis, des petits clichés pris avec l'appareil de poche.

Si l'on veut au contraire faire un négatif agrandi

([1]) avenue Parmentier, 18, à Paris.

pour en tirer ensuite des épreuves par un des procédés d'impression positive décrits plus loin, on fera d'abord une contre-épreuve positive, celle qui est destinée à la simple projection ordinaire et l'on en usera en l'éclairant à la lanterne pour faire le négatif agrandi soit sur plaque, soit sur papier ou sur pellicule sensible.

Rien de plus simple que cela, et en même temps rien de plus complet pour un opérateur qui use de la reproduction photographique comme d'un auxiliaire pour son travail, ainsi qu'ont à le faire surtout les artistes et les savants.

Il va sans dire que la lanterne et l'appareil à châssis mobile peuvent servir pour l'agrandissement de n'importe quels petits négatifs, qu'ils proviennent de la jumelle Germeuil-Bonnaud ou de tout autre petit appareil.

Quant aux négatifs du photorevolver, M. Enjalbert a eu la bonne pensée, ainsi que nous l'avons dit plus haut, de le compléter par un appareil d'agrandissement qui lui est propre et dans lequel on use de l'objectif qui sert au photorevolver lui-même.

Les pellicules, pour être soit agrandies, soit projetées, doivent être placées entre deux verres bien propres et entourées d'un encadrement de papier noir pour ne laisser traverser que les rayons nécessaires à l'agrandissement ou à la projection.

CHAPITRE V.

Obturateurs rapides et instantanés. — Obturateur simple et à double volet. — Obturateurs circulaires. — Obturateur chronométrique. — Obturateurs à guillotine. Moyen de graduer les divers obturateurs.

On désigne sous le nom d'*obturateur instantané* tout appareil permettant d'ouvrir et de masquer ensuite rapidement l'objectif, de façon à ne laisser agir les rayons réfléchis que pendant un temps très court indiqué en fractions de seconde.

Il existe une quantité considérable d'obturateurs instantanés, et le dernier perfectionnement n'a certes pas été apporté encore à cet accessoire de la chambre noire. Accessoire indispensable depuis que l'on peut, avec des produits aussi sensibles que ceux que l'on prépare aujourd'hui, réaliser instantanément des impressions photographiques.

Le mot *instantané* n'indique évidemment qu'une relativité. L'instantanéité absolue n'existe pas et il conviendrait, ainsi que nous allons l'expliquer plus loin, de ne jamais prononcer ce mot sans le faire suivre d'une indication précise de la durée de l'instantanéité.

Une épreuve, en effet, peut être instantanée pour des poses bien différentes, variant, par exemple,

Fig. 43.

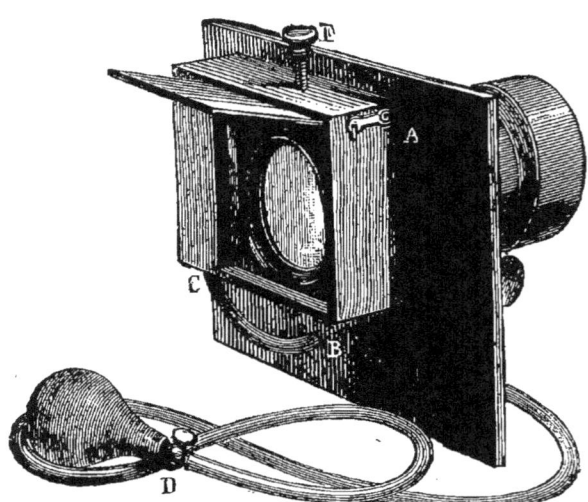

Obturateur Guerry placé dans l'intérieur de la chambre.

depuis quelques dixièmes de seconde jusqu'à des centièmes et aussi des millièmes de seconde.

Si nous voulions décrire, non pas tous les obturateurs, mais seulement les principaux d'entre les meilleurs, nous devrions consacrer à cette question accessoire tout un gros volume. Aussi n'essayerons-nous pas de nous engager dans cette voie et nous bornerons-nous à recommander quelques bons obturateurs.

Obturateur Guerry à simple volet (¹). — Cet obturateur est très commode pour le cas où l'on veut être à peu près maître de l'exposition, qui, en pareil cas, ne sera jamais de très courte durée, c'est-à-

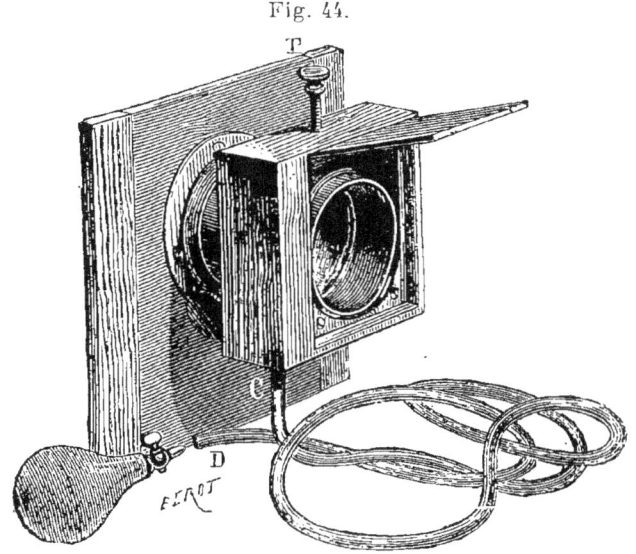

Fig. 44.

Obturateur Guerry placé en avant de l'objectif.

dire moindre de $\frac{1}{4}$ de seconde par exemple. On opère au jugé, sans savoir au juste pendant combien de temps on laisse agir les rayons réfléchis, à moins que leur durée d'action soit d'une ou de plusieurs secondes.

Son déclenchement pneumatique permet de

(¹) M. Guerry, 50, rue Condorcet, à Paris.

faire fonctionner le volet sans secousse aucune. Les figures ci-jointes (43 et 44) montrent les dispositions de cet instrument, que l'on peut placer soit en avant de l'objectif, soit à l'intérieur de la chambre noire, et par suite en arrière de l'objectif.

C'est l'obturateur par excellence quand on veut exposer au jugé, plus ou moins vite, sans être condamné à une exposition d'une durée réglée d'avance.

Obturateur Guerry à double volet (*fig.* 45). — Cet obturateur est disposé comme le précédent, dont il ne diffère que par l'addition d'un deuxième volet se fermant de bas en haut sur le premier volet, qui se ferme de haut en bas.

En voici le dessin :

Grâce à ce perfectionnement, on peut, en faisant fonctionner un des volets plus rapidement que l'autre, obtenir une différence dans la durée de l'action des rayons réfléchis par les premiers plans d'une part et de l'autre par l'horizon et par le ciel.

Observations pour l'emploi de l'obturateur pneumatique. — On peut placer l'obturateur dans l'intérieur de la chambre noire, de la même manière qu'en dehors, avec le collier de caoutchouc et la vis de pression F, ou bien le fixer sur la planchette porte-objectif au moyen de deux vis dont la place est préparée dans la partie cintrée de l'obturateur; en ce cas, les deux plaques et le collier de caoutchouc deviennent inutiles et peuvent être supprimés.

Un trou percé dans la planchette, au-dessous de la rondelle de l'objectif, permet de faire pénétrer le tuyau de caoutchouc dans la chambre (en B) et de le raccorder à l'obturateur (en C). Il n'y a pas à craindre le moindre jour si l'on a eu soin de faire l'ouverture de la planchette d'un diamètre un peu au-dessous de celui du tuyau.

Fig. 45.

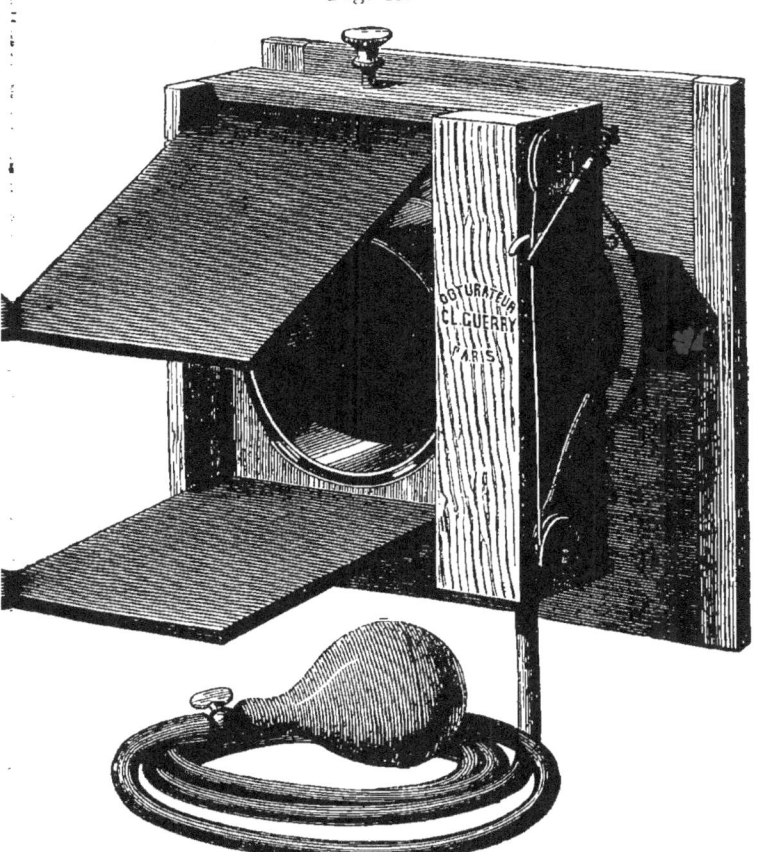

Obturateur Guerry à double volet.

Une forte ligature sur le raccord G évite les fuites d'air qui pourraient s'y produire.

Si l'obturateur ne se maintenait pas ouvert pendant la

mise au point, rechercher la fuite d'air, qui existe le plus souvent à la clef du robinet, qu'il suffira de resserrer. Pour s'en assurer, fermer le robinet et presser la poire sous l'eau, des bulles d'air indiqueront aussitôt par où la fuite a lieu.

La poire à robinet doit être séparée du tube (en D) de temps à autre, pour éviter que le vide se produise dans l'appareil et l'empêche de bien fonctionner.

Pour mettre facilement l'obturateur en place sans le fausser, maintenir le volet de velours relevé, au moyen du crochet A placé sur le côté de l'appareil.

L'obturateur pneumatique existe dans les six grandeurs suivantes :

N° A pour Objectifs de 50^{mm} de diamètre et au-dessous.
    B   »   60   »   »
    C   »   75   »   »
    D   »   85   »   »
    E   »   100   »   »
    F   »   120   »   »

On doit indiquer le diamètre de la monture de l'objectif où l'obturateur devra être placé. Un obturateur peut servir pour deux instruments en le plaçant dans l'intérieur pour le plus grand et extérieurement pour le plus petit.

M. Guerry a grandement perfectionné ses obturateurs pneumatiques, connus aujourd'hui de tous les photographes et amateurs.

Le nouvel instrument qu'il vient de construire est très peu volumineux et renferme cependant deux obturateurs, tous deux manœuvrés par un déclenchement pneumatique.

L'un de ces obturateurs sert pour les épreuves demandant le maximum d'instantanéité. Deux lames d'acier trempé, ayant une ouverture en forme de losange, permettent de produire l'ouverture et la fermeture au centre de l'objectif. Ce dispositif a, de plus, un autre avantage : il permet de n'employer que les rayons passant par le centre de l'objectif, ce qui augmente la netteté de l'image.

Avec ce système, la durée du temps de pose peut

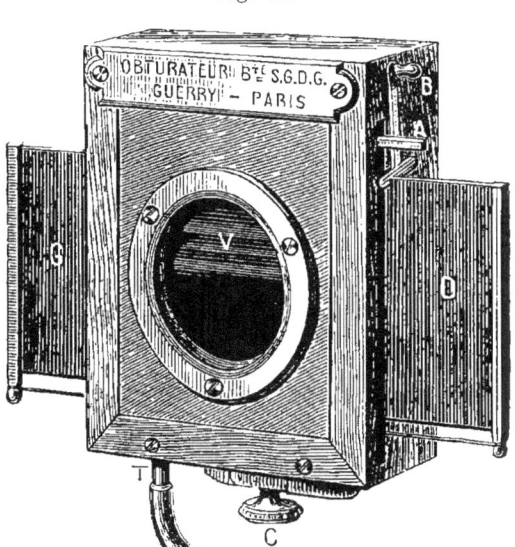

Fig. 46.

être réglée, grâce à un ressort qui peut être plus ou moins tendu par un bouton à rochet et encliquetage.

S'il est nécessaire d'avoir un temps de pose un peu plus long, un autre système de fermeture permet d'employer le même obturateur. Ce système se compose d'un rideau plissé qui s'ouvre par la

168 PREMIÈRE PARTIE.

pression d'une porte pneumatique et se referme aussitôt que l'on cesse cette pression.

Ces deux obturateurs, renfermés dans le même appareil, ne fonctionnent que séparément; un levier à double ressort arrête l'un ou l'autre système.

Fig. 47.

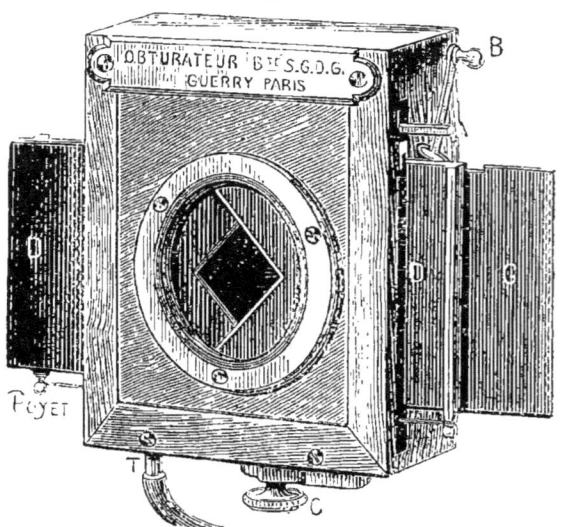

Tout l'appareil se fixe sur la planchette de la chambre noire; il est muni d'une planchette mobile qui est la planchette même portant l'objectif; il est très léger et peu volumineux.

A. Déclenchement pneumatique.
B. Levier à verrou pour arrêter l'un ou l'autre système.
C. Bouton pour modifier la tension.
G. B. Lames d'acier.
V. Fermeture à rideau.
T. Tuyau pneumatique.

CHAPITRE CINQUIÈME. 169

Ce système est l'un des plus complets qui ait été construit, car il répond à tous les besoins.

Cet instrument, grâce à un ressort que l'on tend plus ou moins, permet de réaliser une série de 12 vitesses différentes. Mais la durée d'action pour chaque numéro distinct n'est pas indiquée; il convient donc de graduer l'appareil avant de s'en servir, si l'on tient à savoir ce que l'on fait. Nous allons, un peu plus loin, indiquer comment on doit s'y prendre pour arriver aisément à cette graduation.

Obturateur circulaire de M. Français. — Un de nos plus habiles opticiens, M. Français, après avoir créé l'objectif rectilinéaire à foyers multiples (dont il est question au Chapitre des *objectifs*), a eu l'heureuse idée de le compléter par la construction d'un obturateur circulaire auquel s'adapte cet objectif; il est conçu de telle sorte que le disque obturateur se meut précisément à la place où sont les diaphragmes sans empêcher, à $0^m,001$ près, d'user de ces derniers. Cet obturateur est peu volumineux, il peut se mouvoir avec une très grande rapidité, et sa vitesse, d'ailleurs, peut varier depuis la durée de $\frac{1}{50}$ de seconde jusqu'à $\frac{1}{500}$ de seconde et plus.

La *fig.* 48 montre l'obturateur placé au centre de l'objectif sur la chambre noire. La boîte en bois ED'CF, d'une épaisseur de $0^m,015$ sur $0^m,135$ de hauteur et autant de largeur, contient tout le mé-

Fig. 48.

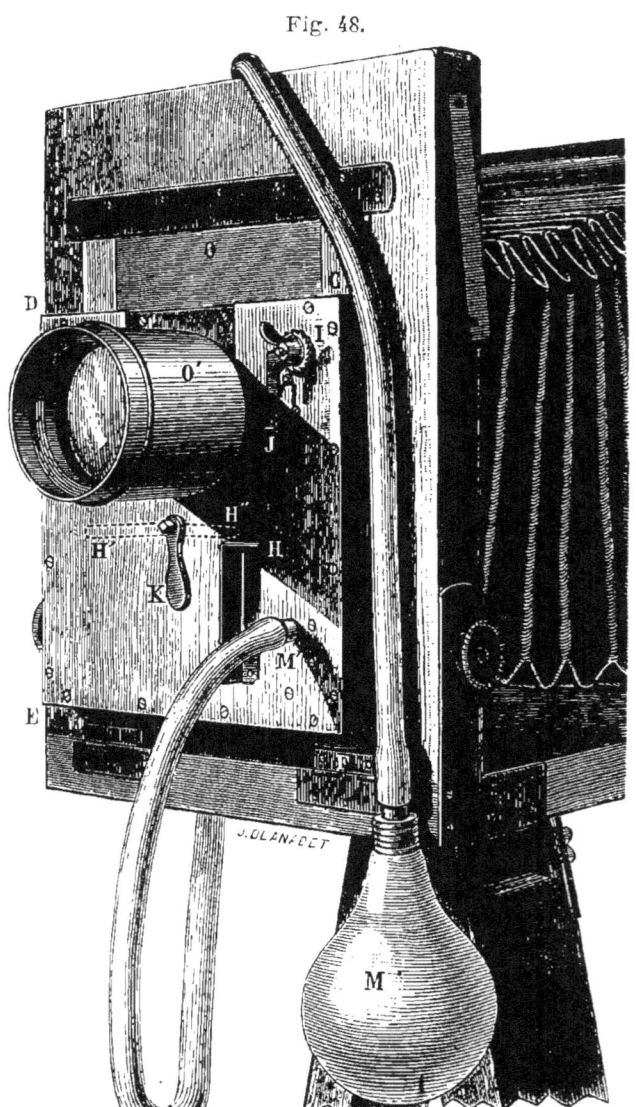

Obturateur Français. — Vue extérieure.

canisme, qui consiste en un disque en ébonite NN′N″N‴ (*fig.* 49) portant une ouverture O, d'un diamètre égal à celui de diaphragme n° 1 de la trousse de M. Français. Au centre de ce disque se trouve une poulie à gorge P, sur laquelle peut s'enrouler et se tendre un ressort à boudin en acier, fixé par une

Fig. 49

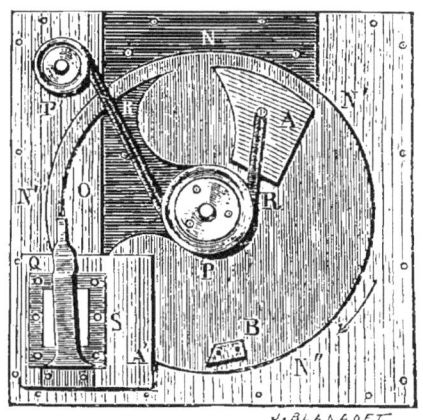

Obturateur Français. — Vue intérieure.

de ses extrémités à la poulie à gorge P′ et par l'autre à un point A du disque en ébonite. Si l'on fait pivoter le disque sur son axe, l'ouverture vient en N‴ et le ressort est tendu, ainsi que l'indique la *fig.* 49. Dans cette position, il est retenu par un ressort portant sur un point d'arrêt Q. Vient-on avec un pêne pneumatique MM′ à soulever le soufflet S, le point d'arrêt devient libre et le ressort à boudin agissant sur le disque le fait tourner dans le sens de la flèche. L'ouverture O démasque l'ouverture de l'objectif et une partie pleine du disque lui succède immédiatement, plus ou moins vite suivant que le ressort RR' est plus ou moins tendu à l'aide de la clé I à déclic J (*fig.* 48).

Le butoir A vient porter en A', et, pour que, par le fait de l'élasticité du bois, il n'y ait pas recul du disque, il y a en dessous de l'objectif un ressort H contre lequel s'engage la manivelle K. Cette manivelle sert à arrêter le disque, soit à l'ouverture pour la mise au point à l'aide du point d'arrêt intérieur B, soit à la fermer complètement avec tension du ressort comme cela existe dans le dessin du mécanisme intérieur; la manivelle alors occupe la place indiquée par des traits ponctués en H'. En K elle correspond à l'objectif ouvert et en H" à l'objectif fermé après l'action.

Une graduation peut être aisément établie d'après le nombre de crans de la clé à rochet à partir du moment où le ressort a une tension suffisante à peine pour fonctionner avec la moindre vitesse.

Cet appareil est d'une très grande simplicité; il n'augmente guère le volume et le poids du matériel, il s'adapte à l'objectif de M. Français en le complétant, et de plus il permet d'atteindre des vitesses que ne donnent ni l'obturateur à guillotine ordinaire, ni bien d'autres obturateurs.

Obturateur Hase [1]. — Le prix des obturateurs cités

---

[1] En vente chez MM. Engel et Feitchnecht à Douanne (Suisse)

ci-dessus étant assez élevé, nous croyons devoir indiquer un appareil de ce genre que son coût très réduit met à la portée de toutes les bourses. Cet obturateur circulaire est d'une très grande simplicité. Il se meut à la main comme l'obturateur Guerry. C'est dire qu'on ne saurait le graduer en aucune façon.

Obturateur chronométrique ([1]). — M. Rédier a construit, sur les indications de M. Paul Boca, un obturateur *chronométrique* (*fig.* 50 et 51), c'est-à-dire capable de fonctionner pendant des temps variables et que l'on peut déterminer suivant les cas. Les dessins ci-joints indiquent la disposition de cet ingénieux appareil qui est un véritable instrument de précision.

L'obturateur chronométrique Boca fonctionne pour des durées pouvant varier successivement depuis $\frac{1}{50}$ de seconde jusqu'à 5 secondes environ.

Il y a un perfectionnement à y apporter : il faudrait qu'il pût fournir des durées bien moindres encore. Dans la plupart des cas $\frac{1}{50}$ de seconde est encore une durée d'exposition trop longue pour réaliser une suffisante instantanéité. On nous assure que M. Rédier s'occupe d'améliorer à ce point de vue cet appareil si utile et si agréable parce que l'opérateur qui en use sait exactement ce qu'il fait.

[1] M. Rédier, Cour des petites Écuries, 8, Paris.

174   PREMIÈRE PARTIE.

La manière d'en user est expliquée sur l'instruc-

Fig. 50.

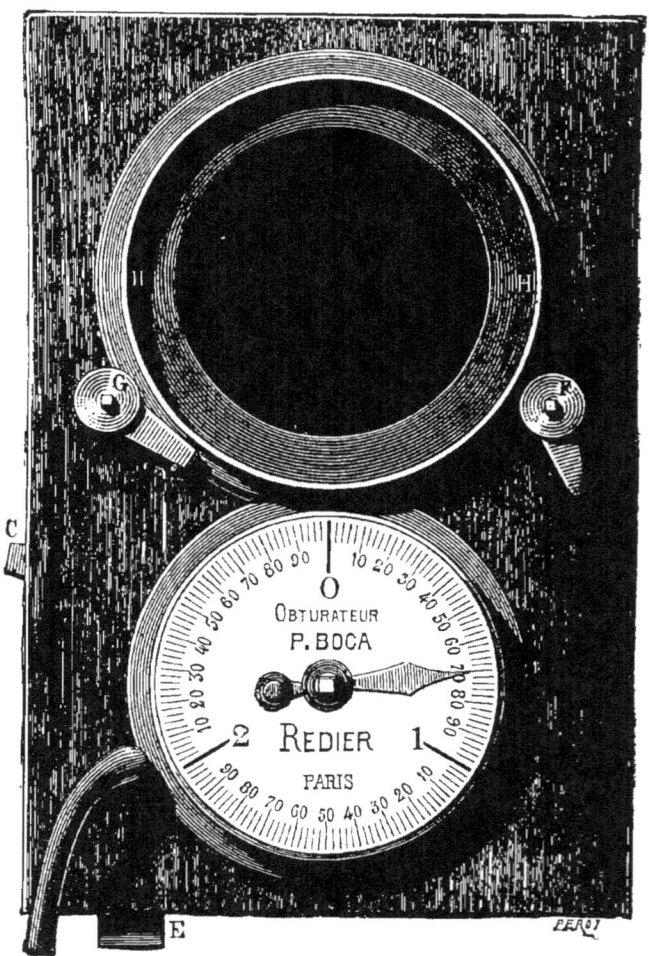

tion livrée avec l'appareil : nous n'avons donc pas
à en parler. Nous recommanderons seulement de

CHAPITRE CINQUIÈME.   175

n'adapter cet obturateur que sur des chambres

Fig. 51

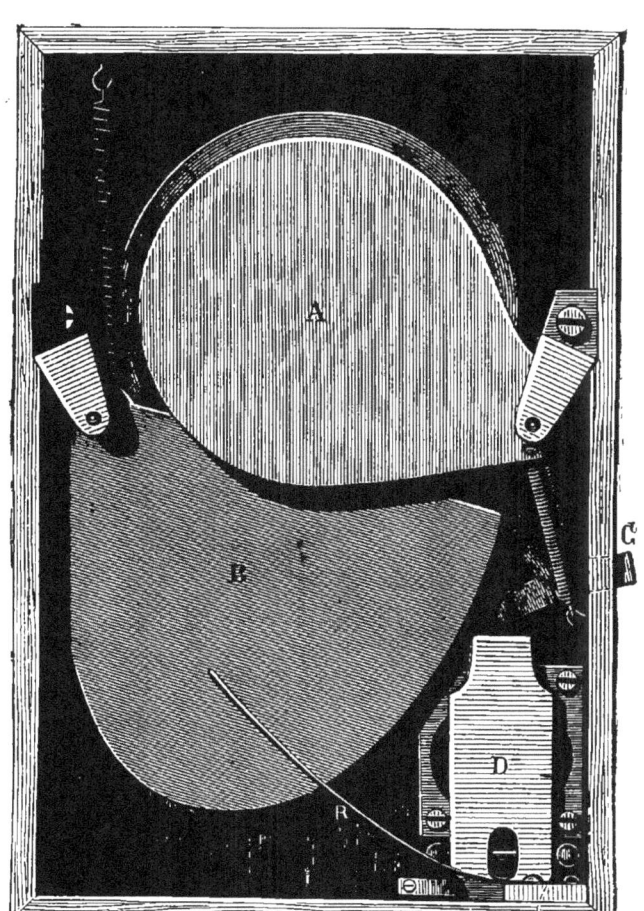

noires bien consolidées, parce que, sans cela, l'on serait exposé, pour des poses d'une durée relative, aux effets d'une certaine trépidation résultant de l'échappement à ancre. L'épreuve y perdrait en netteté.

L'obturateur Boca, bien que son prix soit véritablement peu élevé par rapport au travail qu'il représente, coûte encore assez cher pour n'être pas à la portée de tous les amateurs, et il a d'ailleurs le défaut de manquer de rapidité puisqu'il ne saurait fournir une durée d'exposition moindre de $\frac{1}{50}$ de seconde.

Obturateur Thury et Amey (*fig.* 52). — L'obturateur de MM. *Thury et Amey*, de Genève, donne d'excellents résultats à en juger par les belles épreuves instantanées d'oiseaux au vol obtenues par M. Lugardon avec cet obturateur. La rapidité de son fonctionnement est très grande ; on arrive du reste à la modérer avec le frein que les inventeurs ont fait adapter à cet ingénieux appareil. Il est possible de faire varier sa vitesse, mais sans savoir au juste la durée de l'action des rayons lumineux pour chacun des degrés ; il est donc nécessaire, pour faire usage de cet obturateur, de le graduer en employant la méthode qui va être décrite.

Ainsi que l'indique le dessin ci-joint (*fig.* 52), cet obturateur se place entre les deux lentilles de l'objectif et est commandé, ainsi que la plupart des instruments de ce genre, par un déclenchement pneumatique.

Voici d'ailleurs la notice textuelle publiée par MM. Thury et Amey :

Cet instrument, placé entre les deux lentilles de l'objectif, au lieu du diaphragme, se compose de deux règles ou volets métalliques, percés chacun d'une ouverture cir-

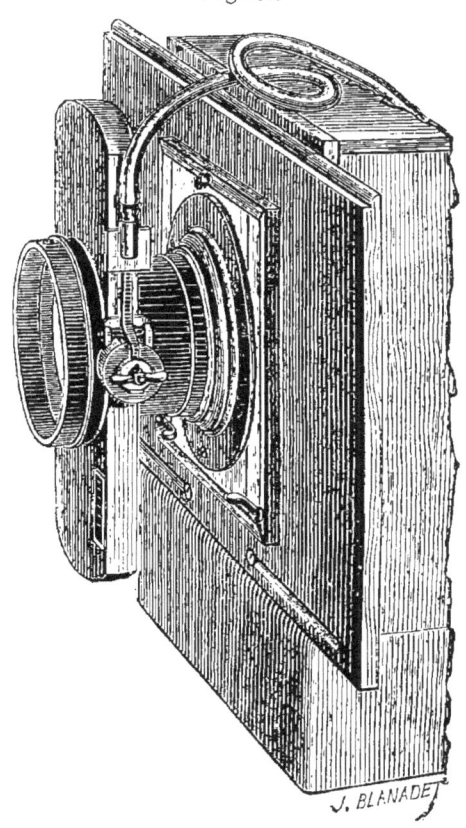

Fig. 52.

culaire, et marchant en sens inverse. L'ouverture et la fermeture de l'objectif se font ainsi par le centre.

Son déclenchement est pneumatique.

Parfaitement équilibré, il ne donne aucune trépidation et peut fonctionner dans toutes les positions.

Avec les dimensions moyennes, on peut obtenir un temps

de pose de $\frac{1}{250}$ de seconde. Sur demande, nous ajoutons un frein, lequel permet d'augmenter la durée jusqu'à une seconde.

La simplicité de sa construction, son petit volume, en rendent l'usage très facile.

Il peut s'adapter à un objectif quelconque, mais à cause de sa place entre les deux lentilles, il est nécessaire que nous l'ajustions nous-mêmes.

La monture de l'objectif restant intacte, on peut employer celle-ci avec ses diaphragmes sans l'obturateur.

Parmi les remarquables résultats obtenus avec cet instrument, nous citerons l'épreuve des baigneurs, par M. Lugardon, que la Société française de photographie a publiée dans son Bulletin d'octobre 1882.

Les objectifs Gruppen-Antiplanete de Steinheil, les rectilignes rapides Dallmeyer ont donné d'excellents résultats.

L'objectif doit couvrir sans diaphragme la dimension de la plaque employée (¹).

Obturateur à guillotine. — A notre avis, un obturateur applicable au plus grand nombre de cas est celui que l'on désigne sous le nom d'obturateur à guillotine et au sujet duquel nous allons entrer dans quelques détails.

Nous devons dire tout de suite qu'il est des circonstances où des obturateurs d'un autre genre pourraient être préférables, si l'on ne visait que

---

(¹) Les prix de nos obturateurs sont suivant la dimension du plus grand diaphragme utile :

N°				Avec frein		
I	Jusqu'à	20ᵐᵐ	76 fr.		8 fr.	en plus
II	de 21 à	30	80 »	»	8	»
III	» 31 »	40	86 »	»	8	»
IV	» 41 »	50	95 »	»	10	»
V	» 51 »	60	115 »	»	10	»

l'obturateur à guillotine mû par la seule action de la pesanteur; mais, complété par la disposition que nous allons indiquer, cet instrument est apte à rendre tous les services qu'on peut être appelé à lui demander, toutes les fois qu'on aura à procéder par voie dite instantanée.

Notre dessin indique clairement la nature et la construction d'un obturateur à guillotine. Le mieux est de le placer en arrière de l'objectif ainsi que cela est indiqué par la *fig.* 52. Voici pourquoi cela vaut mieux : On sait que la planchette, une fois abandonnée à l'action de la pesanteur, tombe avec une vitesse de chute qui s'accélère avec la durée de la chute ou suivant le carré de cette durée. La vitesse de chute sera donc plus grande à la fin de la chute qu'à son début.

Si l'obturateur est placé en avant de l'objectif, les premiers rayons réfléchis admis dans la chambre noire seront donc ceux qui agiront le plus longtemps sur la plaque sensible; or, les rayons entrant par le haut de l'objectif sont ceux qui émanent du ciel et de l'horizon, ce sont ceux dont l'action devrait être de moindre durée.

Si au contraire l'obturateur est placé en arrière de l'objectif, les rayons qui sont les premiers à agir sur la plaque sensible sont ceux qui, réfléchissant le sol, les premiers plans, et les rayons venant du ciel ou des parties les plus éloignées, ne sont admis qu'au moment où la vitesse de chute a subi une accélération suivant la loi très connue de la chute des corps dans l'air libre.

Quand on veut opérer avec une vitesse de chute constante due à l'action seule de la pesanteur, la planchette mobile ne doit être mue par aucun ressort, il suffit qu'elle coulisse bien franchement dans les deux rainures du support.

Mais si l'on est dans l'obligation d'employer une vitesse plus grande que celle due à la pesanteur seule, il convient d'accroître la chute par l'action de deux ressorts, soit en caoutchouc ainsi que cela se voit en AB et en A'B' (*fig.* 53), soit en métal, formés par des spirales d'acier. Si l'on fait varier les points d'attache de B en D et de B' en D', on accroîtra successivement la tension des ressorts et la rapidité de chute sera de plus en plus grande, l'impulsion au départ étant plus forte.

D'autre part, l'ouverture pratiquée sur la planchette mobile P peut être rendue variable à l'aide d'une planchette pleine P', que l'on peut faire monter ou descendre, de façon à réduire l'ouverture à la dimension du diamètre de l'objectif et à l'augmenter jusqu'à trois fois le diamètre.

On conçoit que, pour une même vitesse de chute, la durée de l'action lumineuse sur la plaque sensible sera d'autant moindre que l'ouverture sera plus petite, et réciproquement plus l'ouverture de la planchette sensible sera grande (en hauteur) et plus sera grande l'action des

CHAPITRE CINQUIÈME.

rayons lumineux pour une même durée de chute.

L'obturateur à guillotine offre donc l'avantage :

1º De fonctionner avec une vitesse normale due à la seule action de la pesanteur ;

2º De fonctionner avec des rapidités variables,

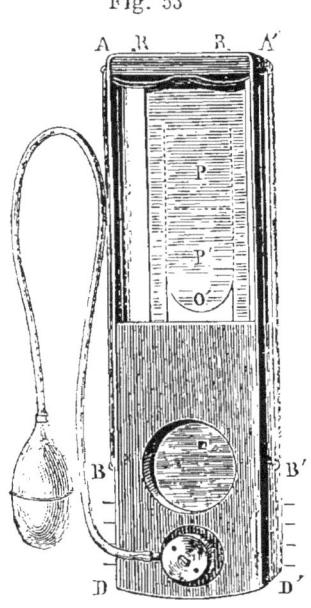

Fig. 53

suivant qu'on relie la planchette mobile à des ressorts moteurs ou qu'on fait varier en hauteur les dimensions de l'ouverture de la planchette mobile.

Nous disons : en hauteur, en admettant une largeur d'ouverture toujours égale au diamètre de l'objectif.

Il permet en outre d'égaliser l'action des rayons

lumineux en faisant travailler moins longtemps le centre des lentilles que leurs bords, grâce à une courbure plus ou moins prononcée des deux bords inférieur et supérieur de l'ouverture de la planchette mobile, ainsi que cela se voit en O'.

Quand on compte sur la seule action de la pesanteur, il est nécessaire de poser l'obturateur bien verticalement pour que la chute ait lieu dans les conditions normales.

On conçoit que cette chute varierait dans sa vitesse si l'on posait l'obturateur plus ou moins obliquement par rapport à la ligne verticale passant par son axe, ainsi que l'indique la *fig.* 54. Cela peut même être un moyen prévu, calculé, de ralentissement, quand on juge qu'il convient de diminuer un peu la vitesse pour accroître la durée de l'exposition ; mais nous aimerions mieux produire ce ralentissement à l'aide de deux ressorts reliés comme le précédent au sommet de la planchette, plus flexibles seulement et disposés de façon à retenir la planchette au lieu d'avoir à l'entraîner. Ces deux ressorts agiraient comme des contrepoids en permettant de faire varier la vitesse de chute depuis le moment où elle égale celle d'un corps tombant librement dans l'air jusqu'au moment où la tension des ressorts peut faire équilibre au poids de la planchette.

On a bien conseillé un accroissement du frottement dans les rainures pour atteindre ce même but, mais nous n'hésitons pas à recommander de préférence l'emploi de ressorts à boudin à faible tension et reliés par deux fils au sommet de la planchette en RR' (*fig.* 53). Quand celle-ci est au maximum de sa course, les deux fils sont tendus,

Fig. 54.

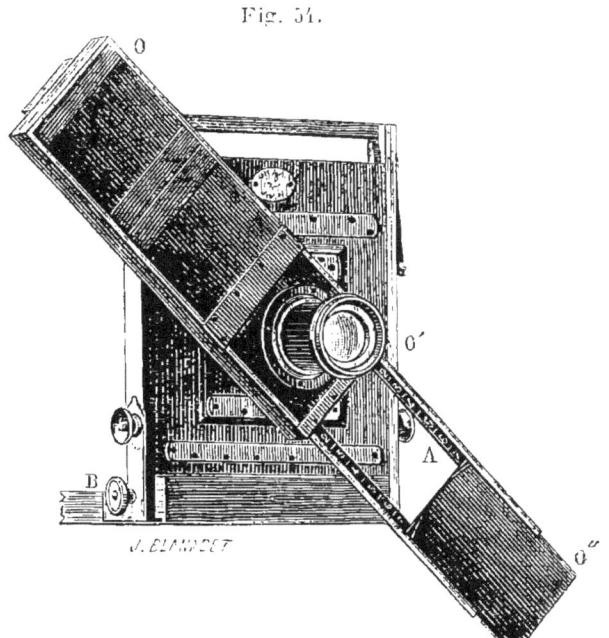

mais les ressorts n'ont été appelés à fonctionner encore que dans une limite très restreinte. Dès que la chute se produit, les deux fils sont entraînés et ils tirent sur les ressorts qui font obstacle à la rapidité de la chute et d'autant plus que leur point d'attache aura été fixé plus bas.

Grâce à ces ressorts faisant fonction de contrepoids, la durée de la course peut être considérablement ralentie. On a donc tous les moyens les plus complets de faire des *instantanéités* en leur appliquant des durées d'exposition calculées avec précision suivant les circonstances.

Nous nous occupons dans une autre partie de ce manuel de la question relative au temps de pose, mais nous avons à indiquer ici le moyen de graduer les obturateurs pour connaître les durées d'action lumineuse qui correspondent à la tension des ressorts à divers degrés, soit dans les obturateurs circulaires Cadett ou autres, soit dans l'obturateur à guillotine, mû par l'action seule de la pesanteur, soit accéléré ou ralenti par des ressorts.

Moyen de graduer les obturateurs instantanés. — Deux cas sont à prévoir : 1° la durée du fonctionnement quand la pesanteur est le seul moteur; 2° la durée du fonctionnement quant l'obturateur est mû par des ressorts plus ou moins tendus.

Examinons d'abord le premier cas, qui ne peut se présenter d'ailleurs que dans les obturateurs à guillotine.

Nous négligerons le frottement de la planchette mobile dans ses rainures et la différence de vitesse qui provient de la vitesse acquise à chaque instant de la chute.

On sait qu'un corps tombant librement dans l'air parcourt l'espace avec un mouvement uniformément varié et que la loi démontrée est que les espaces parcourus sont égaux à celui de la première seconde multiplié par le carré du temps exprimé en secondes.

Or, on a constaté que l'espace parcouru dans la première seconde, en chute à l'air libre, est de $4^m,90$ environ.

Nous prendrons cette donnée pour base de nos calculs, ce qui va les rendre très simples.

Si nous prenons pour exemple l'obturateur à guil-

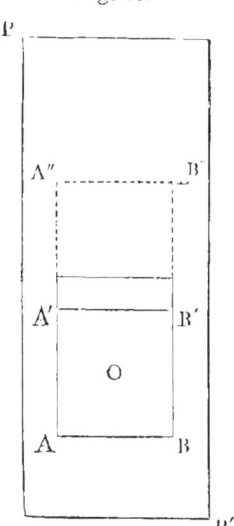

Fig. 55.

lotine employé sur un objectif de demi-plaque, nous pouvons, en moyenne, compter sur un diamètre d'ouverture maxima de $0^m,060$. Si la planchette mobile PP' (*fig.* 55) porte une ouverture O égale à ce diamètre, soit de 0^m,060 de hauteur, la durée du temps pendant lequel aura lieu la chute de A en A′ sera facile à calculer ; il suffira de diviser 4900 par 60 = 81,6, ce qui indiquera que la durée de la chute de A en A′ est de $\frac{1}{81,6}$ de seconde. Nous rappelons que ce calcul n'offre qu'une exactitude approximative, puisque nous négligeons les données relatives soit au frottement, soit à l'accélération. D'ailleurs il en est tenu compte implicitement puisque nous avons pris pour base, en bloc, l'espace parcouru en une seconde, frottement ou accélération compris.

Si, au lieu d'opérer avec une ouverture égale au diamètre de l'objectif, nous augmentons cette ouverture du double en hauteur (la largeur demeurant toujours la même), la durée de la chute de A″ en A sera approximativement $\frac{1}{40,8}$ de seconde. En effet divisé 4^m,900 par 0^m,120 égale 40,8.

Si le diamètre de l'objectif est triplé en hauteur, la durée de l'exposition s'en trouve encore accrue, car $\frac{4900}{180} = 27,2$ et la pose sera de $\frac{1}{27,2}$ de seconde.

Nous avons supposé jusqu'ici que les deux bords supérieur et inférieur de l'ouverture étaient en ligne droite comme AB et A′B′, mais, le plus souvent, ils sont formés par des lignes courbes, ainsi que cela est indiqué en ABC et en A′B′C′ (*fig.* 56). L'ouverture effective n'est plus en ce cas celle du rectangle ABA′B′, mais elle est celle dudit rectangle moins les deux parties pleines A'C'B' et ACB. Pour mesurer la durée du travail des rayons lumineux en pareil cas, il faudra prendre la différence entre la longueur CC' et AA' et diviser 4900 par cette différence. Si AA'=120 et CC'=40, c'est 4900 à diviser par $120-40=80^{mm}$.

Rien n'est donc plus aisé que le calcul approxi-

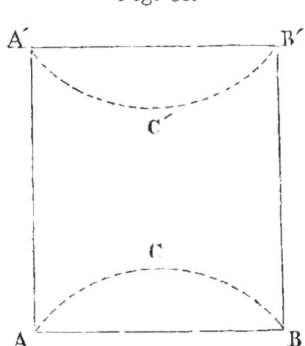

Fig. 56.

matif de la durée du fonctionnement d'un obturateur à guillotine lorsque la planchette tombe en chute libre (le frottement devant être en ce cas aussi faible que possible et par suite négligeable).

Mais si, la vitesse de chute libre ne suffisant pas, on a recours à l'accélération produite par des ressorts, les calculs qui viennent d'être indiqués ne sauraient plus être employés et il faut user d'un autre procédé de graduation.

Il existe pour arriver à déterminer la vitesse en ce cas divers moyens. Le plus précis consisterait dans l'emploi d'un diapason dont les vibrations se marquent avec une pointe sur une couche de noir pendant la marche de l'obturateur.

On sait que le diapason produit dans une seconde un nombre déterminé de vibrations : il **suffit donc de compter les ondes marquées par le style sur la couche de noir pour savoir exactement le nombre de fractions de seconde pendant lesquelles a fonctionné l'appareil.**

Mais ce procédé très précis exige l'achat d'appareils spéciaux d'un prix assez élevé; il **faut de plus opérer avec une précision rigoureuse qui est inutile pour la détermination pratique des diverses durées de fonctionnement.**

Nous laisserons donc aux savants l'usage du diapason et nous conseillerons, aux amateurs comme aux praticiens, un moyen très pratique et d'une mise en œuvre encore plus simple, bien que donnant des résultats très suffisants.

Nous les engageons à construire un cadran en carton de 0^m,60 à 0^m,80 de diamètre. Au centre de ce cadran il sera réservé un cercle blanc de 0^m,20 environ de diamètre (*fig.* 57). Une aiguille BAC tournera au centre A du cadran de façon à en parcourir la circonférence entière en une seconde.

Ce mouvement sera imprimé à l'aiguille par une personne ([1]) placée en arrière du cadran et tour-

---

([1]) M. Guerry a eu l'heureuse idée d'adapter à un cadran de ce genre le mouvement d'horlogerie d'un tournebroche, réglé de

nant en mesure, de façon à battre la seconde, une manivelle reliée à l'axe de l'aiguille.

Pour peu qu'on s'exerce, on arrive très vite à réa-

Fig. 57.

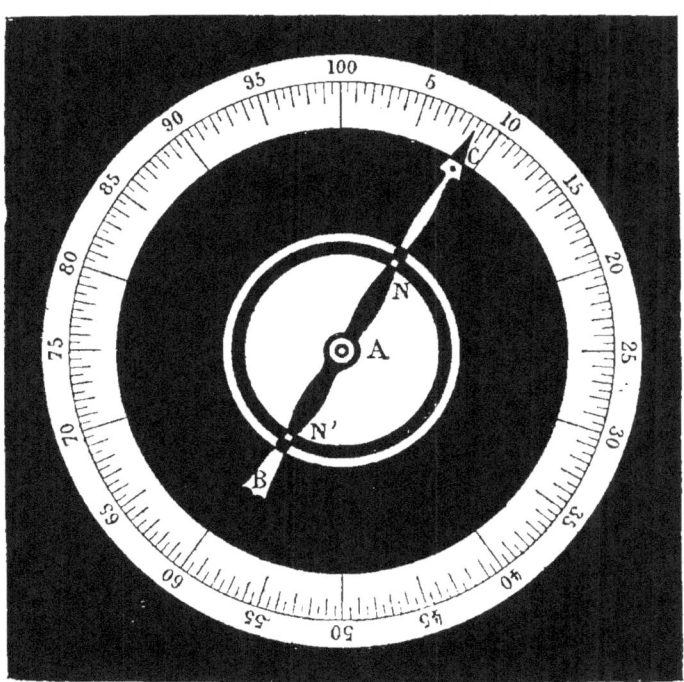

liser un mouvement régulier et tel que l'aiguille partie de 100 y revienne en une seconde.

La circonférence du cadran sera graduée en cent

façon à imprimer à l'aiguille une marche convenable pour qu'elle parcoure la circonférence du cadran en une seconde. De la sorte, il n'est besoin d'aucun auxiliaire pour faire les observations et l'on peut compter sur une marche plus régulière encore que celle qui résulte d'un mouvement à la main.

parties égales et chaque centième en autant de subdivisions que cela sera possible, le tout en traits blancs sur un fond noir ou, inversement, en traits noirs sur un fond blanc. L'aiguille elle-même sera noire de A en N et de A en N', parties se détachant sur un fond blanc, puis elle sera blanche de N en C et N' en B, parties se détachant sur un fond noir.

Des chiffres indiqueront, à chaque division principale, les centièmes de seconde, depuis 1 jusqu'à 100.

La chambre noire est placée à n'importe quelle distance du cadran, maintenue dans un plan vertical bien en face et de telle sorte que l'image du cadran se forme bien au centre du verre dépoli. Nous disons qu'on peut opérer à une distance quelconque, mais pourtant il y a lieu d'obtenir une image du cadran assez grande pour pouvoir lire nettement les divisions et y vérifier plus aisément les déviations de l'aiguille pendant le fonctionnement de l'obturateur à graduer.

Lorsque le châssis est placé dans la chambre noire, on en ouvre le volet intérieur, et la personne chargée de faire mouvoir l'aiguille commence à tourner la manivelle; dès qu'elle est arrivée à une course régulière de une seconde pour faire tout le tour du cadran, on fait agir l'obturateur. On développe ensuite la plaque et l'on voit quelle a été la marche de l'aiguille pendant la durée d'action des rayons lumineux. Si sa pointe a parcouru

CHAPITRE CINQUIÈME. 191

10 divisions, cela prouve que la durée de l'action lumineuse a été de $\frac{10}{100}$ ou de $\frac{1}{10}$ de seconde.

Le déplacement de l'aiguille se manifeste par un angle clair se détachant sur le fond noir du cadran. Il suffit, pour lire avec précision les degrés de la déviation, de placer une règle sur chacun des côtés de cet angle et de noter la division ou subdivision du cadran par laquelle passe cette ligne prolongée. On arrive de la sorte à graduer les obturateurs pour des fractions de temps pouvant aller jusqu'à des millièmes de seconde.

Si en effet le cadran a 1^m de diamètre, sa circonférence aura environ 3^m dont la centième partie aura 0^m,030. Si l'on subdivise donc chaque centième en 10 parties égales, elles auront chacune 0^m,003, ce qui permettrait d'arriver jusqu'à la détermination de $\frac{1}{1000}$ de seconde.

Ces indications assez détaillées et l'examen du dessin ci-joint suffiront, nous l'espérons, pour que nos lecteurs comprennent nettement le jeu de l'appareil bien simple dont nous leur conseillons l'emploi.

Quel que soit l'obturateur à graduer, on y arrivera par ce moyen et plus pratiquement, à notre avis, que par tout autre procédé, car dans le cas actuel c'est bien la durée même de l'action effective du rayon lumineux qui se trouvera mesurée.

On pourra également contrôler de la sorte le calcul du fonctionnement des obturateurs à chute libre, dont les lois ont été exposées plus haut.

La sensibilité du produit employé ne joue dans le cas actuel qu'un rôle accessoire. Évidemment, pour des obturateurs dont la vitesse de fonctionnement est de $\frac{1}{500}$ de seconde, par exemple, faut-il user d'une couche sensible susceptible d'être impressionnée dans ce court laps de temps sans quoi la graduation, par nous indiquée, serait de nulle valeur. Il faut donc employer des couches sensibles capables d'enregistrer la marche de l'aiguille, mais sans qu'il y ait à tenir compte d'un degré de sensibilité plus ou moins grand.

Le procédé de développement n'a aussi qu'une importance très relative. Il faut user de celui dont on a l'habitude et pousser seulement la révélation jusqu'au point où tout paraît bien venu.

Cette méthode, nous le répétons, n'a aucune prétention à avoir la valeur d'un moyen de graduation rigoureusement scientifique, mais elle conduit, pour des appréciations pratiques, à un degré d'approximation parfaitement suffisant.

CHAPITRE VI.

Pose. — Photomètres négatifs. — Choix et éclairage du sujet.

L'appréciation de la durée du temps de pose constitue une des plus grandes difficultés des impressions photographiques négatives.

Dans l'état de l'art actuel, l'amateur, le touriste photographe, peuvent, en effet, se passer de toute science spéciale, de tous tâtonnements vraiment longs et sérieux; ils trouvent dans le commerce d'excellents appareils, des plaques, des pellicules ou des papiers tout prêts à être employés. Les mêmes facilités leur sont offertes au point de vue des impressions positives; on s'est plu à leur mâcher le morceau de toute la besogne photographique vraiment délicate, exigeant des connaissances de chimie ou de physique. Que leur reste-t-il à faire? quelle est l'œuvre qui leur sera bien personnelle? Ils auront le choix du sujet, la mise au point — dans les cas encore où il n'useront pas d'un appareil à mise au point automatique, — l'appréciation du temps de pose, enfin le développement; cette dernière opération, si l'on étudie avec quelque soin les indications que nous donnons plus loin, ne présente que fort peu de difficulté, et nous dirons même qu'elle n'en présente aucune, si la durée de la pose a été convenable.

La durée de la pose, tel est donc le point capital, essentiel, de toute reproduction photographique. C'est par là que l'on pèche quatre-vingt-dix-neuf fois sur cent.

Nous ne saurions donc nous attacher trop à fournir à nos lecteurs des indications assez précises pour les guider aussi loin que possible dans une appréciation subordonnée — et c'est là ce qui la rend difficile — à de nombreuses circonstances ou données diverses, qu'il s'agit de combiner ensemble pour en déduire la durée approximative de la pose.

Nous disons approximative, parce qu'il n'existe en réalité aucun moyen de mesurer avec une précision absolue la durée de la pose nécessaire. On a heureusement une marge assez grande pour que ce défaut de précision complète demeure sans inconvénient grave.

L'une des principales données dont il y a à tenir compte est celle relative à la sensibilité du produit employé. Nous avons, dans le Chapitre Ier, indiqué le moyen de doser cette sensibilité avec le sensitomètre Warnerke. A défaut de sensitomètre, on peut, par quelques essais successifs, arriver à établir le degré de tel produit sensible par rapport à tel autre produit dont la sensibilité est connue.

Un autre facteur important est celui qui est relatif à l'intensité de la lumière actinique au moment et au lieu de l'opération, intensité qui peut d'ailleurs varier suivant la couleur dominante de l'objet à reproduire. Nous allons indiquer à l'aide de quel moyen on peut apprécier l'intensité lumineuse.

Il y a encore à considérer l'ouverture du diaphragme de l'objectif et la distance focale où se forme l'image réfléchie dans la chambre noire.

Nous ne parlons pas de la nature du développement qui peut aussi influer sur la durée de la pose, puisqu'il est certains développements avec lesquels il est permis de compter sur une pose plus ou moins courte.

Cet élément d'appréciation peut être laissé de côté ici parce qu'il sera toujours aisé de le faire entrer en ligne de compte lorsqu'on saura comment on peut résoudre l'ensemble des données principales et arriver, toutes choses égales d'ailleurs, à une durée approximative convenable.

Pour trouver cette solution, on devra mesurer, tout d'abord, l'intensité des rayons lumineux, à l'aide de notre photomètre négatif. Ce petit instrument, bien simple, donne l'intensité lumineuse

par dixième, c'est-à-dire qu'elle a été réduite à 10°
à partir du moment où la lumière est assez forte
pour produire en une minute une teinte échappant
à peine au blanc sur un fragment de papier albuminé, sensibilisé au chlorure d'argent jusqu'à la
teinte obtenue en une minute dans une belle lumière diffuse. La teinte 10 est celle qui résulte de
l'action de la plus belle lumière diffuse sur le
même papier sensible. Les autres degrés (*fig.* 58)

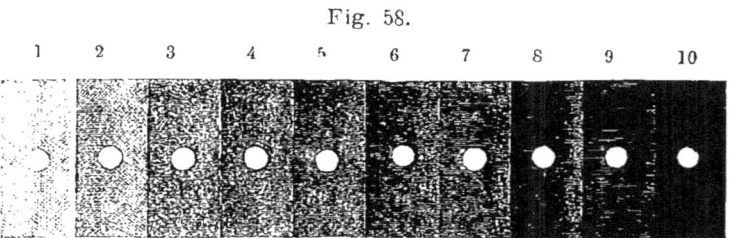

Fig. 58.

sont formés en divisant l'espace compris entre
1 et 10 en 8 autres teintes graduées.

Ce moyen de dosage de l'intensité des rayons
lumineux est très suffisant dans la pratique.

Il se peut seulement que l'on ait à opérer dans
un milieu où, au bout d'une minute, l'action lumineuse ne produirait pas un effet même égal à la
teinte n° 1 : on prolonge alors l'action jusqu'à ce
que ce degré soit atteint, et s'il faut deux ou trois
minutes pour y arriver, il faudra en conclure que
la lumière, en ce cas, est deux ou trois fois moindre
que celle qui aurait donné le n° 1, et l'on posera
deux à trois fois plus.

Notre photomètre négatif est formé par ces 10 teintes graduées percées chacune d'une ouverture à son centre; on lit mieux ainsi le degré, car il est très facile de se rendre compte de la valeur égale ou différente de la teinte donnée par la lumière par rapport à celles qui l'entourent. Le degré à lire est celui du numéro de la teinte dont la valeur en ton, et *non en couleur*, se rapproche le plus du papier sensible impressionné.

Pour que cette lecture soit plus facile encore, on monochromise les couleurs à l'aide de la lamelle jaune. On ne peut se tromper : le degré obtenu doit être celui d'une teinte médiane comprise entre une teinte plus claire et une autre plus foncée.

Il serait inutile d'entrer ici dans tous les détails qui font l'objet d'une exposition complète dans notre *Calcul des temps de pose* ([1]). Cet ouvrage est, avec le photomètre négatif, une annexe indispensable de ce Manuel.

On y trouvera les Tables des rapports de la durée de la pose, étant connues l'ouverture du diaphragme en millimètres, la distance focale en centimètres et l'intensité de la lumière.

Ce travail spécial fournit toutes les explications nécessaires à l'appréciation de la durée de la pose et à l'emploi du photomètre.

([1]) *Calcul des temps de pose et tables photométriques*, in-18 jésus; 1884 (Paris, Gauthier-Villars).

Nous insisterons sur ce point seulement, que ce photomètre, étant basé sur un effet produit par les rayons actiniques, donne bien mieux la mesure de l'intensité de ces rayons que ne le ferait tout autre photomètre mesurant la luminosité et non l'actinisme.

Dans le cas de notre photomètre, ce sont les mêmes rayons qui ont produit la teinte sur le papier sensible, qui agiront sur la plaque sensible.

On nous objectera, avec raison, que tous les produits sensibles ne sont pas doués d'une sensibilité égale et que le rapport de la sensibilité du chlorure d'argent à la sensibilité du gélatinobromure d'argent peut n'être pas le même. Cela est vrai dans des cas particuliers, ainsi les plaques éosinées sont plus sensibles aux rayons jaunes que les plaques au gélatinobromure ordinaire. C'est un cas particulier, nous le répétons, et pour lequel on saura bien, étant donnée la mesure actinométrique de la lumière normale, apprécier les variations à imposer à la durée de la pose par suite de l'emploi de tout produit spécial.

Notre méthode, nous avons eu bien soin de le dire, ne donne qu'une solution approximative, mais à un degré suffisant pour qu'il y ait lieu de négliger des erreurs de la nature de celle qui vient d'être indiquée.

N'oublions pas que dans la plupart des cas le

touriste photographe manque d'un guide quelconque, hors l'habitude, pour arriver à savoir combien de temps il devra poser. L'habitude trompe beaucoup. C'est pourquoi l'on arrivera bien plus près du but à atteindre si l'on consulte les rapports de nos Tables de temps de pose après une mesure, même très approximative, de l'intensité lumineuse.

Étant connue la durée de l'exposition, il n'y a plus qu'à ouvrir le volet du châssis, en notant soigneusement le numéro de ce volet pour éviter de réexposer la même plaque, puis on démasque l'objectif pendant le temps voulu.

Il est essentiel de ne pas oublier la recommandation suivante : La chambre noire doit être toujours recouverte *en entier* du voile noir, imperméable à la lumière, qui sert à la mise au point. Les châssis négatifs ne doivent jamais être mis en pleine lumière; on les porte dans un étui obscur d'où on les sort sous le voile noir pour les placer dans leur rainure. Quand on ouvre le volet, ce doit être toujours sous le voile noir, ou dans une manche spéciale lorsqu'il s'agit d'épreuves de grandes dimensions; — et quand on le ferme, le voile doit toujours le recouvrir jusqu'au moment où on l'aura glissé dans son étui.

Sans cette précaution rigoureusement nécessaire, on sera souvent exposé à avoir des voiles sur les plaques et des coups de lumière qui comprometttraient partiellement ou totalement les négatifs.

Quels que soient les châssis négatifs employés, fût-ce ceux à double rideau de M. Gilles ou de M. Mackenstein, il est indispensable de les préserver de l'action directe de la lumière avant, pendant et après l'exposition à la chambre noire.

Photomètre optique. — Il a été récemment présenté par M. Simonoff à la Société française de Photographie un photomètre optique (¹) à l'aide duquel on peut se rendre compte de l'intensité lumineuse *optique* au moment et à l'endroit où l'on opère.

Ce photomètre ne mesure en aucune façon le pouvoir actinique des sources lumineuses, mais seulement leur degré de luminosité pour l'œil.

Quoi qu'il en soit, il peut rendre de bons services quant on l'applique à la comparaison entre elles des intensités de deux éclairages provenant de la même source.

Le rapport de l'intensité actinique est donné par le rapport de l'intensité optique, et l'on peut, quand on opère avec la lumière solaire, fort bien user d'un pareil guide depuis le matin 7 ou 9 heures jusqu'au soir 3 ou 6 heures, suivant les saisons.

Cet appareil se compose d'un cylindre à bayon-

(¹) Construit par M. Molteni, rue du Château-d'Eau, 44, Paris.

CHAPITRE SIXIÈME.   201

nettes comme cela existe dans les lunettes d'approche. A l'extrémité du cylindre, du côté du gros bout de cette lunette photométrique, se trouve un écran diaphane sur le centre duquel, à l'intérieur, sont placés des caractères ou des chiffres imprimés en couleur claire sur un fond noir opaque. La lumière qui pénètre par le trou de l'écran diaphane à l'intérieur du tube permet de lire nettement les caractères; mais si l'on amoindrit graduellement l'intensité de la lumière admise dans le tube en faisant passer, en arrière de l'écran translucide, des diaphragmes d'un diamètre de moins en moins grand, il arrive un moment où la clarté admise n'est plus suffisante pour lire les caractères. Ils se trouvent obscurcis, et le numéro du diaphragme qui a produit cet effet d'obscurcissement sert à donner le rapport de l'intensité lumineuse optique comparé à une unité adoptée.

Nous avons eu l'idée, en examinant l'ingénieux appareil de M. Simonoff, d'y apporter une petite modification en combinant le principe sur lequel il repose avec les dispositions adoptées par M. Warnerke dans la construction de son photomètre à phosphorescence.

Ce photomètre optique serait formé par une échelle de 20 teintes graduées posées circulairement sur un disque en verre (*fig.* 59). Chaque teinte suivante est un peu plus opaque que la précédente. Les secteurs sont obtenus en superposant des fragments de papier pelure de telle sorte que le 1ᵉʳ degré soit formé par une épaisseur de papier, le 2ᵉ par deux superpositions, le 3ᵉ par trois et ainsi de suite jusqu'au 20ᵉ qui est formé de vingt superpositions.

Seulement, il convient d'exagérer un peu l'opa-

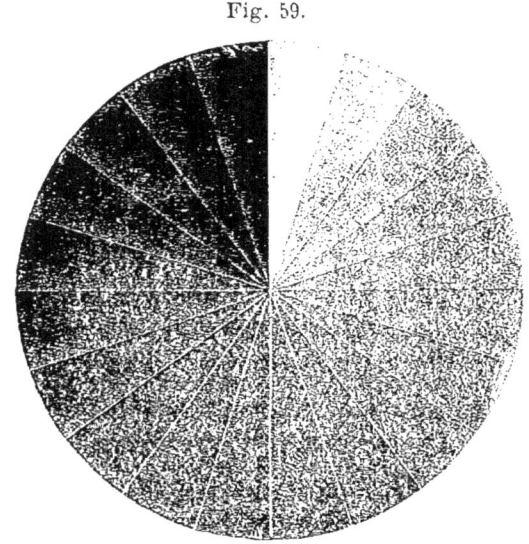

Fig. 59.

cité des derniers degrés en forçant le nombre des superpositions à partir du 15ᵉ degré qui en porte seize; du 16ᵉ, dix-huit; du 17ᵉ, vingt et une; du 18ᵉ, vingt-quatre; du 19ᵉ, vingt-six; et du 20ᵉ, trente.

Cette échelle, ainsi constituée, un numéro bien translucide, se détachant sur fond noir a été collé depuis 1 jusqu'à 20 sur chacun des degrés successifs (*fig.* 60).

Le tout pivote entre deux disques percés seulement chacun d'une ouverture en regard. L'une des ouvertures sert à admettre la lumière extérieure; elle est recouverte d'un écran diaphane. L'autre reçoit un oculaire muni d'un petit abat-jour qui permet à l'œil de voir nettement dans l'intérieur

Fig. 60.

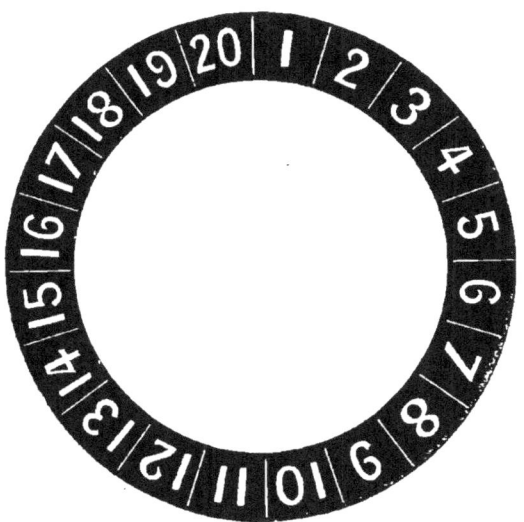

sans être gêné par la lumière ambiante. Dès que l'oculaire est braqué dans l'œil, on fait, à l'aide d'un bouton à molette, tourner le disque portant l'échelle en allant du sombre au clair, c'est-à-dire en partant du côté où l'obscurité est complète pour aller vers des degrés de plus en plus clairs. Le premier numéro visible, échappant à l'obscurité complète, indique le degré cherché.

Nous avons tenu à ce que les degrés de ce photomètre, au cas où il serait exécuté industriellement, pussent servir à déterminer la durée de l'exposition avec nos tables du calcul des temps de pose. Il n'y a qu'à attribuer à chaque numéro des tables deux des numéros du photomètre optique, soit 1 et 2 de ce dernier pour la table n° 1 ; 3 et 4 pour la table n° 2 ; et ainsi de suite, 19 et 20 pour la table 10 ; avec cette correction, toutefois, que si c'est 4 au lieu de 3, on ajoutera un vingtième en plus à la pose dont on aura trouvé la durée à l'aide de la table n° 3 ; si c'est 6, on ajoutera le vingtième en sus aux données de la table n° 5, et ainsi de suite jusqu'à 20, auquel cas on ajoutera un vingtième en sus aux données acquises à l'aide de la table n° 10.

Nous le répétons, ce photomètre ou tous autres de ce genre ne sauraient jamais indiquer qu'une valeur optique, mais non actinique, tandis que le photomètre à teintes imprimées par la lumière donne l'énergie de la lumière actinique sur le produit employé à l'heure et à l'endroit où a lieu l'expérience.

Pour user du photomètre optique, on doit, si l'on opère à l'extérieur, tourner le dos au côté opposé à celui où est le soleil et regarder dans l'oculaire directement devant soi ([1]).

([1]) Il résulte des observations faites par M. le commandant de La Noë que l'emploi de photomètr optiques, tels que celui qui

Choix et éclairage du sujet. — La question relative au choix et à l'éclairage des objets à reproduire est plutôt du domaine de l'art pur que du nôtre.

Nous ne saurions à cet égard tracer de règles précises, c'est une question de goût avec laquelle n'ont rien à voir les procédés purement mécaniques de la photographie et où, du moins, ils n'interviennent que dans une certaine mesure. Evidemment, toutes choses égales d'ailleurs, le résultat sera mauvais, lors même que le sujet et l'éclairage auraient été convenablement choisis, si l'une des opérations essentielles du travail photographique a été mal dirigée, si la durée de la pose a été ou trop courte ou trop longue — mieux vaut pécher par un excès que par un manque d'exposition, — si le développement a été ou mal conduit ou insuffisant, si les conditions de propreté n'ont pas été observées, etc. Mais si une certaine dose d'intelligence doit présider à toutes ces opérations, à tous ces soins, on peut cependant prescrire à l'opérateur les limites dans lesquelles il a à se

---

vient d'être décrit, donne lieu à des erreurs provenant de l'action produite sur la rétine par une lumière intense ; un observateur placé dans l'obscurité arrive à lire des degrés que ne peut apercevoir un observateur opérant en pleine lumière.

Il y aura donc lieu de tenir compte de cette cause d'erreur.

D'ailleurs ce même instrument servira avec une très légère modification à mesurer les intensités lumineuses sur du papier sensible, ainsi qu'il sera expliqué dans le chapitre relatif aux impressions positives.

mouvoir, on peut lui indiquer des formules, des précautions nécessaires pour aboutir à un résultat tel qu'il le désire.

Il n'en est pas de même quant au goût. Les seules règles qu'on puisse déterminer à cet égard sont celles qui régissent toutes les manifestations de l'art du dessin en général, quel que soit le moyen employé pour produire une œuvre d'art. Que ce soit à l'aide du crayon, de la plume, du pinceau ou de la chambre noire, peu importe, c'est le résultat qui est tout; il est ou n'est pas une œuvre d'art, au sens esthétique du mot, suivant qu'il remplit les conditions exigées des œuvres d'art ou qu'il en est dépourvu. Il n'est pas besoin pour se livrer à cette appréciation de savoir à l'aide de quel moyen, de quel procédé manuel ou mécanique il a été obtenu.

Nous nous contenterons donc de recommander simplement de ne pas éclairer, autant que possible, les modèles ou vues à contre-jour, de ne jamais travailler, à moins d'y être obligé, en ayant l'objectif tourné du côté d'où viennent les rayons solaires, les images éclairées à contre-jour étant souvent défectueuses. Cela a moins d'inconvénient quand le soleil est couvert par des nuages que lorsqu'il brille de tout son éclat. En pareil cas, si l'on est obligé de travailler en face du soleil, il importe essentiellement d'éviter que des rayons directs ne pénètrent dans l'objectif : ces rayons directs iraient impressionner la plaque sensible en se substituant aux rayons réfléchis par l'objet ou par la vue à reproduire et le négatif serait taché, voilé, compromis d'une façon quelconque. Pour empêcher les rayons directs d'arriver jusqu'à l'objectif, on peut user d'un parasol ouvert au-dessus de la chambre noire et incliné de manière à mettre l'objectif dans l'ombre, sans intercepter l'accès des rayons réfléchis par la vue à imprimer; à défaut de parasol, il suffit d'un journal déployé et tendu convenablement, ou bien encore de l'ombre d'un chapeau ou du corps lui-même, bref, tout moyen est bon pour éviter la cause d'insuccès que nous venons de signaler.

En général, la meilleure place à donner à la chambre noire est celle qu'elle occupe quand elle a le soleil en arrière de la glace dépolie ou, au moins, très obliquement par rapport à l'objectif.

Il y a surtout à veiller, autant que possible, au maintien de l'horizontalité de la planchette sur laquelle est posée la chambre noire, surtout quand on reproduit des monuments et tous objets où se trouvent des lignes verticales.

On est exposé à des déformations de ces lignes d'autant plus grandes que l'appareil sera plus incliné par rapport au plan de l'horizon. Au lieu d'incliner la chambre noire, il faut déplacer l'objectif sur la partie antérieure de la chambre en le décentrant, en hauteur, de l'intervalle voulu pour arriver à prendre le haut d'un monument, par exemple, sans que l'horizontalité de la chambre soit atteinte.

Il est pourtant des cas où, en dépit de l'emploi de la planchette mobile de l'objectif, on ne peut arriver au résultat désiré; il faut alors, si l'on a à sa disposition une trousse d'objectifs à foyers divers, adapter à sa chambre celui des objectifs qui, de la distance où l'on est, permettra d'atteindre sans inclinaison la hauteur totale de l'objet. Si l'on n'y parvient, il faudra bien se résigner à une épreuve où les lignes de l'original seront déformées. C'est là une dure nécessité, mais encore mieux vaut-il en passer par là que de ne rien faire du tout.

Chacun saura bien, en voyant cette déformation, redresser les lignes et voir l'objet reproduit comme s'il était correctement rendu.

C'est bien à tort que l'on accuse la photographie de déformer les lignes, de donner des impressions souvent fausses. On oublie ou l'on ne sait pas que l'on exige souvent d'elle des tours de force que ne saurait certes produire l'œil humain, celui par exemple qui consiste à voir d'un coup la base et le sommet des tours d'une cathédrale gothique. Le plus souvent, pour rendre cette copie correctement, c'est-à-dire avec une parfaite rectitude de lignes, il faudrait pouvoir se placer à la hauteur du milieu de ce monument, tandis qu'on est sur le sol. La photographie voit naturellement alors l'objet en

CHAPITRE SIXIÈME.

perspective aussi bien dans sa hauteur que dans sa profondeur : de là cette inclinaison des lignes vers le haut. Ce fait se produit pour notre vue tout comme pour l'objectif, et ce n'est que par suite d'une convention que l'on est arrivé à exécuter les dessins en conservant aux lignes verticales leur figuration réelle, bien que pour l'œil le parallélisme des lignes verticales donne lieu à une convergence tout comme cela a lieu pour les lignes horizontales. Il y a toujours moyen, à l'aide de la photographie, de respecter la convention qui vient d'être indiquée, aussi doit-on ne renoncer à l'observation de cette règle que quand on ne peut faire autrement.

CHAPITRE VII.

Développement et fixage des négatifs. — Négatifs sur collodion sec. — Sur verre ou glaces gélatinobromurées. Sur pellicule de gélatine. — Sur papier à pellicule réversible et à couche adhérente. Sur plaques à l'éosine.

Développement des négatifs au collodion sec. — L'emploi du collodion sec et de l'émulsion au collodion est actuellement remplacé, d'une façon très générale, par l'usage de plaques à la gélatine; il peut cependant se présenter telles circonstances où l'on serait obligé de recourir au collodion; pour être aussi complet que possible, nous croyons donc devoir indiquer les procédés de développement sur plaques sèches au collodion (¹).

(¹) Si l'on avait pour des essais d'atelier à user des procédés au collodion humide, il suffirait pour développer les négatifs d'employer une dissolution formée comme il suit :

Eau..	1^{lit}.
Sulfate de fer.................................	0^{gr}, 30
Alcool..	0^{mc}, 30
Acide acétique cristallisable................	0^{mc}, 25

CHAPITRE SEPTIÈME. 211

Il existe divers procédés de collodion sec, mais il nous paraît inutile de les décrire tous ici ; nous nous bornerons donc à ne parler que des procédés au tannin.

Le développement ordinaire à l'acide pyrogallique et à l'argent est aussi le seul que nous indiquerons.

On prépare les deux solutions filtrées suivantes :

1°
- Acide pyrogallique . . . . 1^{gr}
- Eau distillée . . . . 300^{cc}
- Acide acétique cristallisable 1

2°
- Eau distillée . . . . 50^{cc}
- Acide citrique.. . . . . 1^{gr}
- Nitrate d'argent. 1

Ces solutions ne doivent être préparées que peu de temps avant l'usage.

On met dans un verre à bec une certaine quantité de la solution n° 1, et l'on en couvre deux ou trois fois la plaque immédiatement après le lavage à l'eau, en recueillant chaque fois l'excès de liquide dans le verre où on l'a versée.

Cela fait, on met dans ce verre une ou deux gouttes de la solution n° 2, puis on verse de nouveau sur la plaque que l'on agite constamment par un mouvement de bascule. Peu à peu l'image apparaît. Si les solutions brunissent, il convient de les renouveler, et mieux vaut procéder avec lenteur que de hâter le développement. Les meilleures images négatives sont celles qui apparaissent bien graduellement.

Quand on juge l'image suffisamment intense, on lave à l'eau et l'on fixe dans une solution d'hyposulfite de soude à 12 pour 100.

Développement des négatifs sur collodion émulsionné au bromure d'argent. — Formules du révélateur ([1]) :

$$1° \begin{cases} \text{Eau distillée} \dots\dots\dots\dots\dots & 1000^{cc} \\ \text{Sesquicarbonate d'ammoniaque} \dots & 20^{gr} \\ \text{Bromure de potassium} \dots\dots\dots & 0^{gr},40 \end{cases}$$

$$2° \begin{cases} \text{Alcool} \dots\dots\dots\dots\dots\dots & 100^{cc} \\ \text{Acide pyrogallique} \dots\dots\dots & 10^{gr} \end{cases}$$

Le carbonate d'ammoniaque doit être en cristaux durs et translucides; s'il est effleuri, c'est qu'il s'est décomposé, ayant passé à l'état de bicarbonate.

La solution d'acide pyrogallique se conserve très longtemps; la filtrer.

On verse d'abord dans une cuvette la quantité nécessaire du n° 1 pour que la plaque soit complètement immergée; puis, dans un tube gradué, on mesure de 3 à 6^{cc} de la solution n° 2, selon la dimension du cliché. Ce tube est placé à la portée de la main et à côté de la cuvette.

Au moment de développer, on mouillera la plaque à plusieurs reprises avec de l'alcool à 36°, puis on

([1]) *Photographie par émulsion sèche* au bromure d'argent pur, par M. ALFRED CHARDON. — Gauthier-Villars, 55, quai des Augustins, Paris.

CHAPITRE SEPTIÈME. 213

l'égouttera et on la lavera jusqu'à disparition de toute apparence graisseuse; on mélangera alors la quantité d'acide pyrogallique contenue dans le tube au bain n° 1, et l'on y plongera immédiatement la plaque.

Le temps de pose ayant été convenable, l'image apparaîtra en quelques secondes, et dès que tous les détails vus par transparence, même faiblement, auront apparu, on se hâtera d'ajouter le mélange renforçateur formé des trois solutions suivantes:

1° { Eau . . . . 100^{cc}
{ Bromure de potassium . . . . 1^{gr}

2° Eau saturée de bicarbonate de potasse pur.

3° { Eau . . . . 450^{cc}
{ Glucose . . . . 100^{gr}
{ Alcool . . . . 50^{cc}

La proportion à suivre pour le mélange des solutions, si le développement s'est opéré dans des conditions normales, sera celle-ci:

N° 1 . . . . Quelques gouttes.
 » 2 . . . . De 5 à 10^{cc}.
 » 3 . . . . » 10 à 20

Si l'image a été lente à venir, si la pose a été courte, on diminuera le n° 1 jusqu'à n'en pas mettre du tout; le n° 2 restera dans les mêmes proportions; et le n° 3 pourra être augmenté au gré de l'opérateur.

S'il y a eu trop de pose, il faut renforcer presque

immédiatement, en augmentant le n° 1 dans une forte proportion.

Après avoir mesuré ces trois solutions, on retire la plaque de la cuvette pour y ajouter le mélange, et l'on continue le renforcement.

Aux indications ci-dessus, données par M. Alfred Chardon, nous ajouterons avec lui la formule au sucrate de chaux indiquée par M. Davanne.

On prend, dit notre savant confrère, une solution d'eau sucrée contenant 10^{gr} de sucre pour 100 d'eau ; on y ajoute de la chaux éteinte en quantité suffisante pour qu'il en reste un notable excès insoluble après l'agitation.

L'excès de chaux tombe au fond du flacon, et le liquide limpide qui surnage constitue le sucrate de chaux. Cette solution, mise dans un flacon bien bouché, se conserve indéfiniment pour l'usage ; il suffit de l'agiter à de longs intervalles pour que sa composition reste constante. Son prix est presque nul ; pour le développement, on y ajoute un peu de bromure de potassium ; soit la formule :

Eau	100^{cc}
Sucre blanc.	10^{gr}
Chaux éteinte.	un excès
Bromure de potassium	1^{gr}

Fixage des clichés. — Le fixage a lieu comme pour les autres procédés à l'hyposulfite de soude en dissolution dans de l'eau à 15 pour 100. On a soin de bien laver à grande eau après le fixage.

Développement des verres ou glaces couchés de gélatine bromurée. — Les formules de développement des plaques à la gélatine abondent, et il y aurait un fort long chapitre à consacrer à cette opération importante de la photographie négative, si l'on voulait citer tout ce qui a été dit, tenté, recommandé pour obtenir une révélation plus ou moins parfaite.

Dans un manuel de cette sorte, nous voulons éviter de mettre l'amateur, le débutant, sur des pistes diverses; il ne saurait plus laquelle suivre pour arriver à son but. Nous allons donc simplifier autant que possible nos prescriptions, libre ensuite à ceux qui désireraient faire du dilettantisme de piocher les principaux auteurs, tels que Monckhoven, le docteur Eder, M. Audra, M. Alfred Chardon et bien d'autres encore, et de se faire une formule à eux, formule quintessenciée de l'ensemble des données fournies par les nombreux savants et praticiens qui ont spécialement étudié le développement des négatifs sur gélatine bromurée d'argent.

Il y a deux sortes de développement, entre lesquels nos lecteurs auront à faire choix : 1° celui à l'oxalate ferreux ; 2° celui à l'acide pyrogallique.

Nous croyons utile de les décrire tous les deux bien en détail, parce que, dans certains cas que nous signalerons, le développateur alcalin doit être préféré au développateur à l'oxalate de fer.

Mais, disons tout de suite, que pour les travaux courants nous recommandons sans hésitation l'emploi du révélateur à l'oxalate ferreux. Cette solution offre l'avantage, fort appréciable pour des amateurs, de ne pas maculer les doigts ; il est facile à préparer à l'état de deux solutions séparées, que l'on ne mélange qu'au moment même de procéder à l'opération du développement.

L'une de ces solutions se compose d'oxalate neutre de potasse à saturation dans de l'eau.

On met dans un flacon à col droit, large, un excès d'oxalate neutre de potasse et l'on agite de temps en temps pour arriver à la saturation.

L'autre solution est formée de protosulfate de fer pur en dissolution également saturée dans de l'eau ; on y ajoute, par litre, deux à trois gouttes d'acide sulfurique.

Cette solution s'altère avec le temps: il est donc bon de n'en pas préparer une trop grande quantité à l'avance. Pourtant nous avons fait de très beaux négatifs en usant d'une solution de sulfate de fer préparée depuis plus de trois mois.

Dès qu'on s'aperçoit que la solution a perdu sa couleur vert émeraude clair, on y ajoute de une à trois gouttes d'acide sulfurique par litre, et la couleur brune d'oxyde de fer disparaît bientôt pour céder la place à la couleur verte.

Nous avons ces deux solutions saturées, il nous

faut les employer au développement. Voici comment on s'y prend.

Dans une éprouvette graduée, on met d'abord 90^{cc} de la solution d'oxalate neutre de potasse. Nous disons d'abord, car il importe de bien remarquer que l'on ne peut verser l'oxalate dans la solution de sulfate de fer sans s'exposer à voir se former un précipité jaune immédiat d'oxalate ferreux.

Dans ces 90^{cc}, on verse, en agitant toujours, de façon à rendre le mélange bien immédiat dans toute la masse, 10^{cc}, et même moins, de la solution de protosulfate de fer.

La plaque insolée est d'abord placée dans une cuvette pleine d'eau ordinaire (on l'y laisse 5 à 6 minutes), puis égouttée et immergée dans le développateur que l'on verse dans la cuvette destinée à le recevoir au moment même où l'on est prêt à y mettre la plaque à développer.

Le mélange ci-dessus indiqué est préparé tandis que le négatif baigne dans l'eau et au moment où on va l'en sortir. Ce mélange se peroxydant rapidement et perdant de son énergie révélatrice à mesure qu'il a absorbé davantage d'oxygène, on conçoit qu'il y ait opportunité de ne le préparer qu'à l'instant même où l'on est prêt à en faire usage.

L'immersion préalable dans l'eau a pour but de gonfler un peu la gélatine, d'ouvrir davantage son réseau, qui sera, de la sorte, plus facilement et plus immédiatement pénétré, dans toute son épaisseur, par la solution révélatrice.

Quand on a la mauvaise chance d'opérer avec des couches de gélatine peu adhérentes au verre, on doit avoir la précaution de remplacer ce bain d'eau ordinaire par une immersion d'environ 2 à 3 minutes dans une solution, bien filtrée, d'alun de chrome à 5 pour 100.

Si l'on n'a pas décanté préalablement les solutions d'oxalate neutre de fer et de protosulfate de fer, il faut ne les verser dans l'éprouvette graduée, pour préparer le mélange révélateur, qu'à travers un filtre spécial à chacune des deux solutions distinctes.

Dès que la plaque a subi le bain d'alun durant le temps voulu, on la lave dans une cuvette pleine d'eau ordinaire, et on l'immerge ensuite dans le bain développateur. Nous conseillons d'employer en moyenne toujours 90 à 100^{cc} du mélange pour une plaque 13 × 18.

On agite la cuvette contenant la plaque à développer, avec un mouvement de bascule de façon à renouveler les parties du liquide en contact avec chaque point de la couche insolée. Si l'on ne remuait pas la plaque, on verrait se former sur le négatif un réseau de stries ou une sorte de granulation que rien ne pourrait plus faire disparaître. Le cliché serait compromis.

CHAPITRE SEPTIÈME. 219

Cette agitation peut bien être momentanément interrompue sans danger, mais à la fin du développement plutôt qu'au début.

L'image doit apparaître lentement, graduellement. Les grandes lumières sont d'abord aperçues, puis successivement viennent les demi-teintes de moins en moins claires.

Un bon négatif, c'est-à-dire un négatif résultant d'une exposition convenable, ne sera développé que dans environ 5 à 10 minutes. La première apparition des parties les plus éclairées n'aura lieu qu'une demi-minute après l'immersion de la plaque.

Nous avons, plus haut, donné pour le mélange des deux solutions saturées la formule suivante :

Oxalate neutre de potasse à saturation.   90^{cc}
Protosulfate de fer pur à saturation...   10

Généralement, la formule prescrite par les divers auteurs spéciaux diffère de celle-là en ce sens que la quantité de la solution de sulfate de fer est plus grande et va jusqu'au quart de l'ensemble du mélange.

Si nous consultons les instructions fournies avec les plaques Monckhoven, nous trouvons qu'on y conseille le mélange de 3 volumes de la solution d'oxalate de potasse avec 1 volume de la solution de sulfate de fer.

Cette façon d'opérer présente des inconvénients :

il est dangereux, en effet, de porter tout de suite le mélange au maximum de sulfate de fer qu'il peut contenir sans donner lieu à un précipité.

A notre avis, il est bien préférable de débuter par un développement très peu riche en sulfate de fer. De cette façon, on tâte pour ainsi dire le pouls à sa plaque : si elle a été trop peu exposée et si l'apparition de l'épreuve se fait attendre trop longtemps, on est toujours à temps d'ajouter du sulfate de fer, mais si la durée de l'exposition a été exacte ou excessive, mieux vaut débuter par une liqueur d'une faible énergie.

On a même conseillé de débuter par une immersion de la plaque dans un vieil oxalate de fer où elle commence à se révéler, après quoi elle est passée dans de l'oxalate de fer fraîchement préparé. Cette méthode convient au développement des plaques surexposées, mais elle donne de la dureté aux négatifs posés convenablement.

Si donc, en immergeant une plaque, au retour d'une excursion, dans un bain développateur faible en sulfate de fer, — soit ne contenant que 5^{cc} de sulfate de fer pour 90^{cc} d'oxalate de potasse, — on s'aperçoit, à la rapidité de l'apparition de l'image, qu'il y a eu surexposition, on doit, sans tarder, plonger la plaque dans un bain de vieil oxalate de fer (développateur ayant servi), et agir de même pour les autres plaques, si l'on croit avoir péché par un excès de pose.

Si, au contraire, la pose a été suffisante, l'image se révélera bien dans le mélange faible, auquel on pourra, s'il est besoin, ajouter avant de terminer le négatif de 5^{cc} à 10^{cc} de la solution du sel de fer.

Pour cela faire, on retire la plaque du bain, on y ajoute, en agitant vivement, le sulfate de fer, et l'on y remet ensuite la plaque en continuant à agiter; s'il y a eu insuffisance dans la durée de l'exposition, on devra porter l'addition du sel de fer jusqu'à ce qu'il forme, au maximum, le quart en plus du volume de la solution d'oxalate neutre de potasse. Si l'on en ajoutait davantage, cela donnerait lieu à un dépôt désagréable, dépôt qui adhère assez fortement à la couche de gélatine et qui, lorsqu'on l'enlève, ainsi qu'il sera dit plus loin, peut amener une détérioration du cliché.

Si ce dépôt vient à se former, on doit sans tarder sortir la plaque du développateur, rejeter la liqueur trouble et la remplacer par un mélange frais.

L'addition de quelques gouttes d'une dissolution d'acide citrique à 12 pour 100 a pour effet d'empêcher ce dépôt, mais cela donne de la dureté aux négatifs; il ne faut donc recourir à l'addition de cette substance que pour le cas où, par suite d'une surexposition, ces négatifs viendraient à manquer d'opposition.

En résumé : emploi de deux solutions saturées, l'une d'oxalate neutre de potasse, l'autre de protosulfate de fer pur (non ammoniacal).

Filtrer ces deux solutions.

Les mélanger dans une éprouvette graduée en commençant par l'oxalate neutre de potasse dans le rapport de 90 parties d'oxalate de potasse contre 10 de sulfate de fer.

N'ajouter de la solution de sulfate de fer au bain développateur qu'au cours de la révélation et suivant qu'il sera besoin.

Si la couche sensible a une tendance à se voiler, ajouter dans le mélange développateur deux à trois gouttes pour 100 d'une solution d'acide citrique ou tartrique, ou d'une solution de bromure d'ammonium à 12 pour 100.

S'il y a surexposition prévue, entreprendre le développement par une immersion préalable de quelques instants dans un vieux développateur.

Si le négatif se développe lentement avec apparence d'un manque de pose, on peut ajouter au développateur quelques gouttes, 2 à 3, d'une dissolution de $0^{lit},19$ d'hyposulfite de soude dans 100^{gr} d'eau.

L'emploi de l'hyposulfite convient surtout au développement des instantanéités; il accélère le développement et donne plus d'intensité au négatif.

Seulement il faudra employer cet auxiliaire avec sobriété, car un excès pourrait compromettre la bonté du résultat en produisant un voile ([1]).

([1]) M. Audra conseille d'employer l'hyposulfite ainsi qu'il suit : on fait une solution de 1^{gr} d'hyposulfite de soude dans 1^{lit} d'eau

Quand le développement est terminé, ce dont on s'assure en regardant le négatif, par transparence, à la lumière d'une lanterne recouverte alors d'un verre jaune au lieu et place du verre rouge qui a servi jusque-là, on lave à l'eau ordinaire pour enlever toute trace d'oxalate de fer et l'on fixe.

Pour le portrait, on ne se sert en général qu'une fois du révélateur, tandis que, s'il s'agit de vues ou de paysages, on peut développer successivement dans le même révélateur cinq, six plaques et même un plus grand nombre.

Mais, à pose égale, on verrait diminuer graduellement l'intensité des négatifs ; il faut donc échelonner la durée de l'exposition de façon à l'avoir plus longue pour les plaques qui seront développées en dernier lieu.

Après un séjour d'une heure à l'air libre, le bain d'oxalate de fer ne donne plus que des clichés très durs ; il ne faut donc employer l'oxalate ferreux que dans les premiers moments de sa préparation, et mieux vaut faire un mélange nouveau que de continuer avec le même révélateur le développement de nouvelles plaques ; on risquerait de les voir manquer de demi-teintes dans les ombres.

ordinaire. La plaque à développer est d'abord immergée dans cette solution ; on la rince à l'eau ordinaire en la sortant de ce bain, et on la traite par le développateur à l'oxalate ferreux. De cette façon, l'action est fort régulière ; il n'est nécessaire de recourir à cet auxiliaire que pour des expositions instantanées très rapides ou insuffisantes.

L'oxalate ferrique, c'est-à-dire l'oxalate ferreux entièrement peroxydé, a la propriété, dit M. Abney, de détruire l'image avant le développement; il attaquerait même l'image lorsque le négatif est fixé ; c'est pourquoi l'on doit, même en usant d'oxalate vieux, ne pas user d'un oxalate complètement transformé en oxalate ferrique. Nous dirons plus loin quel est le moyen de régénérer les oxalates de fer ayant servi.

Il est assez difficile d'indiquer à quel point on doit arrêter le développement. C'est une question d'appréciation et d'habitude : trois opérateurs opérant simultanément sur trois plaques également exposées sur un même objet, pourront s'arrêter à trois points différents sans qu'aucun des négatifs puisse être considéré comme mauvais; pourtant il y a un moment précis où tous les détails étant venus dans les parties les plus ombrées de l'original, le cliché présente un degré d'intensité tel qu'il suffit, sans qu'il soit nécessaire d'aller au delà.

En prolongeant alors le développement, on perdrait les qualités de contraste et l'on obtiendrait même trop d'opacité dans certaines parties que la lumière ne pourrait plus franchir que très lentement lors des impressions positives.

Un bon cliché doit être perméable partout à la lumière, sauf dans les parties qui doivent rester absolument blanches. Mieux vaut donc un cliché moins poussé qu'un cliché trop venu, lorsque les noirs de ce dernier, correspondant aux parties très éclairées du modèle, sont complètement ou à peu près complètement opaques.

Une plaque trop peu posée donne des oppositions très marquées et des noirs opaques.

S'il y a excès de surexposition, le négatif apparaît rapidement avec une teinte grise générale sans vigueur nulle part, sans oppositions; il n'y a alors aucun remède pour ramener le cliché au cours du développement à ce qu'il devrait être ; on en arrête la venue au plus tôt en le lavant, puis le fixant ; et c'est à l'aide seulement d'un renforçateur qu'on pourra donner à ce négatif plus de valeur.

Nous nous occuperons des renforçateurs dans un des chapitres suivants.

Développement alcalin. — Nous avons exposé les motifs qui nous font, en général, donner la préférence au développement à l'oxalate ferreux. Le développement alcalin a bon nombre de partisans, on trouve qu'il donne des négatifs se rapprochant davantage des épreuves sur collodion et comme aspect et comme rendu; il permet, d'ailleurs, de réaliser plus d'intensité que n'en donne l'oxalate ferreux à durée d'exposition égale.

On prépare les deux solutions ci-après :

1° { Acide pyrogallique . . . . 10^{gr}
   { Alcool absolu 100

2° { Bromure d'ammonium. . . . . . . 10^{gr}
   { Eau distillée. 100

Mélanger à 150^{gr} d'eau 4^{gr} de la solution 1 et 5^{gr} de la solution 2, et y ajouter 10 à 20 gouttes d'ammoniaque pure et concentrée.

Les solutions 1 et 2 se conservent indéfiniment, mais on ne doit faire le mélange qu'au moment même de s'en servir, et pour chaque nouveau négatif on doit employer un mélange fraîchement préparé.

On remédie à une pose insuffisante par l'addition d'un peu d'ammoniaque, et à une surexposition par l'addition au mélange d'un peu de la solution 2.

En indiquant les divers procédés de développement, nous avons eu en vue jusqu'ici l'emploi de plaques de verre couchées de gélatine bromurée, mais il est nécessaire de signaler les quelques prescriptions spéciales qui concernent les opérations sur papier ou sur couches pelliculaires.

« Pour développer les papiers cirés couchés de bromure d'argent, dit M. le docteur Eder, on les trempe d'abord pendant 4 à 5 minutes dans une cuvette d'eau froide, puis on les étend sur une plaque de verre et on les développe au moyen d'un révélateur alcalin comme les plaques sèches. On fixe à l'hyposulfite sodique, on lave soigneusement, puis on laisse sécher la feuille après l'avoir fixée sur une planchette, par les quatre coins, au moyen de clous à dessiner. On doit alors donner à la couche de gélatine une épaisseur plus grande et, après cela, détacher la pellicule du papier ciré.

Dans ce but, on fait, de la manière suivante, une solution de gélatine ou de colle de poisson. Pour une feuille de la grandeur d'une demi-plaque, on prend $0^{gr},5$ de gélatine, que l'on couvre d'eau froide pendant un quart d'heure; on enlève l'excès d'eau non absorbée par la gélatine, on ajoute 4 gouttes de glycérine et l'on fait fondre au bain-marie; après

Fig. 61.

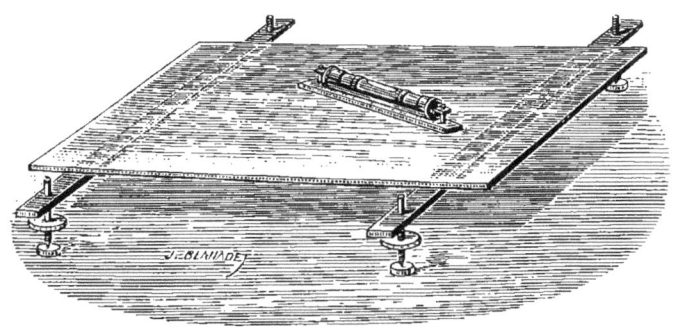

cela, on additionne de 10 à 15 gouttes d'une solution d'alun de chrome à 2 pour 100; on filtre sur de la mousseline, dans un flacon placé dans l'eau chaude. On relève les bords de la feuille sèche pour former cuvette, on la met sur une glace de niveau (*fig.* 61) et l'on coule la gélatine chaude ([1]), que l'on étend jusqu'aux bords au moyen d'un pinceau; on fixe la feuille sur une planchette au moyen d'épin-

([1]) On peut recommander de recouvrir d'abord d'une couche de collodion, afin d'éviter que la gélatine chaude ne fasse fondre une partie de la gélatine de l'émulsion.

gles, puis on la met sécher dans un courant d'air en évitant les poussières. Lorsque le tout est bien sec, on coupe les bords et l'on passe, sur le dos, un tampon de coton imbibé de térébenthine. La couche de gélatine se détache sur les bords et, au moyen d'une lame flexible et mince, on parvient à l'enlever complètement du papier. On obtient ainsi des clichés pelliculaires bien transparents que l'on peut conserver entre les feuillets d'un livre et qui offrent une résistance suffisante pour pouvoir supporter les diverses manipulations de l'impression positive. »

M. Thiébaut [1] recommande pour son papier à pellicule réversible le développement suivant :

« On mouille pendant 1 minute dans l'eau ordinaire le papier impressionné, puis, après avoir jeté l'eau, on verse sur le négatif le révélateur soit à l'oxalate de fer, soit à l'acide pyrogallique; on développe vigoureusement et, quand on juge, par transparence, l'épreuve suffisamment venue, on rejette le révélateur, on rince le négatif et l'on fixe.

Fixage.

Eau chaude.	1000	Laisser déposer quelques heures et filtrer.
Hyposulfite de soude	150	
Alun ordinaire pulvérisé.	60	

« Les épreuves négatives doivent rester dans ce bain jusqu'à ce qu'elles soient complètement trans-

___
[1] M. Thiébaut, rue de Rennes, 76, Paris.

parentes, le fixage exige en moyenne une demi-heure, vu l'épaisseur de la couche d'émulsion formant pellicule, mais on peut fixer plusieurs épreuves dans la même cuvette, en ayant soin qu'elles ne s'attachent.

« *Lavage et séchage.* — On lave les négatifs, soit dans l'eau courante, soit dans l'eau stagnante, en la changeant au moins une fois dans une heure. On finit par un lavage dans de l'eau alunée à 5 pour 100.

« Pour les sécher, on les étend dans du buvard blanc, de la même façon que les épreuves sur albumine; quand l'eau est épongée, on les remet entre des feuilles sèches où on les abandonne jusqu'à complète dessiccation; enfin on sépare la pellicule de son support en commençant par un des angles. Les négatifs ainsi que le papier sensible doivent se conserver roulés, la couche en dehors, et à l'abri de l'humidité.

« Les clichés pelliculaires de petit format s'impriment parfaitement dans le châssis-presse en donnant une pression énergique; quant aux dimensions au-dessus de 21×27, nous sommes d'avis, soit de transporter le négatif sur une glace, soit d'en faire une pellicule épaisse; le tirage se fera de cette façon d'une planimétrie parfaite. »

Pellicules en gélatine de M. Stebbing. — Le développement de ces pellicules (celles qui sont doublées de collodion normal) doit s'effectuer dans une seule et même cuvette. Les bords de la pellicule sont d'abord suiffés avec le bout des doigts, puis on met une plaque de verre bien propre au fond de la cuvette, et l'on place la pellicule sur cette plaque, le côté impressionné tourné vers le haut.

Tout d'abord, on verse de l'eau ordinaire dans la cuvette de façon à en recouvrir la pellicule. On rejette cette eau que l'on remplace par le développateur, celui que l'on préfère. Pour voir le négatif par transparence durant le développement, on le sort sur le verre sans toucher à la pellicule. Dès que le négatif paraît suffisamment venu, on rejette le révélateur que l'on remplace par de l'eau ordinaire, et quand il est bien lavé on sort de la cuvette la pellicule toujours posée sur le verre, où il est facile de la maintenir adhérente, et on l'immerge dans le bain fixateur à l'hyposulfite de soude durant dix minutes ; le fixage terminé, on lave à plusieurs eaux et l'on immerge la pellicule dans un bain d'alun, soit :

$$\begin{array}{ll} \text{Alun de chrome} & 5^{gr} \\ \text{Eau} & 100 \end{array}$$

On lave à une dernière eau, et pour faire sécher la pellicule on la tend sur le verre où elle est posée, (mais après l'avoir épongée avec du buvard) à l'aide de bandes de papier gommé. En se séchant, elle se tend parfaitement et l'on est certain d'avoir une pellicule très plane, si elle n'est séparée du verre qu'une fois bien sèche.

Nous avons insisté sur la nécessité de ne jamais toucher la pellicule durant l'opération du développement et du fixage ; on évite de la sorte les accidents qui pourraient se produire par le fait de la rupture par place de la gélatine. Ces ruptures ne peuvent arriver si la pellicule est constamment maintenue sur un même support rigide. Rien de plus aisé d'ailleurs que cette manipulation, qui, à quelques précautions près, est la même que pour les plaques de verre couchées de gélatine.

Le suiffage des bords des pellicules est indispensable pour éviter que les liquides ne s'insinuent entre la couche qui sert de véhicule et la couche sensible. On le pratique de façon à bien garnir la tranche de la pellicule avec le bout de l'index et du pouce bien graissés de suif. La tranche est passée entre ces deux doigts fermés : de cette façon, elle est recouverte d'assez de matière grasse pour repousser l'eau sur ses bords.

Les pellicules à la gélatine offrent les mêmes avantages que celles sur papier, à cela près, vu l'épaisseur de la couche de gélatine servant de support, qu'elles ne peuvent s'imprimer des deux côtés comme les pellicules reversibles de M. Thiébaut. On ne pourrait arriver à ce résultat qu'en employant des pellicules excessivement minces.

Papier Morgan à pellicule adhérente. — Le papier Morgan offre le même inconvénient que les pellicules sur gélatine, c'est-à-dire qu'il ne peut servir que pour des impressions du côté où se trouve la couche sensible. De plus, la pellicule ne pouvant être séparée du papier de support, on est fatalement condamné à subir les effets du grain du papier, ce qui pour des portraits ou des épreuves d'un format réduit enlève beaucoup de finesse. Mais ce défaut devient une qualité pour des vues d'une certaine dimension, qui gagnent à ce grain un effet plus artistique. Le léger *flou* qui en résulte corrige heureusement la rigidité des détails photographiques et donne aux épreuves un aspect qui se rapproche davantage de celui des dessins au fusain ou au crayon.

Avec le papier Thiébaut ainsi qu'avec le papier Balagny, on est le maître d'avoir ce même effet produit par le grain du papier, en laissant adhérer aux pellicules leur support grenu. D'ailleurs, lors même que la séparation aurait eu lieu, on est toujours à temps d'interposer une feuille de papier d'un grain convenable entre la glace du châssis-presse et le négatif pelliculaire.

Le développement du papier au gélatinobromure Morgan a lieu comme dans les autres cas ci-dessus, dans un bain à l'oxalate de fer ou dans un bain alcalin; mais il faut, avant de mettre le papier impressionné en contact avec le révélateur, l'immerger dans de l'eau jusqu'à planimétrie parfaite.

L'emploi de ce papier convient plus spécialement

aux grandes épreuves. On peut d'ailleurs huiler ou cirer l'envers, pour donner au papier plus de transparence. On a, en ce cas, des épreuves qui rappellent les anciens négatifs sur papier ioduré-ciré.

Développement des papiers à pellicule réversible de M. G. Balagny :

Faire 2 solutions.

N° 1 Acide pyrogallique.	10^{gr}	
Alcool à 40°.	150^{cc}	
Glycérine.	10	
N° 2 Eau.	250	
Bromure de potassium	3^{gr}	en été.
	2	en hiver.

Ajouter après dissolution :

Ammoniaque pure . . . . 15^{cc}

On peut aussi remplacer cette dernière solution par la suivante, qui donne d'excellents résultats :

Eau.	1^{lit}
Carbonate d'ammoniaque.	50^{gr}
Bromure de potassium.	2

Pour développer, mouiller d'abord le fond d'une cuvette en bois et verre, afin que la feuille adhère bien à ce fond.

Dans un verre à boire, mettre 60^{cc} d'eau fraîche et 5^{cc} de la solution n° 1.

Jeter le tout sur le papier, que l'on agitera dans la cuvette jusqu'à ce qu'il ne se forme plus de bulles à sa surface.

Alors mettre au fond du verre qui est vide en ce moment 1^{cc} de la solution n° 2. Verser sur ce centimètre cube de solution ammoniacale tout le liquide qui se trouve dans la cuvette afin de bien opérer le mélange. Projeter ensuite tout le liquide sur le papier. Si l'image se montre dès cette première addition, c'est signe qu'il y a eu trop de pose. En général, elle ne doit se montrer qu'à la deuxième et même à la troisième addition de la solution ammoniacale, que l'on aura bien soin de faire de la même manière qu'a été faite la première addition. En un mot, il faut un développement lent, et pour arriver à ce résultat, il faut, par des additions successives d'ammoniaque, *chercher la limite à partir de laquelle le développement doit commencer*. Ensuite on le laisse continuer jusqu'à ce que tous les détails soient bien venus. C'est par de très légères et intelligentes additions d'ammoniaque que l'on arrivera à ce résultat. En tous cas, quand on croira l'avoir obtenu, on montera le cliché par une addition d'acide pyrogallique (solution n° 1), et on le terminera par une addition finale de la solution n° 2.

Pour examiner le cliché pendant ces différentes opérations, on ne doit jamais le toucher avec les doigts. Il y a un moyen plus simple : on vide le contenu de la cuvette dans le verre. Le *papier*, grâce à sa grande souplesse, adhère au fond du verre de la cuvette, et comme il est aussi d'une grande finesse, on peut, en relevant la cuvette, examiner la venue du cliché par *transparence*. En général, un cliché est considéré comme venu, quand, par transparence, les blancs ont l'air de se voiler, l'image *semble disparaître*.

Tout cliché-papier, à cause des reports successifs qu'il aura à subir, doit être *passé à l'alun* à 5^{gr} pour 100 d'eau.

Développement des plaques isochromatiques (à l'éosine) *de MM. A. Attout, Tailfer et John Clayton.*

Formule du révélateur conseillé par ces messieurs :

1° { Oxalate neutre de potasse. . . . . 300^{gr}
    { Eau distillée. . . . . 1000^{cc}
2° { Sulfate de fer pur . . . . 30^{gr}
    { Eau distillée. 100
    { Acide sulfurique . . . . 2 à 3 gouttes

Ces solutions se font à chaud, sur un feu doux, et sont filtrées après leur entière dissolution. On les laisse complètement refroidir avant de les employer. Ils ajoutent toujours quelques gouttes de solution de bromure de potassium à 10 pour 100 à ce révélateur suivant l'intensité qu'ils désirent obtenir.

Même fixage à l'hyposulfite de soude que pour les autres plaques.

Fixage et lavage des négatifs développés. — Quel que soit le procédé de développement employé, la plaque bien lavée au sortir du bain développateur est plongée dans une cuvette en gutta contenant le fixateur préparé d'après les proportions suivantes :

Eau ordinaire. . . . . 1000^{cc}
Hyposulfite de soude. . . . . . . 12 à 150^{gr}

On l'y laisse jusqu'à ce que tout le bromure d'argent non réduit ait complètement disparu.

L'emploi d'une cuvette en gutta, de couleur noire, permet de voir d'un simple coup d'œil si tout le bromure d'argent, d'aspect laiteux, a été dissous. Dès que l'on s'est assuré qu'il n'en reste aucune trace, on procède au lavage.

Ce lavage doit être fait avec grand soin; on ne

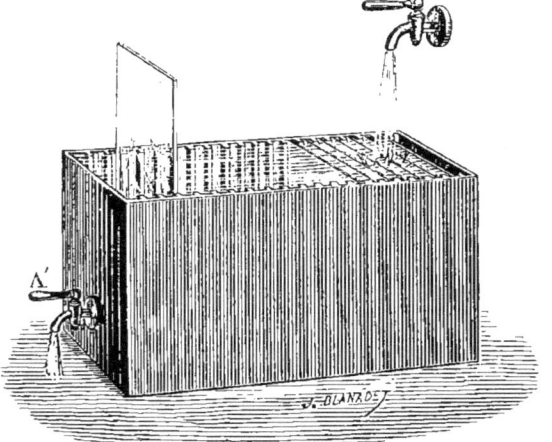

Fig. 62.

doit pas se contenter de rincer les plaques pendant quelques instants à l'eau courante. Le meilleur système de lavage et le plus sûr quand on n'a pas à sa disposition une cuvette à rainures verticales dans le genre de celle qu'indique la *fig.* 62 est celui-ci : On dispose à côté les unes des autres quatre cuvettes pleines d'eau. La première reçoit les négatifs à mesure qu'on les sort du bain d'hyposulfite; puis on fait parcourir à chaque négatif successivement les quatre cuvettes; ce qui doit prendre environ une demi-heure au moins, puis après le dernier bain on rince à l'eau courante et l'on immerge le négatif dans une cuvette contenant de l'alun de chrome en dissolution à 5 pour 100. On laisse 10 minutes et plus dans le bain, on lave une dernière fois pour enlever les traces d'alun, et le négatif est alors posé sur un égouttoir où on le laisse se sécher spontanément.

En usant de la cuvette à rainures, il convient, soit de maintenir un courant d'eau quand on le peut pendant une heure environ, soit, si l'on n'a pas d'eau courante, de renouveler entièrement l'eau six fois au moins durant le même laps de temps.

Quand les couches de gélatine n'ont aucune tendance à se soulever, il n'y a pas d'inconvénient à prolonger le lavage pendant plusieurs heures.

Si l'on désire activer le séchage, on peut, après avoir bien fait égoutter la plaque et en avoir essuyé le dos, la plonger dans un bain d'alcool.

L'alcool prendra la place de l'eau et le négatif sera plus tôt sec; mais jamais il ne faut employer un chauffage quelconque, à moins d'avoir à sa disposition une étuve dont on peut régler le degré.

L'introduction de la plaque dans une boîte à chlorure de calcium permet aussi de procéder au séchage avec une plus grande rapidité.

Mais généralement il suffit d'abandonner les plaques à elles-mêmes sur l'égouttoir placé dans un endroit sec, aéré si c'est possible, et exempt de poussière.

CHAPITRE VIII.

**Généralités sur le développement :
I Indications diverses puisées dans les auteurs les plus
compétents.**

Le développement alcalin indiqué dans le précédent Chapitre est celui que recommande pour l'emploi de son émulsion le docteur Van Monckhoven. Il est utile d'ajouter à la méthode opératoire normale qui précède et qui peut être employée dans tous les cas quelques indications fournies par des praticiens d'une grande habileté.

Nous ne saurions mieux faire, pour tout ce qui concerne la pratique du procédé au gélatinobromure d'argent que de renvoyer les personnes désireuses d'étudier la question à fond au remarquable ouvrage de M. le docteur J.-M. Eder ([1]) : *Théorie et pratique du procédé au gélatinobromure d'argent*. On y trouvera tout l'ensemble des explications susceptibles de répondre au plus grand

---

([1]) Librairie Gauthier-Villars, 55, quai des Augustins, Paris.

nombre de difficultés qui peuvent se présenter. C'est actuellement le traité le plus complet qui ait paru sur ce sujet. Nous allons y recourir pour quelques emprunts relatifs à la question spéciale qui fait l'objet de ce Chapitre.

« On obtient un révélateur concentré en faisant dissoudre dans 100 parties d'eau bouillante, d'abord 50^{gr} d'oxalate neutre potassique, puis 15^{gr} d'oxalate ferreux; on laisse refroidir, puis on en remplit des flacons que l'on bouche soigneusement. »

Cela forme un *révélateur concentré de réserve*, dit le docteur Eder.

« Par le refroidissement, il se sépare beaucoup de sulfate potassique qui cristallise, mais pas du tout d'oxalate utile. Le liquide forme alors une solution concentrée d'oxalate ferreux à environ 12 pour 100 en poids, ce qui est donc à peu près le double de ce que contient le révélateur normal obtenu par le mélange de deux solutions; il a une couleur plus foncée et est d'une énergie beaucoup plus grande que le révélateur ordinaire. »

Voici comment M. le docteur Eder prépare son révélateur à l'oxalate ferreux par le mélange :

« On fait d'une part :

« *a*. Une solution de 1 partie d'oxalate neutre potassique dans 3 parties d'eau, ou bien une solution saturée à froid de ce sel; d'autre part, on dissout :

« *b*. 1 partie de sulfate ferreux dans 3 parties d'eau ou une solution saturée à froid.

« Pour chaque 100^{cc} de solution ferreuse, on ajoute 1 goutte d'acide sulfurique concentré ou 5 gouttes d'acide acétique, ou bien encore de 0^{gr},20 à 0^{gr},50 d'acide tartrique ou d'acide citrique. Ces acides empêchent la solution de se troubler et, pendant le développement, préviennent les voiles.

« Immédiatement avant l'emploi, on mélange 3 parties de la solution d'oxalate neutre potassique et 1 partie de sulfate ferreux; on obtient une solution d'un rouge foncé qui ne se trouble que si la solution d'oxalate neutre potassique est trop diluée; il faut, dans ce cas, prendre 4 parties de cette solution.

« On peut employer le révélateur tel qu'il vient d'être préparé, ou bien y ajouter un peu de bromure de potassium ou d'hyposulfite sodique.

« Le révélateur doit être préparé différemment suivant l'émulsion qu'on emploie. Voici ce dont il faut tenir compte :

« Si les plaques ne sont pas du tout sujettes au voile, on peut se servir du révélateur sans aucune addition, et cela sans crainte de voile. L'image paraît en 10 à 30 secondes et est complètement développée après 1 $\frac{1}{2}$ à 3 minutes ([1]). Si, après un développement de 2 à 3 minutes, un léger voile

---

([1]) Le temps nécessaire pour le développement varie beaucoup suivant la nature de l'émulsion employée (*v*. Chap. XXX). L'au-

apparaît, on ajoute par 100^{cc} de révélateur de 2 à 10 gouttes de la solution de bromure de potassium à 10 pour 100. Les plaques doivent alors se développer sans voile; dans le cas contraire, elles ne pourraient convenir pour le portrait.

« Pour ajouter le bromure de potassium, on se sert de compte-gouttes (*fig.* 45 et 46).

« Dans la *fig.* 45, le compte-gouttes est fermé en *a* au moyen d'un bouchon à l'émeri; pour que le liquide s'écoule par le tube effilé *c*, il faut enlever le bouchon. La forme représentée *fig.* 46 est préférable. Le flacon *b* est fermé au moyen du tube à boule *a* dont l'ouverture supérieure est recouverte d'une petite feuille de caoutchouc. En pressant légèrement en *c*, la boule se remplit de liquide, qu'on fait sortir au moyen d'une nouvelle pression en *c*.

« Les gouttes sont de volumes différents, suivant la grandeur de l'ouverture du tube d'écoulement, et suivant la densité du liquide (^{1}).

« Les négatifs développés avec du bromure de potassium sont généralement plus purs, plus intenses et plus riches en contrastes, que si l'on n'a pas employé cette addition. En même temps, le développement est retardé. Le bromure de potassium

---

teur s'est servi d'émulsions qui donnaient d'excellents négatifs même avec une addition de 6^{cc} de bromure de potassium $\frac{1}{10}$ par 100^{cc} de révélateur.

(^{1}) 15 à 16 gouttes équivalent à 1^{cc}. On peut avoir aussi des tables de mensuration, au moyen desquelles on déterminera exactement le volume des gouttes.

permet d'atteindre une grande intensité; mais si l'on en ajoute une trop grande quantité, l'image devient dure; une seule goutte en plus ou en moins a beaucoup d'influence sur le caractère du négatif ([1]).

« Quoique les négatifs de paysages se développent très bien avec une addition de bromure, il n'en est pas de même pour les négatifs pour portraits que cette addition rend trop durs.

« On peut, au moyen du bromure, sauver des plaques ayant eu une surexposition assez forte. Si, par exemple, dans le cas d'un paysage, l'image apparaît trop vite dans le révélateur ordinaire, mais est trop faible dans les détails, et si elle montre les signes d'une surexposition, il faut rapidement la laver et ajouter beaucoup de bromure ($\frac{1}{10}$) au révélateur; on peut aller jusqu'à 10^{cc} de bromure pour 100^{cc} de développateur; on continue alors à développer.

« Lorsqu'on sait d'avance que toute une série de plaques (paysages) a été évidemment surexposée, on peut commencer avec un révélateur contenant beaucoup de bromure, ou bien avec un révélateur déjà vieux ([2]) jusqu'à ce que les plus grandes lu-

---

[1] C'est pour cette raison, que certains opérateurs emploient des solutions de bromure plus étendues.

[2] A défaut de vieux révélateur, on peut laisser séjourner dans la cuvette pendant quelques heures à l'air libre le révélateur nouvellement préparé.

mières soient apparues; on fait venir les ombres avec un révélateur tout frais.

« Afin d'économiser le révélateur et dans le but de disposer de toutes les ressources désirables, il est bon d'avoir plusieurs cuvettes. L'une d'elles contient le révélateur concentré avec le minimum, ou même sans addition, de bromure; une autre est destinée au révélateur qui a déjà servi plusieurs fois ou bien qui contient une quantité notable de bromure. On se sert de la première dans le cas d'une exposition courte, mais si l'image apparaît trop vite sans intensité suffisante, on retire la plaque pour la mettre dans la seconde cuvette, ce qui permet d'obtenir plus de pureté et d'intensité.

« On peut arriver à une grande douceur, dans les clichés de portraits, en ajoutant au révélateur à l'oxalate ferreux un peu d'hyposulfite sodique, ce qui permet également de diminuer le temps de pose [1].

« On peut recommander la formule suivante :

25^{cc}	de la solution de sulfate ferreux.	
75	»	d'oxalate neutre de potasse (*voir* plus haut).
4 gouttes	»	de bromure de potassium $\left(\frac{1}{10}\right)$.
12 »	»	d'hyposulfite sodique $\left(\frac{1}{200}\right)$ (*pas plus concentrée*).

---

[1] C'est Abney qui, le premier, a signalé l'action accélératrice de l'hyposulfite dans le révélateur (*Phot. News*, 1880, p. 567. — *Phot. Mitth.*, vol. XVII, p. 233). C'est le hasard qui lui a fait

« L'image apparaît, dans ce révélateur, deux à trois fois plus vite que dans le révélateur ordinaire ; elle offre beaucoup de délicatesse, de gradations de tons et une grande douceur. On peut obtenir des contrastes plus marqués en augmentant la proportion de bromure (par exemple, 100^{cc} de révélateur, 12 gouttes de bromure et 12 gouttes d'hyposulfite), ou bien plus de douceur, en forçant la proportion d'hyposulfite (par exemple, 100^{cc} de révélateur, 5 gouttes de bromure et 30 gouttes d'hyposulfite). Mais ce ne sont que les plaques qui ne donnent absolument pas de voile que l'on peut développer de cette manière ([1]). On obtient souvent d'excellents résultats en développant d'abord la plaque dans le révélateur ordinaire, puis en la traitant avec de l'hyposulfite, pour faire sortir les détails contenus dans les ombres.

« Il faut bien se garder de retirer trop vite la plaque du révélateur, parce que l'image apparaît rapidement lorsqu'on ajoute de l'hyposulfite : car, après le fixage, le négatif manquerait d'intensité.

faire cette découverte ; il avait touché une plaque avec ses doigts qu'il avait trempés dans le bain de fixage. Wilde, le premier, a mis en pratique cette remarque qu'il avait faite en même temps qu'Abney (*Phot. Corresp.*, 1881, p. 8).

([1]) On obtiendra des négatifs purs, en suivant la formule donnée plus haut, lorsque les plaques se développent bien purement dans le révélateur à l'oxalate ferreux sans aucune addition ; pour les autres, cela est plus rare. Lorsque les plaques donnent trop peu intense et trop faible, on peut obtenir de bons résultats avec du révélateur sans aucune addition, ou bien mélangé de quelques gouttes de bromure.

« La *fig.* 63 montre un appareil à fermeture hermétique destiné à conserver la solution de sulfate ferreux, ou bien le révélateur à l'oxalate ferreux.

« Par le tube *e*, on remplit la bouteille à deux tubulures A, et l'on recouvre le liquide d'une couche

Fig. 63.

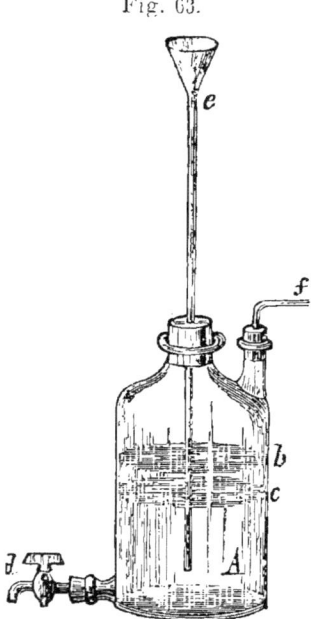

de pétrole, de paraffine ou d'huile d'olive; le liquide peut-être soutiré par le robinet *d*, que l'on remplacera avec avantage par un tube de verre, terminé par un tube de caoutchouc fermé par une pince. Le tuyau *f* peut être remplacé par un entonnoir de sûreté de Welter (tube en *s* avec boule). »

Quand on a à développer des reproductions

instantanées, il importe de conserver le plus longtemps possible son énergie au développateur. En ce cas, on peut user des cuvettes verticales, qui offrent une moindre surface de liquide à l'oxydation.

M. Burgess propose même, en vue de cet objet, de verser sur la surface du révélateur une couche de paraffine ou de pétrole ; on doit, en ce cas, tremper préalablement les plaques dans l'eau afin que l'huile n'y adhère pas.

« Stolz va plus loin, dit le docteur Eder, il propose d'avoir 4 cuvettes verticales, dont le n° 1 est rempli de solution concentrée, le n° 2 d'une solution au $\frac{1}{2}$, le n° 3 d'une solution au $\frac{1}{4}$, le n° 4 d'une solution au $\frac{1}{8}$ de concentration de la première ; il recouvre le révélateur d'une couche de pétrole.

« Après avoir laissé séjourner la plaque quelque temps dans l'eau, il la met dans la cuvette n° 2 ou n° 3 ; il observe la venue de l'image et met éventuellement la plaque, sans la laver, dans le n° 1 ou le n° 4 ; de cette façon on peut tirer le maximum d'effet du révélateur.

« Aussitôt que les bains sont épuisés au point que le n° 4 n'agisse plus, on remplace ce dernier par le n° 3, le n° 3 par le n° 2 et le n° 2 par le n° 1 et l'on prépare un nouveau bain pour le n° 1.

« Plus tard, on a recommandé de remplacer le pétrole par de l'huile d'olive qui préserve mieux le révélateur de l'oxydation et qui diminue également le danger de voir se former des taches de graisse. »

Révélateur alcalin pyrogallique. — Il nous paraît intéressant de transcrire ici des données fournies par M. le docteur Eder sur le révélateur alcalin; nous lui laissons la parole :

« De même que le révélateur à l'oxalate ferreux, le révélateur alcalin à l'acide pyrogallique compte de nombreux partisans. Il a des inconvénients multiples : il laisse, sur les doigts et sur les vêtements, des taches brunes difficiles à enlever [1]; il répand une odeur désagréable d'ammoniaque et peut même, par son action continue sur la peau, devenir préjudiciable à la santé [2]. Pour le commençant, ce développement est beaucoup plus difficile à manier, à cause de la coloration brune des clichés qui laisse passer beaucoup moins de lumière que

---

[1] On réussit à enlever les taches brunes au moyen d'acide chlorhydrique très dilué, ou d'acide citrique en dissolution dans l'eau.

[2] On a même observé en Angleterre les symptômes d'une *maladie spéciale du laboratoire obscur* (*Phot. News*, 1882, p. 210). Le revers des mains montre de prime abord une petite tache rouge, puis une quantité d'ampoules très sensibles qui s'étendent bientôt jusqu'aux bras et même aux jambes, surtout aux jarrets; il se produit en même temps des symptômes d'abattement. Les médecins anglais attribuent cette maladie plutôt à l'effet toxique de l'acide pyrogallique, qu'à une mauvaise ventilation du cabinet obscur. En effet, la solution d'acide pyrogallique agit, en se mélangeant au sang, de la même façon que le phosphore, ce qu'il faut attribuer à l'absorption énergique de l'oxygène.

la couleur noir gris des plaques au collodion humide; le praticien juge difficilement de la plaque, et la retouche demande beaucoup de soins. Mais on connaît cependant des révélateurs à l'acide pyrogallique qui donnent aux clichés l'aspect de ceux obtenus au collodion humide (*voir* § A de ce Chap.).

« Si, malgré cela, le révélateur alcalin a beaucoup de partisans, surtout parmi les photographes qui font le paysage, il faut l'attribuer à ce que ce révélateur se prête facilement à des modifications, suivant qu'il y a manque de pose ou surexposition (nous avons cependant démontré que le révélateur à l'oxalate ferreux donne une grande latitude en ce qui concerne la pose); c'est aussi parce que le maniement en est plus facile en voyage, et que la qualité de l'eau a moins d'influence.

« *Préparation des diverses solutions.* — L'acide pyrogallique ne se conserve qu'à l'état sec ou bien en solution dans certains liquides. Les uns préfèrent se servir de l'acide pyrogallique et du bromure de potassium à l'état solide, et mettre dans des cornets de papier séparés les quantités, pesées au préalable, de chacun de ces produits qui sont nécessaires pour un développement (¹).

(¹) Burger prépare des cornets de papier renfermant respectivement chacun 1^{gr} d'acide pyrogallique et 5^{gr} de bromure d'ammonium; pour le développement, on met une dose de chacune de ces deux substances dans 2^{cc} d'eau, et l'on ajoute quelques gouttes d'ammoniaque concentrée. C'est ce dont il se servait pour le paysage.

« Généralement, on fait des solutions. L'acide pyrogallique est dissous dans l'alcool, ou bien dans l'eau avec addition d'une substance préservatrice.

« On dissout 10^{gr} d'acide pyrogallique dans 100^{cc} d'alcool à 40°; cette solution se conservera pendant des mois. Autrefois, on n'employait pas autre chose.

« Les solutions d'acide pyrogallique dans l'eau s'altèrent rapidement par l'oxydation et se conservent tout au plus 1 à 2 jours. Baker et puis Henderson ont remarqué que l'addition d'un peu d'acide nitrique rend la solution plus stable; Henderson ajoutait 8 gouttes d'acide nitrique à 600^{cc} de la solution aqueuse d'acide pyrogallique [1]. On peut recommander vivement l'emploi de l'acide pyrogallique sous forme d'une solution contenant du sulfite de sodium et un peu d'acide citrique; cette solution est même préférable à toutes les précédentes, parce qu'elle a une action très favorable sur la couleur des négatifs et qu'elle permet un développement prolongé et certain. On la prépare comme suit :

Sulfite de sodium.	25	parties.
Acide citrique.	1 1/2	»
Après dissolution, on ajoute eau. . .	100	»
Acide pyrogallique.	12	»

[1] *Bull. Soc. Franç.*, 1881, p. 6.
[2] Ce sel est fabriqué spécialement pour les usages photographiques à la manufacture de produits chimiques du Dr Schuchard, à Gorlitz.

« Cette solution se conserve pendant fort longtemps ; elle donne aux négatifs un aspect, au point de vue de la couleur, semblable à celui des plaques au collodion humide.

« L'emploi de ces diverses solutions est toujours le même. L'ammoniaque doit toujours avoir un titre bien connu. Dans le commerce, on la trouve à des états de concentration très différents. L'auteur emploie toujours de l'ammoniaque d'une concentration de 0,91, qu'il prend comme base pour toutes ses expériences.

« L'ammoniaque doit toujours être conservée dans des bouteilles bien bouchées ; autrement, elle s'évapore et devient plus faible, et, lorsqu'on s'en sert, on obtient des négatifs durs et mal réussis.

« L'ammoniaque fortement concentrée ($d = 0,88$) s'évaporant plus facilement que celle qui est plus diluée, il n'est pas très pratique de l'employer dans le laboratoire du photographe. L'auteur recommande même d'étendre davantage l'ammoniaque (1 partie avec 4 parties d'eau), parce qu'un léger excès d'ammoniaque peu concentrée est sans grande influence au développement. Il faut faire une solution séparée de bromure de potassium ou d'ammonium à 10 pour 100 ([1]).

([1]) Spiller et Young ont remarqué que, dans le révélateur alcalin, le bromure de potassium et celui d'ammonium n'agissent pas de même, pour ralentir le développement ou pour prévenir le voile. L'action retardatrice du bromure de potassium n'est environ que des $\frac{3}{5}$ de celle du bromure d'ammonium. C'est pour-

« Beaucoup de photographes mélangent en même temps l'ammoniaque et le bromure, et l'ajoutent à la solution d'acide pyrogallique, au lieu d'avoir trois solutions séparées. Cette manière de faire est peu recommandable, à moins que l'on n'ait déjà préparé le révélateur qui convient aux plaques que l'on emploie, et que le temps de pose puisse être déterminé assez exactement dans l'atelier. Dans le cas contraire, il est préférable d'avoir trois solutions séparées.

« *Développement ordinaire à l'acide pyrogallique pour les divers genres de plaques.* — Pour obtenir de bon résultats, il faut aussi modifier le révélateur alcalin suivant les plaques employées.

« On peut faire cet essai de la manière suivante : verser d'abord l'eau dans la cuvette, puis ajouter ensuite les autres constituants du révélateur dans l'ordre indiqué au tableau ci-après.

« On mélange les révélateurs dans une cuvette suivant l'ordre indiqué ci-dessus (ceci s'applique de I à IV ; le révélateur rapide doit être traité différemment).

« *Remarques.* — On commence avec I. S'il donne trop peu d'intensité et de pureté, on peut prendre 5

---

quoi, si l'on fait usage de ce dernier, il faut n'employer que les $\frac{3}{5}$ de la quantité de bromure de potassium qui serait nécessaire (*Phot. Mitth.*, 1882, vol. XIX, p. 183, extrait des *Phot. News*). Le bromure de cadmium a à peu près la même action que le bromure de potassium, seulement il rend la couleur des négatifs quelque peu plus foncée (HENDERSON, *Phot. News*, 1882, p. 430).

CHAPITRE HUITIÈME.

	RÉVÉLATEUR POUR				
	I plaques normales donnant doux et faible	II plaques normales donnant plus dur et pur	III plaques qui donnent trop dur avec les révélateurs précédents	IV plaques qui donnent remarquablement dur	V plaques instantanées (développement rapide)
Eau (eau de pompe, etc.)	100^{cc}	100^{cc}	100^{cc}	100^{cc}	100^{cc}
Acide pyrogal. ($\frac{1}{10}$)	3^{cc} = 15 gouttes	2^{cc} = 30 gouttes	2^{cc} = 30 gouttes	8 à 10 g^{tes}	4^{cc} = 60 gouttes
Bromure de potassium ($\frac{1}{10}$)	4^{cc} = 60 gouttes	2^{cc} = 30 gouttes	20 gouttes	4 gouttes	5^{cc} = 75 gouttes
Ammon. diluée. 4 vol. d'eau, 1 vol. d'ammoniaque ($d = 0,91$)	5 à 6 = 80 à 100 g^t	5 à 6^{cc} = 80 à 100 g^{tes}	2 à 3^{cc} = 30 à 50 g^{tes}	15 à 20 g^{tes}	12^{cc} = 200 gouttes

et même 10^{cc} de bromure de potassium ; si l'intensité n'est pas encore suffisante, on porte la quantité de pyro à 4^{cc}. Quand les négatifs sont trop durs, on se sert de II, ou bien on essaye d'augmenter la proportion d'ammoniaque de 1 jusqu'à 6 et 7^{cc} ; ou bien on diminue la proportion de bromure.

« Si le révélateur II donne du voile, on peut en inférer que les plaques en sont cause et l'on revient à 1. Si, au contraire, le n° II donne trop peu brillant (*gläzig*) et que les détails dans les ombres n'apparaissent pas, on augmentera la quantité d'ammoniaque donnée dans la formule jusqu'à 6 à

7^{cc}; ou bien on diminuera la proportion de bromure.

« Si II donne encore des négatif trop durs, on a recours à III. Dans une circonstance exceptionnelle, on peut employer IV.

« Le révélateur, pour des poses instantanées, doit être traité différemment. Il peut parfaitement réussir en en mélangeant d'abord tous les constituants. Mais il est préférable de mélanger en premier lieu l'eau, l'ammoniaque et le bromure de potassium, de laisser tremper la plaque pendant une à deux minutes, puis on l'enlève et l'on ajoute l'acide pyrogallique; on remet la plaque dans la cuvette, en ayant soin que le révélateur la recouvre bien uniformément et sans temps d'arrêt. L'image apparaît très rapidement; il faut en surveiller soigneusement la venue. Si le révélateur donne des négatifs trop denses, il faut diminuer la proportion d'acide pyrogallique; dans le cas contraire, il faut l'augmenter.

« Pour développer des plaques, pour lesquelles on ne sait pas si la pose a été trop courte, trop longue ou bien exacte, il faut toujours commencer avec un révélateur faible et ne se servir des plus concentrés qu'après cet essai. On commence, par exemple, avec un mélange de

Eau	100^{cc}
Pyro $\left(\frac{1}{10}\right)$	20 gouttes.
Bromure de potassium $\left(\frac{1}{10}\right)$	10 »
Ammoniaque diluée $\left(\frac{1}{4}\right)$ (*voir § A*). .	10 »

« Une plaque qui manque d'exposition vient même assez vite dans ce révélateur. Pour donner de la force à l'image, il faut ajouter 20 à 30 gouttes de bromure de potassium et la même quantité d'ammoniaque.

« Si ce révélateur est trop faible, on prend le n° I du tableau.

« Si celui-ci est encore trop peu énergique, on prend le révélateur rapide V du tableau.

« Lorsque les plaques sont surexposées, on ne peut pas mettre l'ammoniaque de prime abord; il faut les plonger dans l'eau additionnée d'acide pyrogallique. Si la surexposition est considérable, on ajoute même le bromure de potassium et l'on ne verse l'ammoniaque que goutte par goutte. Aussitôt que la plus grande partie des détails est venue, on ajoute une assez forte quantité de bromure, pour conserver les demi-teintes et faire ressortir les grandes lumières. Quand l'intensité est obtenue, on peut encore pousser les demi-teintes au moyen d'un nouveau révélateur contenant plus d'ammoniaque et peu de bromure de potassium [1].

« Dans le cas d'un paysage, si l'on sait que la pose a été à peu près trois à quatre fois trop forte, pour éviter que les négatifs ne soient trop faibles, on peut les traiter de la manière suivante qui permet de développer avec suffisamment d'intensité :

[1] COTESWORTH, *Brit. Journ. of Phot.*, 1881, p. 224. *Phot. Wochenbl.*, 1881, p. 164.

On met la plaque dans une cuvette contenant 100^{cc} d'eau, 100 à 150 gouttes ou 6 à 10^{cc} de bromure de potassium, et 50 à 60 gouttes de pyro (1 : 10) ou, ce qui est mieux, de la solution pyrogallique additionnée de sulfite sodique (*voir* § *A* de ce Chap.). On ajoute ensuite 40 gouttes d'ammoniaque diluée ($\frac{1}{4}$). Si tous les détails ne viennent pas, on double la proportion d'ammoniaque.

« Mais, ainsi que le fait remarquer Brooks ([1]), les plaques se développent des plus rapidement, lorsqu'on les met d'abord pendant environ une minute dans un mélange d'ammoniaque et de bromure de potassium, et qu'on ajoute ensuite l'acide pyrogallique. L'image vient plus vite, avec plus de force et plus de brillant, si la plaque a eu un temps de pose exact, ou même manque un peu de pose.

« Au lieu de mettre les plaques d'abord dans le mélange de bromure et d'ammoniaque, Wortley préfère les plonger d'abord dans l'ammoniaque diluée, puis les développer comme à l'ordinaire ; ceci dans le cas d'une exposition très courte ([2]). Selon Burton ([3]), il faut, pour arriver à ce résultat, employer une solution d'ammoniaque à **1** pour 120 d'eau ; les détails viennent beaucoup mieux.

([1]) *Brit. Journ. of Phot.*, 1881, p. 168. *Phot. Wochenblatt*, 1881, p. 128.
([2]) *Brit. Journ. of Phot.*, 1881, p. 250. *Phot. Wochenblatt*, 1881, p. 181.
([3]) *Brit. Journ. of Phot.*, 1881, p. 357. *Phot. Wochenblatt*, 1881, p. 242.

« Mais il faut être sûr que les plaques manquent d'exposition; sans cela, il se produit un voile qui est sans remède (¹).

« Si, par l'emploi d'un révélateur faible au pyro, il ne vient pas suffisamment de détails, on peut alors laver soigneusement la plaque, puis la traiter à l'oxalate ferreux; on obtient très souvent ainsi d'excellents clichés (²).

« Voici, pour les commençants, quelques données sur la façon dont agissent les divers constituants du révélateur.

« En augmentant la proportion d'ammoniaque, le développement est plus rapide et la sensibilité est légèrement augmentée (³); mais, d'autre part, le voile se produit plus facilement.

« En augmentant la proportion de bromure, les oppositions de lumières et d'ombres deviennent plus violentes; en diminuant, le bromure obtient plus de douceur et, souvent, de faiblesse. La variation des proportions d'acide pyrogallique n'a pas beaucoup d'influence, et l'on peut, d'après ce que

---

(¹) EDGEWORTH, *Philadelphia Photographer*, 1881, p. 242.
(²) *Phot. Mitt.*, 1880, vol. XVI, p. 271, tiré du *Phot. News*.
(³) Il peut sembler assez extraordinaire que l'addition d'ammoniaque puisse augmenter, après l'exposition, la sensibilité d'une plaque. Mais nous prions le lecteur de bien vouloir comprendre exactement ce que le Dʳ Eder, dans son texte allemand, entend par augmenter la sensibilité dans ce cas particulier. Il a voulu tout simplement dire que, en se servant d'une quantité plus forte d'ammoniaque dans le révélateur, on peut donner une pose moindre à la plaque.

nous avons dit plus haut, en prendre 1^{cc} et 2^{cc} de plus qu'il n'est nécessaire, sans que le résultat final en soit sensiblement modifié; outre cela, le pyro augmente l'intensité.

« En ce qui concerne le caractère de l'image, on connaît moins l'influence de l'état de concentration plus ou moins grand du révélateur (à condition toutefois de conserver les proportions relatives de ses constituants).

« Le Dr Heid a fait une série d'expériences très intéressantes sur le développement des plaques à la gélatine; il a bien voulu en faire part à l'auteur. Il en résulterait que, si l'on suit la marche que nous avons donnée, on peut obtenir, dans les négatifs, tous les degrés de contraste entre les lumières et les ombres, depuis la plus grande douceur jusqu'à la plus grande dureté, si l'on se sert d'un révélateur plus ou moins dilué. Plus le révélateur est étendu d'eau, plus les négatifs sont faibles et peu corsés.

« Pour compléter ces explications, nous pouvons encore citer quelques expériences de Swan sur le développement à l'acide pyrogallique ([1]). Il a donné à six plaques la même pose et les a développées de manières différentes. Pour trois plaques, il a pris de l'acide pyrogallique sous forme de solutions plus ou moins diluées : $\frac{1}{120}$ et $\frac{1}{480}$. Il

---

([1]) *Phot. Mitth.*, 1880, vol. XVI, p. 271, tiré du *Phot. News.*

a ajouté, à chacune de ces solutions, un volume égal de bromure et d'ammoniaque (2 de bromure de potassium, 3 d'ammoniaque et 240 d'eau).

« La solution pyrogallique la plus faible donna une image faible, la solution la plus concentrée une image vigoureuse, la solution de force moyenne une image qui tenait le milieu entre les deux extrêmes; en prolongeant le développement dans la solution faible, les plaques prenaient le caractère de celles développées dans la solution concentrée.

« Dans une seconde série de plaques, la solution d'acide pyrogallique employée était toujours de la même concentration; on varia la concentration de la solution de bromure et d'ammoniaque. Une forte proportion de bromure donnait des images pures et peu intenses. Swan a prouvé que l'on peut corriger la pose, en déterminant exactement la proportion de bromure et d'ammoniaque. Pour cela, il a donné le temps de pose exact à une plaque et l'a développée avec son révélateur ordinaire (volumes égaux d'une solution d'acide pyrogallique ($\frac{1}{240}$ d'eau) et d'une solution de bromure et d'ammoniaque (*voir* plus haut). Il donna ensuite à une plaque la moitié de la pose exacte; elle se développa très bien en doublant la proportion d'ammoniaque et de bromure.

« Pour terminer, il donna trois fois la pose nécessaire, et développa la plaque avec son révélateur (*voir* plus haut) en ajoutant une petite quantité d'une solution pure de bromure d'ammonium. On aurait atteint le même but en diluant le révélateur au moyen de l'eau.

« *Révélateur à l'acide pyrogallique, avec addition de sulfite sodique ou d'acide salicylique.* — Lorsqu'on ajoute au révélateur pyrogallique du sulfite sodique ou de l'acide salicylique, les négatifs prennent le caractère des plaques au collodion humide. L'auteur recommande spécialement l'addition de sulfite sodique (autrement dit, révélateur au pyro et au sulfite).

« Berkeley a, le premier (¹), recommandé l'addition de sulfite sodique neutre, pour donner de la stabilité à la solution pyrogallique, qui, grâce à cela, se conserve pendant plusieurs mois sans se colorer, ou, tout au moins, ne devient que légèrement jaunâtre; si on la mélange même avec de l'ammoniaque ou d'autres substances à réactions alcalines, elle reste limpide pendant beaucoup plus longtemps. D'après le capitaine Toth et le lieutenant Hübel (²), il n'y a pas de différence, au point de vue de l'action révélatrice, entre un développement alcalin à l'acide pyrogallique, et un développement alcalin additionné de sulfite sodique. Cependant ce dernier agit plus lentement et le

---

(¹) *Phot. News*, 1882, p. 41, *Phot. Corresp.*, 1882, p. 42.
(²) *Phot. Corresp.*, 1882, p. 55.

développement dure plus longtemps, à cause de la production de sel citrique qui a une action retardatrice.

« Par l'addition de sulfite sodique au révélateur, les négatifs n'ont jamais ce que l'on a appelé le voile jaune; en prolongeant le développement, on peut même obtenir une intensité plus grande qu'avec le révélateur ordinaire. L'auteur en a obtenu les meilleurs résultats, mais il recommande de ne pas conserver trop longtemps la solution de pyro, parce que, dans ce cas, les négatifs n'ont plus autant de brillant que s'ils avaient été développés au moyen d'une solution fraîche.

« Pour préparer le révélateur au *pyrosulfite* ([1]), on dissout dans 100^{cc} d'eau 25^{gr} de sulfite sodique ([2]), 1^{gr},5 (et d'après Berkeley, 0^{gr},5 seulement) d'acide citrique pour neutraliser l'alcali libre ([3]). On peut

---

([1]) Cette formule a été donnée par Reimann (*Phot. Wochenbl.*, 1882, p. 133, tirée du *Br. Journ. of Phot.*, 1882, p. 212 et 213). Berkeley employait une quantité deux fois aussi forte de sulfite sodique, mais cette quantité ne se dissout pas dans la proportion d'eau donnée. Brooks, au contraire, diminuait cette proportion : pour 2 parties de pyro, 8 parties de sulfite sodique et 1 partie d'acide citrique (*Phot. News*, 1882, p. 327). Lorsqu'on supprime l'acide citrique, la solution se décompose après quelques jours.

([2]) Ce sel doit être pur ; on le produit actuellement dans d'excellentes conditions à la fabrique spéciale de produits photographiques du Dr Schuchard, à Görlitz.

([3]) La neutralisation est complète lorsque le papier de tournesol bleu vire au violet. Il est difficile de constater le passage de la réaction alcaline à la réaction acide, parce que le sulfite sodique neutre et pur a une réaction légèrement alcaline, et que ce sel acide a une réaction faiblement acide.

activer la dissolution au moyen de la chaleur, mais il faut que le liquide soit froid, lorsqu'on mélange l'acide pyrogallique. On ajoute 12^{gr} d'acide pyrogallique.

« Cette solution contient à peu près $\frac{1}{10}$ de ce dernier ; elle se conserve bien, et s'emploie de la manière qui a été indiquée plus haut pour d'autres solutions à 2 pour 100. Outre cela, Reimann ajoutait encore du sulfite sodique à la solution de bromure et d'ammoniaque, de telle sorte que tout le révélateur en était saturé. Mais cela n'est pas nécessaire. Avec le révélateur au pyrosulfite, on peut développer sucessivement plusieurs plaques, dans la même solution. L'acide salicylique permet à la solution d'acide pyrogallique de se conserver plus longtemps ; il suffit même d'une addition de $\frac{1}{1000}$ d'après Samman ([1]).

« Vincent a remarqué que, même après plusieurs années, il n'y a pas eu de trace de décomposition dans une solution composée de 1^{gr} d'acide salicylique, 10^{gr} d'acide pyrogallique et 1^{lit} d'eau ([2]). Les négatifs développés avec cette solution étaient brillants et totalement exempts du voile jaune. Schumann ([3]) a confirmé le fait et fait ressortir que les ombres étaient claires et que la sensibilité

([1]) *Phot. Archiv.*, 1878, p. 79.

([2]) *Phot. Archiv.*, 1881, p. 137. L'acide salicylique doit être dissous dans l'eau par la chaleur ; après refroidissement, on ajoute l'acide pyrogallique.

([3]) *Phot. Archiv.*, 1881, p. 15.

n'avait pas diminué (^{1}); le révélateur devient brun beaucoup plus lentement que dans le cas du révélateur ordinaire. Le thymol n'a pas une action aussi efficace.

« On a recommandé, pour le révélateur additionné d'acide salicylique, la formule suivante (^{2}) :

Acide pyrogallique.	2^{gr}
Acide salicylique.	0,3
Glycérine	9
Eau.	300^{cc}

Pour l'emploi, on ajoute la proportion convenable de bromure de potassium et d'ammoniaque (*voir* plus haut) (^{3}).

« *Révélateur à l'acide pyrogallique avec addition de soude ou de carbonate d'ammoniaque.* — On peut, au lieu d'ammoniaque, dans le révélateur à l'acide pyrogallique, se servir d'autres alcalis ou de leurs carbonates. Nous pouvons citer spécialement le carbonate d'ammoniaque (employé par Russel en 1864 pour les plaques au collodion sec) et le carbonate de soude, dont on s'est servi pour l'émulsion au collodion d'abord, et ensuite pour les

---

(^{1}) Voir la Note des traducteurs (voir § B, même Chapitre.)
(^{2}) *Moniteur de la Phot.*, 1881, p. 46.
(^{3}) Stolze se sert avec succès d'acide salicylique et de sulfite sodique dans le révélateur. Il prend : A — 300 p. d'eau, 50 p. d'alcool, 10 p. d'acide salicylique, 30 p. d'acide pyrogallique, 230 p. d'une solution saturée de sulfite sodique, 120 p. d'ammoniaque ($d = 0,925$), 30 à 60 parties de bromure de potassium. Pour l'emploi on ajoute à 250^{cc} d'eau, 5^{cc} de A, et 5^{cc} de la solution B (*Phot. Wochenbl.*, 1882, p. 226).

plaques à la gélatine. Malheureusement, le carbonate ammonique est instable; à l'air, il perd de son ammoniaque, se délite et alors son action devient moins énergique. Le carbonate ammonique d'apparence vitreuse est donc le meilleur.

« Le carbonate sodique est stable, et l'auteur s'en est servi dans une formule (principalement pour l'émulsion au collodion) ([1]).

« La soude a une action moins énergique que celle de l'ammoniaque. D'après Brooks, il faut prendre 30^{cc} de solution saturée de soude pour obtenir le même effet qu'avec 20 gouttes d'ammoniaque concentrée ([2]).

« Le révélateur à la soude fait apparaître l'image plus lentement que le révélateur à l'ammoniaque; il donne moins facilement le voile, produit de plus grands contrastes et est tout à fait dépourvu d'odeur. Mais il a une action plus énergique sur la gélatine; avec des plaques mal préparées, il se produit des ampoules et la couche se détache. La formule la plus simple ([3]) consiste à dissoudre 1 partie de soude cristallisée dans 10 parties d'eau, et d'employer cette solution, à la place de l'eau, dans le révélateur; il faut naturellement supprimer l'addition d'ammoniaque. Ou bien on

---

([1]) *Phot. Corresp.*, 1879, p. 245.
([2]) *Phot. News*, 1882, p. 327.
([3]) Recommandé par Storr (*Brit. Journ. Almanach*, 1879, p 65) et ensuite par Ajax (*Brit. Journ. Almanach*, 1881, p. 84).

ajoute 20 à 30^{cc} de solution saturée de soude à 100^{cc} d'eau, puis on additionne l'acide pyrogallique et le bromure de potassium dans les proportions données plus haut (§ A de ce Chapitre).

« Vogel donne, avec son émulsion, un révélateur à la soude (*voir* plus loin).

Riemann ([1]) ainsi que Brown ont également recommandé le révélateur à la soude ([2]).

« Lair de la Molte ([3]) et Chardon ont préconisé l'emploi du carbonate ammonique. Chardon a prétendu qu'avec le carbonate ammonique, l'image était beaucoup plus dans l'intérieur de la couche, comme dans le procédé au collodion sec, et qu'on court moins de danger de voile ([4]). Il se sert d'un mélange de : 50^{cc} de solution de carbonate ammonique ($\frac{1}{20}$), 50^{cc} d'eau, 4^{cc} à 5^{cc} d'une solution d'acide pyrogallique ($\frac{1}{10}$), et une proportion convenable de bromure de potassium (comparez § A du présent Chapitre'.

« *Addition de diverses substances au révélateur à l'acide pyrogallique.* — De même que dans les procédés au collodion sec, au collodion humide et

---

([1]) *Phot. News*, 1882, p. 239.

([2]) *Phot. News*, 1882, p. 239. La formule qu'il recommande est : 240^{cc} de solution saturée de soude, 240^{cc} d'eau, 1^{gr} acide pyrogallique, 8^{cc} de bromure de potassium ($\frac{1}{8}$). Développés au moyen de cette formule, les négatifs ont une coloration olive et sont très denses. Cependant beaucoup de plaques avaient une tendance au *frilling* dans ce révélateur.

([3]) *Phot. Corresp*, 1879, p. 114.

([4]) *Phot. Wochenbl.*, 1882, p. 7.

dans la Talbotypie, on a recommandé d'ajouter au révélateur alcalin du sucre, de la glycérine, de la gélatine et d'autres substances, qui ont pour but de retarder l'action du révélateur, sans pour cela diminuer la sensibilité, tout en conservant aux plaques la clarté et en leur donnant plus de brillant.

« Dans le révélateur pyrogallique, ces additions ont plus d'importance que dans le cas de l'oxalate ferreux, quoique cependant on ne doive pas leur attribuer l'importance que quelques-uns semblent y attacher. Belitzki a prouvé qu'on peut sans risque aucun se passer de ces additions.

« Parmi les révélateurs qui comptent le plus grand nombre de partisans, nous pouvons citer ceux à la glycérine ou au sucre.

« Le révélateur à la glycérine d'Edwards [1] se composait primitivement de

Acide pyrogallique	30^{gr}
Glycérine	30
Alcool	190^{cc}
Bromure de potassium	4^{gr}
Ammoniaque ($d = 0,88$)	30
Glycérine	30
Eau	190^{cc}

« Pour préparer le révélateur, on prend 1 partie de a, 15 parties d'eau, et l'on nomme cette solution D (développateur). D'autre part, 1 partie de b pour

---

[1] *Phot. News*, 1880, p. 88. — *Phot. Corresp.*, 1880, p. 88.

15 parties d'eau composent la solution A (accélérateur). Les solutions diluées se conservent pendant 2 à 3 jours et doivent être mélangées, par parties égales, au moment même de se servir du révélateur.

« Dans la première édition de cet Ouvrage, l'auteur a signalé une légère modification au révélateur à la glycérine, qui convient particulièrement à l'émulsion au gélatinobromure préparée avec le nitrate d'argent ammoniacal. Elle est d'un excellent usage pour le portrait ainsi que l'a démontré la pratique :

A. *Solution pyrogallique.*

Acide pyrogallique	1	partie
Glycérine	1	»
Alcool	6	»

B. *Solution ammoniacale.*

Bromure de potassium	1	partie
Glycérine	8	»
Ammoniaque ($d = 0,88$)	8	»
Eau	50	»

« Ces deux solutions concentrées se conservent pendant fort longtemps. Pour développer, on verse dans la cuvette 30^{cc} d'eau, on ajoute 1^{cc} de solution pyrogallique et $\frac{1}{2}$ à 4^{cc} de la solution ammoniacale, ou bien, ce qui revient au même, de 10 à 80 gouttes il y a environ 20 gouttes pour 1^{cc}).

« Si la pose a été exacte, l'image se développera en quelques secondes et le développement sera complet au bout de 1 minute. Il ne faut pas précipiter le développement; il faut laisser la plaque dans le révélateur jusqu'à ce que tous les détails aient apparu et que l'on ait atteint l'intensité nécessaire. Pour des plaques qui ont eu trop peu de pose, on emploie plus de solution ammoniacale. Si, par suite de surexposition, l'image apparaît tout d'un coup, il faudra immédiatement rejeter le développateur, rincer au moyen de l'eau, et recouvrir la plaque d'une solution très diluée d'acide pyrogallique, qui suffira à développer, parce qu'il restera toujours assez d'ammoniaque.

« Henderson d'abord (¹), Fry (²) et Newton (³) ont préconisé l'addition de ferrocyanure jaune potassique, dans le but de produire une image brillante et sans voile. Ce développement ne semble plus jouir d'une grande faveur, parce qu'il n'agit pas toujours de la même façon suivant les plaques dont

---

(¹) *Brit. Journ. of Phot.*, 1879, p. 31. — *Phot. Corresp.* 1879, p. 252.

(²) Fry a donné la formule suivante : 2 onces (62,207^{gr}) d'une solution saturée de prussiate jaune, 2 onces (62,207^{gr}) d'eau ordinaire, et 8 grains (0,5184^{gr}) d'acide pyrogallique (on dissout 1 once d'acide pyrogallique dans 2 onces d'alcool et l'on prend 6 gouttes pour avoir 1 grain d'acide pyrogallique. Immédiatement avant l'emploi, on ajoute 2 gouttes d'ammoniaque pour chaque once (la couleur foncée du liquide est sans importance). On mouille la plaque sous le robinet de lavage et on la plonge dans la solution ci-dessus. La quantité indiquée plus haut suffit pour développer un quart de plaque; pour les dimensions supérieures, il faut observer les mêmes proportions en augmentant la quantité du liquide (*Phot. News*, 1876, p. 395; *Phot. Corresp.*, 1879, p. 253).

(³) H. W. VOGEL, *Phot. Mittheil.*, 1880, vol. XVII, p. 79.

on se sert et que même, avec certaines plaques, il donne du voile (¹).

« On a recommandé également l'emploi du sucre de raisin (²), de la gélatine et de la collocine (³), de la bière (⁴), du blanc d'œuf (⁵). Le tannin et l'acide gallique dans le révélateur au pyro agissent comme retardateurs (⁶). Le révélateur alcalin à l'acide gallique (⁷) est de beaucoup moins énergique que celui au pyro.

« Spiller a recommandé d'ajouter de l'alun et de l'acide citrique, qu'on neutralise au moyen de

---

(¹) Newton se servait d'un mélange de ferrocyanure potassique, de bromure sodique et de pyro (*Philadelphia Phot.*, 1881, p. 47).

(²) Employé pour l'émulsion au collodion par Chardon et Stebbing; et pour l'émulsion à la gélatine, par exemple, par Rauch (*Yearbook of Phot.*, 1881, p. 98). — En 1872 et 1873 déjà, Wortley recommandait la collocine (préparée comme il est dit au Chapitre XLVII, § E) pour les plaques au collodion sec, développées à l'alcalin. Mansfield l'a préconisée pour les plaques au gélatinobromure, et il préparait la collocine en traitant la gélatine par de la potasse ou de la soude caustiques (*Brit. Journ.*, 1881, p. 79).

(³) Kennett (*Phot. Archiv.*, 1876, p. 138).

(⁴) Lair de la Molte (*Phot. Corresp.*, 1879, p. 111). Selon Bascher (*Brit. Journ. of Phot.*, 1880, p. 493), il suffit d'employer un quart à un demi-volume de bière, comme retardateur.

(⁵) Brooks, pour obtenir plus d'intensité et de pureté, a recommandé l'addition de blanc d'œuf. Voici sa formule : A) 28 parties pyro, 28 parties glycérine, 268 parties alcool ; B) 56 parties d'une solution de blanc d'œuf (224^{cc} blanc d'œuf, 28^{cc} d'eau, 28 gouttes acide acétique cristallisable), 28 parties d'ammoniaque, 3 1/2 parties de bromure potassique. Pour développer, on mélange : 1,6 à 3,5^{cc} de la solution de pyro (A), 30^{cc} d'eau et 5 gouttes du mélange ammoniacal dans 60^{cc} d'eau (*Brit. Journ. Almanach*, 1881, p. 231).

(⁶) Wortley (*Brit. Journ. Almanach*), 1874, p. 97, et *Phot. News*, 1879, p. 391.

(⁷) Il a été recommandé, il y a assez longtemps, par Carey Lea (*Phot. Archiv.*, 1878, p. 167), mais il ne convient pas pour cet emploi.

l'ammoniaque. L'alun agit contre le *frilling* (¹).

« D'après Davis (²), l'addition de phosphate sodique permet d'obtenir plus d'intensité et plus de brillant. Lorsqu'avant le développement, on plonge les plaques au gélatinobromure dans une solution de phosphate sodique ($\frac{1}{20}$), elles se développent avec plus de pureté, mais il faut employer un révélateur au pyro deux fois plus énergique.

« Le citrate potassique et le citrate ammonique sont des retardateurs énergiques (³).

« Les hypophosphites en combinaison avec le révélateur ont une action très énergique sur le gélatinobromure (⁴); par contre, ils agissent beaucoup plus lentement sur les plaques au collodion (⁵), lorsqu'ils sont ajoutés au révélateur à l'hydrosulfite.

« L'hyposulfite sodique n'a pas dans le révélateur alcalin la même influence que dans l'oxalate ferreux. Davanne a trouvé que l'hyposulfite sodique n'a aucune action, à condition qu'il ne se trouve pas en quantité suffisante pour dissoudre le bro-

---

(¹) Spiller prenait 10 parties alun, 2 1/2 parties acide citrique, 5 parties ammoniaque très concentrée et 160 parties d'eau; pour chaque partie de pyro, on ajoute 20 parties de cette solution au révélateur (*Phot. Mitth.*, 1881, vol. XVIII, p. 155, tiré des *Phot. News*).

(²) Davis, *Phot. News*, 1882, p. 142 et 181.

(³) Cowan, *Phot. News*, 1882, p. 415 et 431. — *Phot. Wochenbl.*, 1882, p. 248.

(⁴) Abney, *Phot. News*, 1882, p. 142.

(⁵) Berkeley, *Phot. News*, 1882, p. 142.

mure d'argent; d'après cet auteur, il donne aux négatifs une teinte d'un brun chaud (¹). D'après Schumann (²), une addition d'hyposulfite sodique au révélateur au pyro ne retarde nullement le développement et semble donner un peu plus de densité aux négatifs ainsi qu'une teinte d'autant plus jaunâtre que le révélateur contient moins de pyro. Il prétend que les plaques d'aspect jaunâtre et qui, par transparence, sont d'un brun rougeâtre, conviennent mieux pour les diapositives que celles développées à l'oxalate ferreux. L'addition d'hyposulfite était de $2\frac{1}{2}^{cc}$ ($\frac{1}{5}$) par 11 à 26^{cc} du révélateur.

« Si l'on ajoute quelques gouttes de cyanure d'argent dissous dans le cyanure de potassium, d'après Schlegel, les négatifs à la gélatine doivent avoir le caractère des négatifs au collodion et donner des épreuves plus brillantes (³). L'hydrosulfite sodique (⁴) a été recommandé pour la première fois par Samman (⁵), pour les plaques au collodion ou à la gélatine, et plus tard par Berkeley (⁶) et Bascher (⁷), parce que les négatifs ont le caractère

---

(¹) *Phot. Mitth.*, 1880, vol. XVII, p. 46.
(²) *Phot. Arch.*, 1881, p. 166.
(³) *Phot. Arch.*, 1882, p. 130. — D'après Abney, une solution de chlorure d'argent dans l'ammoniaque agit de la même façon (*Phot. News*, 1882, p. 558).
(⁴) On l'obtient par l'action du zinc sur le sulfite acide de sodium.
(⁵) *Phot. Corresp.* 1877, p. 221. — *Brit. Journ. of Phot.*, 1877, p. 17.
(⁶) *Yearbook of Phot.*, 1881, p. 125.
(⁷) *British Journ. of Phot.*, 1880, p. 495.

de ceux obtenus au collodion humide. Berkeley l'abandonna pour recommander le sulfite neutre sodique (*voir* § D du même Chapitre).

« Il est un fait moins connu, c'est que la solution concentrée d'hydrosulfite sodique possède également la propriété de développer sans aucune addition de pyro. Les négatifs sont très doux et très détaillés; la couleur en est grise (mais d'un gris moins bleu que celle des négatifs développés à l'oxalate). En se servant d'une solution fraîchement préparée, le capitaine Pizzighelli et l'auteur ont dû donner deux fois plus de pose, et, avec une solution déjà vieille, trois fois plus de pose qu'avec l'oxalate ferreux. La solution se décompose très facilement et a une odeur piquante très désagréable d'acide sulfureux. »

Fixage et lavage. — L'importante question du fixage et surtout du lavage est traitée à fond dans le remarquable ouvrage de M. le Dr Eder. Voici ce qu'il dit à cet égard :

« Avant d'être fixées, les plaques doivent être soigneusement lavées. Cette opération est nécessaire surtout après le développement à l'oxalate ferreux; sans cela, les grands formats de négatifs donnent, dans l'hyposulfite sodique, un dépôt jaunâtre de sels ferreux assez intense pour colorer en jaune les négatifs.

« Après le développement pyrogallique, il n'est pas aussi nécessaire de laver bien soigneusement les plaques, et, même parmi les photographes anglais, il en est qui ne lavent pas du tout, sans qu'ils aient eu de désagréments; certains vont jusqu'à prétendre qu'en ne lavant pas, les plaques sont plus brillantes.

« Le fixage des plaques s'opère dans une solution d'hyposulfite sodique. Il ne faut pas qu'elle soit trop concentrée; on dissout généralement 1 partie d'hyposulfite dans 5 à 8 parties d'eau. Les solutions trop concentrées attaquent la couche et, en été, il se produit des ampoules. D'ailleurs les solutions concentrées dissolvent plus lentement le bromure d'argent, ainsi que l'ont indiqué Haak, Burgess et même Monckhoven; ce dernier prétendait qu'une solution à 5 pour 100 ($\frac{1}{20}$) fixe encore très bien des plaques au gélatinobromure.

« Les plaques au gélatino-iodo-bromure se fixent beaucoup plus lentement, surtout si l'hyposulfite est très dilué; de même pour les plaques préparées avec une gélatine dure.

« Les plaques à l'iodobromure contenant même 10 pour 100 d'iodure d'argent se fixent rapidement dans un bain d'hyposulfite à $\frac{1}{2}$ ou $\frac{1}{4}$.

« Le fixage ne s'opère pas aussi rapidement que pour les plaques au collodion humide. La solution se colore très facilement en jaune, par suite des traces d'oxalate ferreux qui restent dans la couche. Cette coloration se communique à la couche de gélatine.

« Il faut donc avoir à sa disposition une grande quantité de solution d'hyposulfite ([1]), afin de pouvoir renouveler le bain de fixage aussitôt qu'on y aperçoit une coloration.

« Par une action très prolongée, les solutions fraîches d'hyposulfite enlèvent les détails les plus délicats des plaques à la gélatine. Les solutions concentrées ($\frac{1}{5}$) ont une action plus marquée que les solutions plus faibles ($\frac{1}{10}$ à $\frac{1}{20}$); il est vrai que cette action ne se produit qu'au bout de quelques heures. Les solutions dans lesquelles on a déjà fixé plusieurs négatifs offrent cet inconvénient à un degré beaucoup moindre. En abandonnant pendant 24 heures les négatifs dans le bain fixateur, on n'aperçoit plus qu'une image d'un jaune pâle, n'offrant plus qu'un reflet du négatif primitif; ceci est le cas tout aussi bien, que l'on ait développé à l'oxalate ferreux ou bien à l'acide pyrogallique.

« Lorsque, par le lavage, on élimine soigneusement le révélateur, on peut fixer les plaques à la lumière du jour, sans que l'on ait à craindre une action ultérieure de la lumière; les ombres restent parfaitement pures. Mais si l'on n'enlève qu'imparfaitement le révélateur, les plaques, après

---

([1]) On peut recommander à l'opérateur d'avoir une provision toujours prête d'hyposulfite sodique en solution saturée à froid; pour l'emploi, on l'étend de 2 à 3 fois son volume d'eau fraîche. En été surtout, il est bon que le bain de fixage soit froid, parce qu'il a moins d'action sur la couche de gélatine.

très peu de temps (10 secondes seulement) à la lumière du jour, peuvent se colorer légèrement en jaune.

« Dans tous les cas, il est préférable de ne pas fixer en pleine lumière; il vaut mieux que cette opération se fasse dans le laboratoire obscur, parce que, par le fixage à la lumière, il se forme très facilement du voile, qui cependant est rarement assez fort pour avoir une action nuisible. Lorsqu'après développement et lavage, on expose une plaque au soleil, elle fonce rapidement en couleur, surtout s'il existe encore une trace de révélateur.

« Bien que cette coloration très faible semble disparaître entièrement au fixage, et qu'on ne puisse l'apercevoir par transparence, la qualité des négatifs faibles en souffre quand même.

« On donne aux plaques développées à l'acide pyrogallique un aspect semblable à celui des plaques au collodion humide par l'addition au bain de fixage d'une petite quantité de sulfate de fer ammoniacal.

« On a souvent recommandé d'ajouter de l'alun au bain de fixage pour rendre la couche plus dure et l'empêcher de se détacher. Mais l'alun décompose l'hyposulfite sodique, qui devient laiteux, en abandonnant du soufre; l'auteur ne peut recommander cette addition.

« Le sulfocyanure d'ammonium, ainsi que Brooks

l'a fait remarquer, peut servir de fixateur; Fabre en a recommandé l'emploi. Une solution trop concentrée provoque le détachement de la couche.

« Il est dangereux de se servir de cyanure de potassium pour fixer, parce qu'il attaque la couche de l'image. On ne pourrait employer que des solutions très étendues de cyanure de potassium pur, et encore, cela n'est pas à conseiller.

« Certains opérateurs emploient le bain d'alun ou d'alun de chrome avant le fixage, lorsque la couche a une tendance à se détacher. Ce bain a la même composition que celui dont on se sert après le fixage.

« *Lavage au moyen de l'eau des plaques fixées.* — Les plaques au gélatinobromure doivent être soigneusement lavées après le fixage. Depuis longtemps déjà, on sait que les plaques à la gélatine nécessitent un lavage plus prolongé que celles au collodion humide. Il ne suffit pas de les rincer simplement en les tenant quelque temps sous le jet d'eau provenant d'une pomme d'arrosoir : l'hyposulfite sodique resterait dans la gélatine et cela donnerait lieu à toutes espèces d'accidents (*voir* Chap. LIX). Les plaques doivent non seulement être bien lavées, mais encore plongées pendant dix à vingt minutes dans une cuvette contenant de l'eau pure, puis lavées à nouveau. On peut, pour cela, se servir de cuvettes en porcelaine ou en fer-blanc contenant de l'eau de pompe.

CHAPITRE HUITIÈME. 277

« Lorsqu'on a à laver un grand nombre de plaques après le fixage, les cuvettes à laver horizontales seraient trop nombreuses et prendraient trop de place. Pour répondre à ce but spécial, on se sert de petites caisses en fer-blanc à rainures dans lesquelles les plaques sont placées verticalement les unes à côté des autres ; on renouvelle l'eau fréquemment, ou bien on fait passer un courant d'eau.

« La *fig.* 64 représente un bac à laver, muni de

Fig. 64.

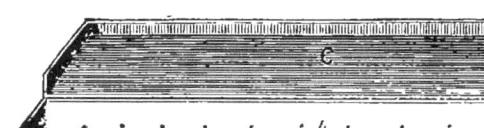

A. Baguettes en fer-blanc horizontales contre lesquelles on pose les plaques. — B. Petites baguettes du fond ayant 1 centimètre de hauteur. — C. Couvercle à rebord. — D. Robinet pour le renouvellement de l'eau.

baguettes horizontales AB contre lesquelles posent les plaques.

« Les baguettes horizontales doivent être fixées dans le bac à une hauteur qui permette de placer des plaques de trois grandeurs différentes. Nous donnons plus loin plusieurs appareils du même genre. La *fig.* 65 montre un appareil à laver construit en bois. L'intérieur est verni à la gomme

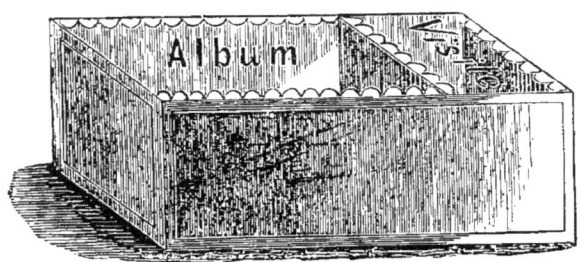

Fig. 65.

laque. Un compartiment sert pour les plaques formant carte de visite, et un autre pour les plaques carte-album.

« Dans l'appareil représenté *fig.* 66, les plaques d

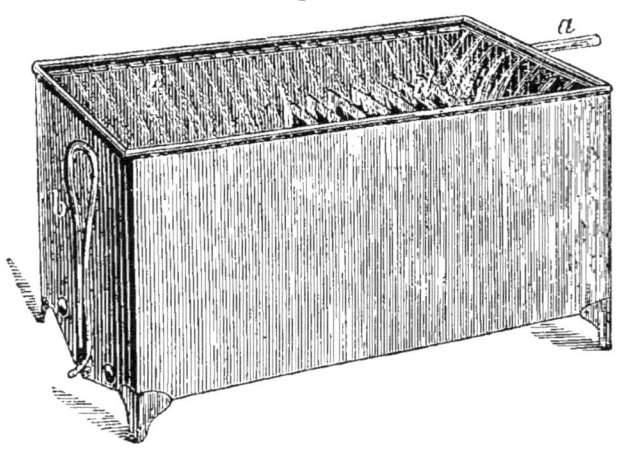

Fig. 66.

sont placées dans les rainures en plomb e d'un bac

en zinc. L'eau s'introduit en *a* dans un tuyau circulaire percé de petits trous, par lesquels elle s'échappe sous forme de petits jets qui viennent arroser les plaques. Lorsque le bac est rempli d'eau, le siphon *b* s'amorce et l'eau s'écoule, jusqu'à ce que le bac soit entièrement vide; après cela, on renouvelle l'eau.

« Stebbing a proposé un autre appareil à lavage *fig*. 67).

« Le bac *B* est construit en bois, en ardoise ou

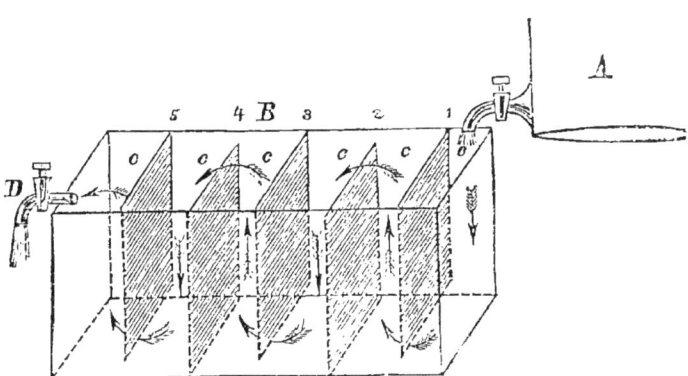

Fig 67

toute autre matière; il est divisé en six compartiments *cc* au moyen des séparations 1 à 5. L'eau arrive en A, passe dans les compartiments suivant la direction des flèches et s'écoule en D.

« Par conséquent, si l'on met dans cet appareil les plaques que l'on veut laver, l'eau se renouvelle complètement en 1, et s'écoule, chargée de sels, en 5. Du moment que la plaque 1 est lavée, on l'enlève et on met à sa place celle du compartiment 2, en faisant avancer chaque plaque d'un compartiment; les plaques venant du fixage sont placées en 5.

« *Élimination des dernières traces d'hyposulfite.* — Il est très difficile d'éliminer complètement les dernières traces d'hyposulfite par le lavage au moyen de l'eau; cette opération demande beaucoup de temps. C'est pourquoi l'on a recommandé des moyens chimiques.

« Un bain d'alun réussit très bien. On commence par laver soigneusement les plaques fixées, puis on les laisse tremper pendant quelques minutes dans des cuvettes remplies d'eau. On les plonge ensuite dans une solution d'alun à 3 à 5 pour 100, ou bien une solution saturée à froid, c'est-à-dire à 10 pour 100 environ. On les y laisse 5 à 10 minutes. Pour finir, on lave soigneusement.

« Le bain d'alun a pour but : 1° d'éliminer l'hyposulfite ; 2° de durcir ou tanner la couche ; 3° de faire disparaître le voile jaune qui se produit dans le développement à l'acide pyrogallique, s'il a été mal conduit. Pour ces raisons, l'auteur préfère le bain d'alun à tous les autres moyens préconisés. Vidal a recommandé l'alun de chrome en solution à 3 pour 100 qui a même effet que l'alun ordinaire.

« Pour éliminer l'hyposulfite, on peut également se servir d'eau de Javelle (hypochlorite de potasse).

Stolze plonge le négatif dans une solution d'eau de Javelle très diluée (30 parties d'eau de Javelle pour 2000 d'eau). On s'aperçoit facilement, à l'odeur, si la solution contient encore assez d'eau de Javelle; aussitôt que l'odeur semble moins forte, on rajoute un peu d'hypochlorite.

« Haugk, pour enlever l'hyposulfite, laisse pendant 10 minutes la plaque fixée dans une cuvette contenant une solution diluée de nitrate de plomb. Pour 300^{cc} d'eau, il ajoute 5 à 6 gouttes d'une solution saturée de nitrate de plomb. Ensuite, il lave soigneusement la plaque en la laissant séjourner dans de l'eau pure pendant 1 heure. Jastrzembski versait à la surface de la plaque pendant $\frac{1}{2}$ à 1 minute, de l'acide nitrique très dilué (quelques gouttes par 100^{cc}).

« Si les négatifs sont trop faibles, on a recours au renforcement, ce qui corrige ce défaut.

« Il faut, au préalable, bien examiner le négatif et se rendre compte de ce qui suit : I. Si la plaque est en général trop peu intense, et, si, par conséquent, elle doit être renforcée uniformément. II. Si la plaque est faible, c'est-à-dire si, par le renforcement, on veut augmenter les contrastes.

« La méthode de renforcement la plus certaine et la plus facile à pratiquer, pour les commençants, est celle dite au bichlorure de mercure et à l'ammoniaque.

Il est rare qu'on renforce un négatif avant le

fixage, parce que, dans cet état, il est difficile de juger du degré de renforcement que l'on doit atteindre. Ce n'est que par une longue expérience que l'on arrive à déterminer l'intensité d'un négatif avant fixage, et qu'on peut renforcer sans avoir passé à l'hyposulfite. Mais on ne peut recommander cette méthode que pour le cas où les demi-teintes seraient très faibles et pourraient disparaître dans le fixage. Dans ce cas particulier, le renforcement à l'argent conviendra mieux.

Il faut être très prudent, quoique le négatif ne contienne pas de traces d'hyposulfite. Mais il faut éliminer jusqu'à la dernière trace de révélateur alcalin ou d'oxalate ferreux.

Après le développement pyrogallique, on lavera soigneusement, puis on recouvrira la plaque de la solution d'acide pyrogallique et d'acide citrique; après 30 secondes environ, on ajoutera l'argent, puis on renforcera [1].

En général, il vaut mieux, comme on l'a dit plus haut, ne renforcer qu'après le fixage.

Renforcement au bichlorure de mercure et à l'ammoniaque ainsi qu'à l'iodure de potassium. — I. De toutes les méthodes de renforcement pour les négatifs au gélatinobromure, la plus employée est celle au bichlorure de mercure, ainsi que les variantes de ce procédé.

---

[1] *Phot. Wochenbl.*, 1882, p. 151; *Brit. Journ. of Phot.*, 1881, p. 228.

M. Audra est un amateur de photographie trop distingué pour qu'il soit permis de laisser de côté les indications données par lui dans son intéressante et instructive brochure (¹) ayant pour titre : *le Gélatinobromure d'argent, sa préparation, son emploi, son développement.*

Déjà dans le Chapitre des *Couches sensibles* nous avons eu l'occasion de faire un emprunt à cet excellent travail. Voici maintenant sa formule de développement. Si peu qu'elle diffère des précédentes, car au fond on revient toujours à peu près aux mêmes données, il est intéressant pour le praticien qui tient à bien faire et à bien connaître le pourquoi de ses résultats, de se mettre au courant des divers procédés pratiqués par les plus habiles.

Dans la méthode de révélation où le fer est l'agent réducteur, M. Audra procède ainsi qu'il suit :

« On a préparé d'avance, dit-il, les solutions suivantes :

« 1° Oxalate neutre de potasse à saturation dans de l'eau distillée. Si l'on n'a pas d'eau distillée à sa disposition, on peut employer de l'eau ordinaire, mais dans ce cas il se forme un abondant précipité d'oxalate de chaux qu'on doit laisser déposer ou filtrer avec soin. Il est préférable de faire la dissolution à chaud afin d'être certain d'obtenir la saturation.

« Si l'on opérait à froid, il faudrait laisser pendant plusieurs heures le sel dans l'eau en agitant fréquemment.

« 2° Sulfate de protoxyde de fer pur bien vert et non peroxydé, $0^{gr},30$ pour $0^{gr},100$ d'eau distillée.

« Là, l'eau distillée est indispensable sous peine d'introduire ensuite dans le développateur des traces de chaux qui se précipiteraient à l'état d'oxalate insoluble sur le cliché. Cette solution, qu'il est également plus aisé de faire à chaud, doit être franchement acide et rougir le papier bleu de tournesol; il est utile d'y ajouter environ 1^{gr} d'acide tartrique pour chaque 200^{cc} de solution, soit 1/2 pour 100. Cette addition a pour but de conserver pendant longtemps le sel de fer à l'état de protoxyde, pourvu qu'il demeure exposé à la lumière du jour. Sans cette précaution, la solution se peroxyde rapidement et perd toutes ses propriétés développatrices.

« 3° Bromure d'ammonium ou de potassium, 2^{gr} pour 100 d'eau distillée.

« Les solutions 1 et 2 se conservent indéfiniment. On a également sous la main plusieurs cuvettes propres, un peu plus grandes que les glaces à développer. L'une doit servir au développement, une autre au fixage, et les autres aux lavages. Dans une éprouvette graduée, on verse d'abord 3 parties de la solution d'oxalate de potasse, puis 1 partie de la solution de fer.

« Le mélange devient immédiatement jaune

rouge, mais ne doit pas être troublé lorsqu'il a été remué.

« Il doit aussi rougir le papier de tournesol bleu ; s'il en était autrement, on devrait y ajouter goutte à goutte une solution fraîche à 2 pour 100 d'acide tartrique dans de l'eau distillée, jusqu'à ce que la réaction acide soit accusée. Ce mélange est versé dans la cuvette à développer en quantité suffisante pour recouvrir entièrement la glace à développer ; 90^{cc} de solution n° 1 et 30^{cc} de la solution n° 2, faisant ensemble 120^{cc} de liquide, suffisent pour une cuvette demi-plaque, le double pour une cuvette de dimensions à développer un cliché, 0^m,18 × 0^m,24. Aussitôt après, on retire la glace du châssis négatif et on la plonge sans temps d'arrêt dans la cuvette, en ayant bien soin que toutes ses parties soient immergées. On agite quelques instants et l'on ne tarde pas à voir apparaître d'abord les grandes lumières de l'épreuve si la pose a été convenable. Les demi-teintes suivent de près. Cette apparition a lieu généralement au bout de dix à quinze secondes pour les premières épreuves, c'est-à-dire quand le développateur est fraîchement préparé.

« Si, au contraire, l'image apparaissait tout d'un coup, sans une différence marquée entre les lumières et les ombres, ce serait un signe certain d'une pose exagérée ; il faudrait, sans perdre un instant, retirer la glace du développateur et la plonger dans une cuvette pleine d'eau, pendant qu'on ajouterait à celui-ci 8^{cc} à 10^{cc} de la solution n° 3 de bromure alcalin, puis la glace rincée dans l'eau distillée serait replacée dans la cuvette du développement.

« On peut ainsi sauver un cliché exposé, mais il faut agir sans hésiter et avec le plus de célérité possible, et apprécier à quelle dose le remède doit être employé. En effet, l'addition de bromure a pour but de ralentir considérablement la venue de l'image et de permettre aux lumières de prendre de l'intensité sans que les demi-teintes s'accentuent outre mesure. On comprend donc que le résultat dépend surtout de l'appréciation de la quantité de bromure à ajouter au développateur. L'indication de 8^{cc} à 10^{cc} n'est qu'une moyenne; on pourra rester en dessous de cette quantité ou la dépasser largement suivant qu'il s'agira de corriger un cliché plus ou moins compromis par un excès de pose, mais il est entendu que le mal ne pourra se pallier que dans certaines limites et que si l'excès de pose est très considérable, il y aura peu de chance de réussir en dernière analyse.

« Si, au contraire, la pose paraît avoir été convenable, il est inutile, du moins pour les glaces préparées suivant les formules indiquées dans cette étude, et aussi pour celles de plusieurs fabricants connus, d'avoir recours à l'addition du bromure dans le développateur. Il tendrait à exagérer l'opacité des coins du cliché et ferait venir une épreuve dure, heurtée, avec des contrastes exagérés.

« Le développement se continue pendant quelque temps, une ou deux minutes, souvent plus, rarement moins.

« Il faut, pour qu'il soit complet, que la glace vue par transparence devant la lumière rouge paraisse avoir dépassé de beaucoup le but à atteindre, et que, vue par réflexion dans le liquide, les parties restées blanches au début du développement aient pris une teinte marquée, non point uniforme, mais proportionnelle à l'impression qu'elles ont reçue.

« Aucune partie ne doit conserver l'aspect du blanc pur, si ce n'est la bande de la glace qui a pu être protégée des rayons lumineux par la feuillure du châssis ou par les taquets qui le maintenaient en position. Toutefois, ce moyen d'appréciation du degré de développement ne s'applique qu'aux vues et portraits, et non aux reproductions de traits noirs ou blancs, ceux-ci devant au contraire conserver une pureté immaculée. Si l'on travaillait à des reproductions de cette nature, il serait nécessaire, dès avant le développement, d'ajouter une proportion notable de solution de bromure pour provoquer cette dureté et cette opacité qu'il faut avant tout éviter dans la reproduction des sujets avec demi-teintes.

« Dans le développateur, l'épreuve monte donc progressivement de ton jusqu'à ce qu'elle ait atteint le degré voulu. Il ne faut pas se dissimuler que ce degré est difficile à saisir au début, et il ne faut pas craindre de perdre de nombreuses glaces pour se rendre bien maître de cette partie du développement, aucune indication plus précise ne pouvant être fournie. Ici l'expérience ne peut pas se suppléer, mais on l'acquerra d'autant plus vite qu'on aura porté une attention plus soutenue à ses premiers essais, qu'on aura, en un mot, mieux appliqué son jugement à se rendre compte des différentes phases successives du développement. On obtient aussi des effets différents suivant qu'on agite ou qu'on laisse au repos le développateur pendant le temps que la glace y demeure plongée : on obtiendra un cliché plus doux et plus uniforme en n'agitant pas le liquide ([1]) ; au contraire, en le remuant sans cesse sur la couche sensible, on obtiendra des effets plus violents et des contrastes plus marqués. Ceci s'explique par ce fait que le développateur au repos épuise plus vite son action sur les parties du cliché vivement impressionnées, tandis qu'il est moins appauvri par les demi-teintes sur lesquelles il continue à agir. Au contraire, si l'on mélange constamment le liquide, il agit d'une manière égale sur toutes les parties de la couche sensible proportionnellement à l'impression lumineuse que chacune a reçue.

([1]) A cet égard nous devons faire une réserve. Si le liquide n'est pas du tout agité, il se produit un réseau qui compromet l'homogénéité du négatif. M. Audra veut sans doute parler d'une faible agitation. — L. V.

« Il reste à examiner les conditions de développement d'une glace dont la pose a été trop courte. Si l'insuffisance de pose est très marquée, il n'y a rien à tirer du cliché, car on ne peut suppléer à l'absence d'impression lumineuse dans les parties sombres ; mais souvent cette impression n'est pas telle qu'on ne puisse tenter un sauvetage. Lorsqu'une épreuve trop peu posée est dans le développateur, les grandes lumières apparaissent, mais les demi-teintes tardent à se montrer, puis ne viennent que d'une manière incomplète, pendant que les lumières montent toujours de ton et arrivent, au bout d'un certain temps d'immersion, à l'opacité complète. Dans ce cas, il faut, dès le début, ajouter au développateur, mais avec une excessive prudence, des traces d'hyposulfite de soude.

« Cette addition peut même toujours se recommander lorsqu'on développe des épreuves dites instantanées.

« Il faut avoir la main légère en faisant ce mélange, car l'hyposulfite de soude n'agit utilement dans ce cas que s'il est employé en proportion en quelque sorte homœopathique. Le plus sûr est d'avoir sous la main une dilution à 1 pour 100 d'hyposulfite dans de l'eau distillée. On en ajoute par centimètres cubes, c'est-à-dire par milligrammes de sel dans le développateur, et l'on mêle avec soin avant d'y plonger la glace.

« La dose peut varier de 1^{cc} à 100^{cc} pour 120^{cc} de bain, suivant le degré d'action qu'on veut obtenir, ce qui donne une proportion variant de $\frac{1}{12000}$ à $\frac{1}{120000}$. Quelque minimes que soient ces quantités, l'action est très appréciable, et le développement s'accélère surtout sur les demi-teintes, qui apparaissent là où rien n'eût été visible. Mais si l'on dépasse la mesure que seule l'expérience indiquera d'une manière certaine, un voile général se répandra sur l'épreuve, qu'il sera difficile de sauver. On pourra cependant le tenter encore par une addition immédiate de solution de bromure, qui contrebalancera l'action de l'hyposulfite ; mais ces corrections sont si délicates, demandent à être faites avec un tel à-propos, que ce ne peut être qu'après de nombreux essais, souvent infructueux, qu'on deviendra maître de ces moyens. La pratique guidera mieux que tous les conseils.

« Lorsque la glace est développée à point, on la plonge de suite dans une cuvette pleine d'eau, que l'on renouvelle deux ou trois fois jusqu'à ce qu'elle soit débarrassée de la plus grande partie du développateur qui la mouillait, ce que l'on reconnaît lorsque l'eau de lavage ne se teinte plus en blanc par la formation d'un précipité d'oxalate de chaux.

« On l'immerge alors dans un bain neuf d'hyposulfite de soude à 20 pour 100 dans de l'eau, et on l'y laisse séjourner non seulement le temps nécessaire pour que la couche de bromure non impressionnée soit dissoute, et que, vue de dos, il n'y ait plus trace de matière blanche, mais quelques minutes de plus, afin que le fixage soit bien complet.

« Un moyen plus sûr encore consiste à avoir deux bains de fixage semblables. Lorsque dans le premier le cliché a perdu entièrement sa teinte blanche, on le plonge pendant quelques instants dans le second qui le débarrasse même de la solution argentique emprisonnée dans la gélatine.

« Ensuite on lave abondamment sous le robinet; mais il est une précaution utile à prendre au sortir du dernier bain d'hyposulfite, bien qu'elle ne soit pas indispensable : c'est d'immerger le cliché pendant quelques minutes dans un bain d'alun ordinaire à saturation dans l'eau. Non seulement la couche impressionnée se raffermit et se tanne dans cette solution, mais surtout elle se nettoie et s'éclaircit dans les grandes lumières, c'est-à-dire dans les parties sombres de l'épreuve. Les clichés baissent légèrement de ton dans ce bain, mais ils gagnent beaucoup en pureté, en transparence et en douceur. Il est préférable de ne pas laver entre le bain d'hyposulfite et le bain d'alun. Après quelques minutes de séjour dans ce dernier, la glace est abondamment lavée sous le robinet et mise à séjourner dans une cuvette pleine d'eau pendant douze heures, cette eau devant être fréquemment renouvelée afin de faire disparaître les plus légères traces des différents produits employés dans les bains précédents. Un lavage parfait est indispensable à la conservation des clichés, et l'on ne saurait y apporter un trop grand soin. On construit pour cet usage des cuvettes verticales en zinc avec des rainures de façon à y introduire plusieurs glaces à laver à la fois, et on les y laisse séjourner dix à douze heures en renouvelant sans cesse l'eau par un écoulement lent sous le robinet. »

Nous avons cité textuellement, sans en retrancher un seul mot, toutes les indications si complètes de notre habile confrère; on peut les suivre à la lettre et l'on produira d'excellents négatifs.

Nous nous occuperons plus loin du renforcement et de la réduction des négatifs, mais il convient avant d'en finir avec la question du développement en indiquant les procédés spéciaux propres aux papier et pellicules sensibles. Cela fera l'objet du Chapitre suivant.

CHAPITRE IX.

Renforçateurs et réducteurs des négatifs sur gélatine.

M. le Dr J.-M. Eder, dans son remarquable ouvrage, *Théorie et pratique du procédé de gélatinobromure d'argent*, a publié une série de méthodes de renforcement des négatifs au gélatinobromure. Nous en extrairons celles que nous conseillons de préférence. En général, nous n'avons guère eu lieu de nous réjouir d'avoir usé du renforcement au mercure. Les négatifs finissent toujours par s'en ressentir, ils jaunissent avec le temps et sont souvent perdus. Il ne faut donc employer le renforcement au mercure que dans les cas où l'on opère sur un cliché destiné à être employé tout de suite et que l'on ne tient pas à conserver ensuite.

Quel que soit le renforçateur à employer, le négatif, une fois bien fixé, devra être lavé à fond pour être complètement débarrassé de toutes traces d'hyposulfite de soude, ainsi que des dernières traces de révélateur, soit alcalin, soit d'oxalate ferreux.

Le renforcement n'est pas nécessaire sur des clichés durs bien qu'incomplets dans les demi-teintes ; celles-ci ne viendront pas davantage sous l'influence du renforçateur. Ce sont donc les clichés trop gris, trop harmonieux, trop faibles dans leur ensemble, qu'il faudra rendre plus intenses à l'aide du renforcement.

Le renforcement le plus facile et le plus certain à employer est celui au bichlorure de mercure et d'ammoniaque. Nous allons l'indiquer, en nous en tenant aux réserves ci-dessus énoncées, relativement aux renforçateurs mercuriels. Nous ne pouvons mieux faire que de laisser la parole au savant J.-M. Eder.

Renforcement au bichlorure de mercure et à l'ammoniaque, ainsi qu'à l'iodure de potassium.

« De toutes les méthodes de renforcement pour les négatifs au gélatinobromure, la plus employée est celle au bichlorure de mercure ainsi que les variantes de ce procédé. On peut dire que c'est celui qui convient le mieux lorsqu'il s'agit d'obtenir un renforcement moins énergique et plus doux. Si, au contraire, on veut un renforcement plus intense, on devra employer l'iodure de mercure.

« Il faut une certaine expérience pour déterminer quel est le procédé à employer. Mais cette difficulté disparaît en suivant les indications que nous allons donner.

« Le négatif, convenablement lavé après fixage, est mis au bain d'alun, puis lavé et plongé dans une solution de bichlorure de mercure à 1 ou 2 pour 100. On l'y laisse jusqu'à ce que l'image ait atteint l'opacité convenable.

« Si le négatif ne doit être renforcé que faiblement, on laissera agir le bain de mercure jusqu'à production d'une coloration grisâtre.

« Si le renforcement doit être plus accentué, il faut que l'image devienne complètement blanche ; dans ce dernier cas, pour gagner du temps, on se sert d'une solution saturée à froid de bichlorure de mercure, c'est-à-dire à 7 pour 100 environ [1]. La plaque est ensuite bien lavée, mise pendant quelque temps dans une cuvette contenant de l'eau, et puis encore lavée. La densité du négatif est alors considérablement augmentée. Les négatifs ainsi blanchis sont traités de la manière suivante :

« Si l'image est devenue suffisamment intense, on la traite par l'ammoniaque diluée ($\frac{1}{4}$ à $\frac{1}{20}$), ce qui la transforme rapidement, la fait noircir et lui

---

[1] England s'est servi de la solution suivante : 1 partie bichlorure de mercure, 1 partie chlorure d'ammonium, et 20 à 24 d'eau ; cela donne, paraît-il, plus de brillant aux négatifs.

donne à peu près le même degré de transparence que celui de l'image blanchie.

« Si l'image blanchie n'est pas encore suffisamment intense, de telle sorte que l'ammoniaque ne donnerait pas la vigueur nécessaire, on peut y remédier de la manière suivante :

« L'image, blanchie au bichlorure de mercure, est plongée dans une solution d'iodure de potassium ($\frac{1}{20}$), ce qui lui donne une coloration brunâtre; on lave, puis on traite au moyen d'ammoniaque diluée à 10 pour 100. Presque immédiatement, la coloration se forme et l'image est beaucoup moins transparente que si l'on n'avait employé que le bichlorure de mercure seul, ou bien l'ammoniaque suivant la méthode décrite en *a*.

« La couleur du négatif est peu actinique et d'un brun foncé ([2]). Toutes les solutions employées dans ce procédé peuvent se conserver et servir plusieurs fois pour le même usage.

« On peut encore obtenir une très grande intensité, lorsqu'après avoir fait blanchir la plaque dans le bain de mercure, on la traite à l'acide pyrogallique et à l'ammoniaque (comme dans le révélateur ordinaire).

([1]) On peut enlever un voile léger en plongeant le négatif renforcé à l'iodure de mercure dans une solution très faible de cyanure de potassium, ce qui augmente les contrastes et donne plus de brillant (il faut bien prendre garde dans ce procédé que les demi-teintes ne disparaissent).

« 2. Si, malgré toutes les précautions, il arrive que le renforcement a été poussé trop loin, on peut faire descendre la plaque.

« Quand on s'est servi des procédés décrits en *a* et en *b*, on traite le négatif renforcé par une solution à 1/2 à 2 pour 100 d'hyposulfite sodique; l'intensité diminue d'une façon certaine et sans crainte qu'il se produise des taches, ou bien que l'image ne se détruise. On peut également essayer d'une solution faible de cyanure de potassium, qui, d'après une communication faite à l'auteur par Henri Leyde, agit beaucoup plus énergiquement. L'affaiblissement du négatif, dans les deux cas, ne dépasse pas une certaine limite.

« 3. Voici les réactions qui se produisent dans les procédés de renforcement que nous venons de décrire :

« Par le traitement au bichlorure de mercure, il se forme une image composée de chlorure d'argent blanc et de chlorure de mercure.

« Par le traitement à l'ammoniaque, le chlorure d'argent se dissout et il reste une image noire formée de mercure et d'ammoniaque (procédé 1); par le traitement à l'iodure de potassium (procédé 2), il se forme de l'iodure d'argent insoluble et de l'iodure jaune de mercure.

« L'hyposulfite sodique dissout l'argent qui pourrait être contenu dans l'image et n'a que peu d'action sur la combinaison de mercure.

« Le cyanure de potassium a une action similaire : il dissout l'argent, décompose la combinaison de mercure, sans dissolution partielle, et forme du mercure métallique qui donne peu d'intensité.

« Les négatifs durs ou surexposés peuvent être renforcés en les plongeant dans la solution de bichlorure de mercure, jusqu'à ce qu'ils deviennent complètement blancs ; il ne faut pas les traiter ensuite à l'ammoniaque, car ils donnent alors des épreuves beaucoup plus douces.

« Il n'y a pas de changement notable dans le procédé de renforcement si, au lieu de la solution de bichlorure de mercure, on se sert de bromure de mercure ou bien de bromure de potassium et de bichlorure de mercure.

« *Renforcement au cyanure et au mercure, inventé par M. le Dr Eder.* — Après fixage, le négatif à renforcer est lavé soigneusement, puis plongé dans une solution diluée de bichlorure de mercure, jusqu'à ce qu'il ait atteint l'intensité que l'on désire obtenir ([1]). On lave à nouveau (jusqu'ici, le procédé est de tous points semblable à celui décrit précédemment). Après cela, le négatif est mis dans le bain suivant :

Cyanure de potassium	5	parties.
Iodure	2 1/2	»
Bicholure de mercure	2 1/2	»
Eau	1000	»

([1]) Les négatifs faibles doivent rester longtemps dans le bain de mercure ; pour les négatifs durs, c'est le contraire.

« Le négatif devient d'abord jaunâtre (première transformation : production d'iodure de mercure) et paraît faible. En prolongeant l'immersion dans ce bain, le négatif devient peu à peu d'un brun foncé [1] et gagne beaucoup en contrastes et en vigueur (transformation graduelle de l'iodure de mercure, par l'action du cyanure de potassium). A cet état, l'image est très dense; des négatifs faibles deviennent intenses, mais des négatifs de force moyenne deviennent trop intenses et trop durs.

« Cette transformation s'opère très lentement et il est facile de la suivre.

« Si, dans ce second état, le négatif est trop dur et trop intense, il faut prolonger l'immersion dans le bain de renforcement. L'intensité diminue ensuite progressivement [2], la couleur devient d'un brun plus clair, l'image reprend sa transparence, *sans que les détails en soient attaqués;* cette opération demande le même temps qu'il a fallu pour amener le négatif au maximum d'intensité. Les négatifs ainsi traités ont une apparence très belle, très douce et très brillante.

« Dans la pratique ordinaire, on peut recommander de pousser le renforcement jusqu'à la troi-

---

[1] Si la coloration n'apparaît pas, il faut en accuser l'impureté du cyanure de potassium, ou bien encore l'âge de la solution; et dans ce cas, il faut ajouter un peu de cyanure.
[2] L'addition de cyanure de potassium, dans ce cas, accélère également ou retarde l'action du renforcement.

sième période, ce qui demande de deux à quatre minutes. Ce renforcement convient parfaitement pour tous les négatifs, parce qu'on peut le manier aisément et qu'il rend bien tous les services qu'on en attend. De plus, il offre l'avantage de pouvoir ou bien renforcer l'image ou bien l'affaiblir.

« Les négatifs trop intenses doivent être bien lavés après le fixage et ne pas subir le traitement préalable au bichlorure de mercure. On les met ensuite au bain de cyanure et de mercure, qui diminue très lentement l'intensité sans pour cela ronger les détails. L'affaiblissement se fait d'une façon uniforme et harmonieuse. Ce n'est qu'après une demi-heure à une heure d'immersion, que l'action se fait vivement sentir. Quoique la transformation soit très lente, il est bon d'étendre la solution de son volume d'eau. Un négatif qui a été très affaibli peut être renforcé de nouveau par la méthode décrite en premier lieu.

« Le renforcement que nous venons de décrire a l'avantage, sur les autres renforcements au mercure, de donner plus de latitude à l'opérateur; il convient aussi bien pour des clichés faibles que pour des clichés durs. La solution de cyanure et de bichlorure est d'un emploi plus certain que celle de cyanure pur, qui ronge souvent les détails délicats et rend les négatifs vitreux; elle est également préférable à la solution de cyanure de potassium et de cyanure d'argent, parce que les

CHAPITRE NEUVIÈME. 301

négatifs ont une teinte brunâtre qui est excellente. D'ailleurs, on a prétendu que les négatifs renforcés au cyanure d'argent et de potassium prennent une couleur rose rougeâtre provenant de la décomposition du cyanure d'argent retenu dans la couche; ce fait se présente surtout lorsqu'on a tiré un grand nombre d'épreuves de ces négatifs. Cela n'arrive pas avec le renforcement au cyanure de potassium et à l'iodure de mercure. Après avoir passé le négatif au bain de bichlorure, il n'est pas absolument nécessaire de le laver à fond avant de le plonger dans le bain de cyanure.

« *Modification du renforcement au bichlorure de mercure.* — Dans toutes les modifications apportées à ce renforcement, il faut toujours commencer par plonger le négatif dans le bain de bichlorure (voir § 3 de ce Chapitre). Pour transformer le négatif blanchi, il y a divers moyens : le traitement au moyen d'un mélange d'ammoniaque et d'hyposulfite sodique ([1]), ou d'une solution de potasse caustique diluée (Scolik), ou bien d'eau de chaux (Henderson) ([2]), ou bien de sulfure d'am-

---

([1]) Wilde se sert de : 1 partie ammoniaque, 1 partie concentrée d'hyposulfite sodique, 5 parties d'eau. Par une action prolongée, ce bain fait descendre le négatif (Eder). Après l'immersion dans le bain de bichlorure, l'hyposulfite employé seul ne renforce pas; il y a peu de changement dans l'intensité d'un négatif développé à l'oxalate ferreux; par contre, pour les négatifs développés au pyro, l'intensité diminue, parce que la couleur brune, qui donne de la vigueur, se transforme en gris bleuâtre (Eder).

([2]) Ce procédé n'a pas réussi à M. Eder.

monium, ou bien d'acide sulfhydrique. (En ce qui concerne ces deux derniers, il arrive souvent qu'il se produit un voile jaune, par suite d'un lavage insuffisant.) On peut encore se servir du développement alcalin au pyro (*voir paragraphe*) ou du révélateur à l'oxalate ferreux ([1]).

« *Renforcement à l'iodure de mercure.* — Le négatif étant fixé et lavé soigneusement, si on le plonge dans un bain contenant :

Bichlorure de mercure	1 partie.
Iodure de potassium......	3 »
Eau............,...	200 »

l'image se renforce en prenant une couleur brune, et cela, à un degré considérable, sans que la pureté de la plaque en souffre. — Après un bon lavage, le négatif peut être verni immédiatement. Ce renforcement donne beaucoup d'intensité, mais offre cet inconvénient que, après un certain temps, toute la plaque devient jaune rougeâtre, ce qui se produit d'une façon plus intense lorsque la solution de mercure n'a pas été bien éliminée par le lavage.

« Après le traitement par la solution de bichlorure de mercure ci-dessus mentionnée et après lavage, il est préférable de verser sur la plaque de l'ammoniaque, qui donne immédiatement au né-

---

([1]) Schofield. Les négatifs, renforcés au bichlorure de mercure et à l'ammoniaque, peuvent être traités à l'oxalate ferreux, et puis de nouveau renforcés avec du bichlorure de mercure.

gatif une coloration foncée; de cette manière le renforcement sera beaucoup plus stable, et l'auteur n'a pas connaissance d'un seul cas de transformation subséquente. Ce procédé de renforcement est très efficace et très recommandable.

« *Renforcement à l'iodure de mercure et hyposulfite sodique.* (*Formule de* B.-J. Edwards.) — Ce renforcement repose sur l'emploi d'un mélange de bichlorure de mercure, d'iodure de potassium et d'hyposulfite sodique; il a été recommandé très fréquemment ([1]).

« On dissout 4^{gr} de bichlorure de mercure dans 200^{cc} d'eau; puis on ajoute 6^{gr} d'iodure de potassium dissous dans 65^{cc} d'eau. Il se forme un pré-

---

([1]) Ulm et M. Eder ont examiné la façon dont se comporte l'iodure de mercure en présence de l'hyposulfite sodique. Ils ont étudié la solubilité de l'iodure de mercure dans la solution d'hyposulfite sodique et ont trouvé qu'une molécule d'iodure demande pour se dissoudre deux molécules d'hyposulfite. Cette solution se décompose lorsqu'on l'abandonne à elle-même pendant un temps assez long, ou lorsqu'on l'évapore dans le vide, ou lorsqu'on la chauffe; il se sépare un précipité d'une couleur qui est jaunâtre ou rouge vermillon, qui se compose de proportions variables d'iodure, de sulfure de mercure et de soufre mis en liberté; ce précipité est soluble en partie dans le sulfure de carbone, et en partie insoluble. S'il y a un excès d'hyposulfite sodique, le précipité ne contient pas de soufre libre. L'iodure de potassium et de mercure se comporte d'une manière semblable en présence de l'hyposulfite sodique. Le précipité jaune qui se sépare de lui-même de la solution d'iodure de mercure dans l'hyposulfite sodique est sensible à la lumière (parce qu'il contient de l'iodure de mercure) et devient noir. La solution elle-même est également sensible aux rayons lumineux, puisque, en pleine lumière, elle donne de 1,03 à 1,12 fois plus de précipité que dans l'obscurité. Par suite de l'action de la lumière, le précipité contient plus de

cipité rouge d'iodure de mercure, qui se redissout par l'addition d'une solution de 8^{gr} d'hyposulfite sodique dans 65^{cc} d'eau.

« D'après Vogel et Edwards, il vaut mieux augmenter la proportion d'iodure de potassium, de manière que le précipité jaune se dissolve déjà avant l'addition d'hyposulfite. Pour cela, il faut porter de 8^{gr} à 12^{gr} la quantité d'iodure de potassium donnée plus haut. On obtient ainsi un liquide qui reste parfaitement clair, après l'addition d'hyposulfite, tandis qu'il se troublerait si l'on suivait la première formule d'Edwards. (Dans les deux cas, le pouvoir renforçateur des deux solutions reste le même.)

« Ce renforcement peut s'employer après le fixage, sans qu'il soit nécessaire d'éliminer complètement l'hyposulfite par le lavage : c'est l'avantage qu'il a sur tous les autres. Cependant, il est bon de laver légèrement pour enlever la plus grande partie du fixateur. Le mélange agit rapidement et colore les négatifs en brun jaunâtre.

---

soufre libre que celui obtenu dans l'obscurité, tandis que la proportion d'iodure et de sulfure de mercure reste à peu près la même.

L'alcool précipite de la solution $Hg S^2 O^3 (Na^2 S^2 O^3)^2$, et $HgI^2 (NaI)^1$ reste dissous. L'argent métallique est transformé en iodure d'argent, avec précipitation d'iodure de mercure.

De toutes ces réactions, Eder conclut qu'en dissolvant de l'iodure de mercure dans de l'hyposulfite sodique, il se forme un sel double $HgI^2 (Na^2 S^2 O^3)^2$ qui reste dissous dans la solution. L'alcool produit une décomposition sans précipiter les constituants.

En ajoutant moins d'hyposulfite, son action est plus lente et la coloration en est meilleure. Une solution concentrée d'hyposulfite sodique ramène le cliché au point où il était avant le renforcement.

« Par une longue conservation, cette solution se trouble et il se forme un précipité foncé; malgré cela, elle conserve ses propriétés pendant un certain temps encore. Ce renforcement convient non seulement pour les plaques à la gélatine, mais également pour les plaques au collodion humide ou au collodion sec.

« Malheureusement, les négatifs renforcés par ce procédé sont très instables. Par l'action de la lumière, selon Prümm et Debenham, ils deviennent plus clairs et en même temps jaunâtres; ils pâlissent par conséquent. Cette transformation diminue l'intensité du négatif, ce qui se voit sur les épreuves positives. Dans une communication adressée à l'auteur, le Dr Székély confirme le fait. D'ailleurs, il vaut mieux que les négatifs pâlissent, plutôt que de foncer.

« *Renforcement de Monckhoven* ([1]), *au bromure de mercure et au cyanure d'argent et de potassium.* — Le négatif fixé et lavé est plongé dans une solution de 20^{gr} de bichlorure de mercure, 20^{gr} de bromure de potassium, dans 1 litre d'eau. (Si le négatif est

---

([1]) Dans le *Yearbook of Phot.*, 1873, p. 97, Burton a indiqué une méthode semblable, en se servant de chlorure d'ammonium au lieu de bromure de potassium.

sec, il faut avoir soin de le mettre tremper dans l'eau pendant $\frac{1}{2}$ minute, avant de le renforcer.) On laisse le négatif dans cette solution le temps nécessaire pour obtenir l'intensité qu'on désire atteindre; le maximum auquel on puisse arriver est obtenu lorsque le cliché a complètement blanchi. On lave le négatif, puis on le plonge dans une solution de nitrate d'argent (20^{gr} pour un demi-litre d'eau), additionnée d'une solution de 20^{gr} de cyanure de potassium dans un demi-litre d'eau. Le négatif prend alors une couleur foncée. La solution de cyanure doit contenir un léger excès de cyanure d'argent non dissous. Il ne faut pas que le négatif séjourne trop longtemps dans ce bain, parce que les parties faibles en pourraient être attaquées, et l'intensité détruite partiellement.

« Ce renforçateur agit fort bien : cependant Monckhoven même y a renoncé, dans la dernière édition de son ouvrage sur la photographie, probablement à cause de l'inconvénient que nous avons signalé plus haut; il en est revenu au simple renforcement au bichlorure de mercure et à l'ammoniaque. On a remarqué également que les plaques renforcées suivant la formule de Monckhoven deviennent rose rougeâtre après qu'on en a tiré un certain nombre d'épreuves.

« *Renforcement à l'argent.* — Le renforcement à l'argent, dans le procédé humide, jouit d'une grande faveur, parce qu'il permet d'atteindre n'im-

« porte quel degré d'intensité ; on peut toujours l'arrêter, et, de plus, il ne nuit en rien à la délicatesse des demi-teintes.

« Tous ces avantages ont fait désirer que ce renforcement puisse s'appliquer aussi bien à l'émulsion à la gélatine.

« Malheureusement, on rencontre des difficultés dans cette application ; il se produit souvent des réductions irrégulières et l'image se couvre d'un voile rouge qui la détruit, sans qu'on puisse y apporter de remède. C'est pourquoi la plupart des photographes s'en tiennent au renforcement au mercure.

« Mais, à présent, on connaît le moyen de renforcer à l'argent, en toute sécurité. Dans tous les cas cependant, il ne faut pas pousser trop loin ce renforcement et ne l'employer que pour obtenir une intensité assez légère ; ceux qui travaillent le portrait feront bien de ne pas perdre de vue cette recommandation.

« Il faut, avant toutes choses, éliminer jusqu'à la dernière trace d'hyposulfite ; sans cela, le voile jaune est inévitable.

« Dans ce but, on peut se servir d'un bain d'alun (contenant une solution saturée dans l'eau) et prolonger l'action pendant dix à quinze minutes, ou, ce qui vaut mieux, une solution saturée d'alun, à laquelle on a ajouté un peu d'acide chlorhydrique (environ 1 pour 100) et un peu de teinture d'iode (solution d'iode dans la solution d'iodure de potassium) jusqu'à ce qu'il se produise une coloration légèrement jaune, ou bien un peu d'hypochlorite de soude ; on peut employer également une solution diluée d'iode dans l'iodure de potassium, d'une couleur jaune sherry, qu'on laisse agir pendant dix minutes ; d'après Abney, il conviendrait même de se servir d'eau oxygénée ($\frac{1}{30}$ à $\frac{1}{80}$). On peut, par l'un ou l'autre de ces moyens, éliminer toute trace d'hyposulfite.

« Il faut distinguer : 1° le renforcement à l'argent et au pyro, qui agit rapidement ; 2° le renforcement à l'argent et à l'acide gallique, qui agit plus lentement.

« 1. *Renforcement à l'acide pyrogallique et à l'argent.* — Pour ce renforcement, on peut employer :

a. Acide pyrogallique . . . . 1^{gr}
Acide citrique (l'acide citrique ralentit l'action) . . . . 1 à 2
Eau . . . . 300^{cc}

(Cette solution se conserve longtemps.)

et b. Nitrate d'argent . . . . 2^{gr}
Eau . . . . 100^{cc}

(Pour ralentir l'action du renforçateur, on peut ajouter quelques gouttes d'acide nitrique.)

« Pour renforcer, la plaque doit d'abord être recouverte de la solution pyrogallique ([1]), en ayant

---

([1]) Voici quelques indications sur le renforcement au fer et à l'argent.

soin de la remuer; on ajoute alors par 50^{cc} de la solution de pyro, de 30 à 40 gouttes de la solution de nitrate d'argent ([1]).

« Aussitôt que le renforçateur se trouble, il faut le rejeter et en prendre du frais.

« Abney et Jarman ont indiqué des formules similaires. D'après M. Eder, ce renforcement est préférable et plus certain que celui au fer et à l'argent.

« Par suite du nitrate d'argent qui pourrait être retenu dans la couche, malgré un lavage soigneusement fait, il peut arriver, à la longue, que le négatif se colore; pour éviter cet inconvénient, on met par précaution le négatif renforcé dans le bain d'hyposulfite ou de cyanure de potassium dilué

La formule de Wratten et Wainwrigt est la suivante :

a) *Solution de gélatine.*	b) *Solution de fer.*	c) *Solution d'argent.*
Gélatine........ 1^{gr}.	Sulfate ferreux. 3^{gr}.	Nitrate d'argent. 1^{gr}.
Acide acétique.. 12^{cc}.	Eau........... 100^{cc}.	Acide acétique... 60^{gr}.
Eau........... 20^{cc}.		Eau........... 50^{cc}.

On recouvre la plaque d'un mélange de 60 gouttes de (a) et 30^{cc} de (b), qu'on fait couler bien uniformément; ensuite on ajoute quelques gouttes de (c). Le renforcement s'opère lentement, mais sûrement.

Abney emploie une solution de 1^{gr} de sulfate ferreux, 2^{gr} acide citrique dans 100^{cc} d'eau (l'auteur recommande d'y ajouter 1 à 2^{gr} de sucre); on additionne de quelques gouttes de solution de nitrate d'argent à 2 0/0 (l'auteur a l'habitude d'y ajouter 4 à 5 0/0 d'acide acétique).

([1]) Hadow, Harwich, Llewelyn et Maskelyne ont déjà constaté, en 1859, que la gélatine retient une certaine proportion de nitrate d'argent qu'aucun lavage à l'eau froide ne parvint à éliminer.

($\frac{1}{100}$) ou de sulfocyanure d'ammonium. Dans ce renforcement à l'argent, il faut bien prendre soin que le renforçateur couvre complètement la plaque, que celle-ci soit constamment tenue en mouvement et que le renforçateur ne s'arrête jamais; sans quoi, il se produira du voile rouge. Il n'est pas toujours absolument nécessaire de fixer de nouveau un négatif renforcé à l'argent. Dans le renforcement à l'acide gallique, on peut simplement mettre la plaque dans une solution diluée d'iodure de potassium ($\frac{1}{20}$), pour empêcher de se noircir le nitrate d'argent qui resterait contenu dans la couche; on lave ensuite, puis on sèche. Si, après le renforcement à l'argent, on aperçoit sur les négatifs des taches d'apparence floconneuse et irisée, on peut les faire disparaître en les traitant par une solution faible à 1 pour 100 de cyanure de potassium (Abney).

« Dans le cas de reproduction de dessins dont le papier a fortement jauni, il n'est pas toujours possible d'obtenir des négatifs suffisamment intenses, même après le renforcement au bichlorure de mercure. En pareil cas, on peut recommander le procédé indiqué par Pizzighelli et l'auteur :

« Si le négatif, renforcé au mercure et à l'ammoniaque, n'est pas suffisamment intense, il faut le plonger pendant quelques minutes dans une solution de bichromate de potassium à 3 pour 100, puis on le sèche.

« Après cela, le négatif est exposé à la lumière dans un châssis-presse au-dessus d'un papier argenté, et cela, jusqu'à ce que l'image devienne faiblement visible ; à ce moment, la gélatine, qui a subi l'action de la lumière dans les parties transparentes, est devenue tout à fait insoluble. Les parties protégées par les couches foncées auront bien été transformées par l'action de la lumière, mais cela superficiellement. Si on lave soigneusement le négatif jusqu'à élimination complète du bichromate, le renforcement à l'argent peut se faire dans les meilleures conditions de succès, comme il suit :

« On verse sur la plaque le renforçateur ordinaire du collodion humide, et, après 3 minutes, on l'enlève par le lavage : on peut alors procéder au renforcement à l'acide pyrogallique et à l'argent comme dans le procédé humide. Si cela est nécessaire, on peut de nouveau employer les renforcements au mercure ou à l'acide pyrogallique, sans crainte de voile dans les traits du dessin, parce que, comme nous l'avons dit, ils ont perdu toute propriété d'absorber les liquides par suite de leur exposition à la lumière.

« **2.** *Renforcement à l'acide gallique et à l'argent.*— Ce renforçateur pour plaques à la gélatine, indiqué en premier lieu par Jastrzembski, a un certain succès, parce qu'il agit lentement, mais sûrement ([1]).

([1]) En 1862, Bollmann a recommandé un mélange d'acide pyrogallique et d'acide gallique, qui, d'après lui, donne plus de con-

« Comme nous le verrons, il est très simple.

a.	Acide gallique.	1	partie.
	Alcool.	10	»
b.	Nitrate d'argent. . . .	1	»
	Eau	16	»
	Acide acétique.	1/4 à 1/3	»

« Ces deux solutions se conservent.

« On mélange 1 partie de *a* avec environ 4 parties d'eau distillée, et l'on ajoute quelques gouttes de *b*. Le liquide ne se trouble pas, ne se colore pas et ne dépose pas de précipité d'argent. On l'emploie après le fixage et en pleine lumière.

« Avant de le verser sur la plaque, il est absolument nécessaire que celle-ci ne contienne plus la moindre trace d'hyposulfite sodique.

« Le renforçateur à l'acide gallique contenant de l'alcool, il ne coule pas bien sur les plaques. Pour obvier à cet inconvénient, il est bon, avant le renforcement, de mettre le négatif dans un mélange de 1 partie d'alcool et de 4 parties d'eau (Stolze). Comme il s'écoule plusieurs minutes avant que la couche n'ait été pénétrée par le renforçateur, on peut supprimer l'alcool dans la formule donnée ci-dessus. Belitski dissout 1 partie d'acide gallique dans 100 parties d'eau chaude; il filtre, et, après refroidissement, il ajoute une quantité égale de la solution de nitrate d'argent (1 partie

---

trastes que l'acide pyrogallique seul (BOLLMANN, *Photographie au charbon*, p. 64).

nitrate d'argent, 1 partie acide acétique, et 50 parties eau). Le renforcement s'opère rapidement, sans aucun inconvénient, et le renforçateur coule facilement sur la plaque, lorsqu'on se sert de solutions aqueuses et non alcooliques.

« 3. *Renforcement à l'urane.* — Dans le procédé humide, il n'est pas de renforcement plus efficace, sauf celui au plomb, que le procédé à l'urane, indiqué par Selle et connu depuis 1865. Pour les plaques à la gélatine, ce procédé peut également rendre de grands services.

« Le négatif, fixé et soigneusement lavé, est recouvert d'une solution de 1^{gr} de nitrate d'urane et de 1^{gr} de ferricyanure de potassium dissous dans 100^{cc} d'eau ; ou bien encore, d'après Barlow, après fixage et lavage, on verse sur la plaque une solution à 1 pour 100 de nitrate d'urane, qu'on laisse agir pendant une demi-minute; après quoi on ajoute quelques gouttes d'une solution à 2 pour 100 de ferricyanure de potassium. Si, après une demi-minute, le négatif n'a pas atteint une intensité suffisante, on ajoute une plus forte proportion de ferricyanure au renforçateur. De cette façon, on conduit facilement le renforcement. Le négatif devient brun rougeâtre.

« L'auteur fait remarquer qu'il faut employer du ferricyanure pur, sinon la solution se trouble lorsqu'on l'ajoute à l'urane. Le même cas se présente lorsque, par l'action de la lumière, le ferricyanure s'est transformé en ferricyanure jaune. Le mélange des deux solutions doit rester limpide.

« Si l'on n'a pas le soin d'éliminer toute trace de renforçateur, les plaques traitées à l'urane deviennent brun jaunâtre, lorsqu'on en a tiré un certain nombre d'épreuves. Mais les négatifs sont très stables lorsqu'on a poussé le lavage assez loin pour qu'une partie de l'eau de lavage ne donne pas de coloration bleue en présence du perchlorure de fer, ou d'un peu de révélateur à l'oxalate ferreux. Dans ce cas, les négatifs sont beaucoup plus stables que tous ceux renforcés aux sels de mercure.

« 1. *Méthodes diverses de renforcement.* — On peut renforcer un négatif à la gélatine en le plongeant, après fixage et lavage dans une solution d'iode, dans de l'iodure de potassium ; on le passe ensuite dans du sulfure d'ammonium ; il sera renforcé et aura une couleur noire stable. Mais ce renforcement est beaucoup moins efficace que celui au bichlorure de mercure et au sulfure d'ammonium.

« Pour les plaques à la gélatine, le renforcement aux chlorures d'or, de platine ou de palladium est fort peu énergique. Si l'on n'élimine pas soigneusement le chlorure d'or par le lavage, le négatif se colore en rouge à la lumière.

« Le renforcement au plomb convient bien aux plaques à la gélatine; mais si, avant le traitement au sulfure d'ammonium ou au chromate de potasse, on n'enlève pas soigneusement toute trace de plomb (ce qui présente quelques difficultés), on ne parviendra pas à obtenir des ombres claires.

« Une autre méthode, qui est certaine et qui, d'ailleurs, n'est pas nouvelle, consiste à transformer l'argent réduit en chlorure d'argent. A cet effet, l'auteur se sert d'une partie d'une solution de bichromate de potasse, 3 parties d'acide chlorhydrique et 100 à 150 d'eau. Il y plonge les plaques à renforcer jusqu'à ce que l'image soit devenue blanche ou gris clair. Il faut ensuite laver dans l'eau pendant plusieurs heures; après cela, on traite au révélateur alcalin à l'acide pyrogallique. La couleur noir grisâtre des négatifs s'est transformée en une couleur brune, qui donne des épreuves très intenses.

« 4. *Renforcement subséquent des plaques à la gélatine qui ont déjà été renforcées par une des méthodes décrites précédemment.* — Pour un opérateur habile, il sera facile de voir, après le fixage, s'il faut employer un renforçateur énergique ou bien faible; et, d'après cela, on choisira la méthode qui convient le mieux, ainsi que cela a été expliqué déjà pages 294, 295 et suiv. Malgré cela, il arrive que ce n'est qu'après renforcement que l'on s'aperçoit que les négatifs n'ont pas encore l'intensité nécessaire. Il faut alors avoir recours à un second renforcement.

« On plonge de nouveau le négatif, soigneusement lavé, dans la solution de bichlorure de mercure; l'image blanchit peu à peu. On lave de nouveau; puis, pour obtenir un peu plus d'intensité, on passe à l'ammoniaque, ou bien on traite au révélateur alcalin. Si l'on veut obtenir une plus grande intensité, on peut recommencer plusieurs fois cette opération.

« Les négatifs bien lavés peuvent subir une série de renforcements successifs.

« *Renforcement subséquent de négatifs qui ont déjà été renforcés au mercure et qui ont passé à la lumière.* — Il arrive que les négatifs renforcés au mercure passent à la lumière; ils perdent naturellement de leur intensité (surtout ceux renforcés d'après la méthode d'Edwards). Pour les renforcer de nouveau, Debenham et, après lui, Cotesworth, ont recommandé une solution à 3 pour 100 de sel de Schlippe (sulfantimoniate de soude). Le négatif prend une couleur jaune rougeâtre et la densité est plus considérable que celle obtenue au sulfure d'ammonium, qui rend noir brunâtre les clichés passés. A ce point de vue, le sel de Schlippe offre plus d'avantages; il a cependant un inconvénient : c'est que la solution se trouble rapidement à l'air. C'est pourquoi l'auteur recommande de se servir de la solution indiquée par Pizzighelli et lui-même, en 1878, pour le renforcement au plomb. Elle consiste en 10 parties de sel de Schlippe et 5 parties d'ammoniaque dans 200^{cc} à 300^{cc} ou même 400^{cc} d'eau. On la filtre au préalable; elle reste limpide pendant l'opération, mais se trouble néanmoins après quelques jours.

« En achetant le sel de Schlippe, il faut s'assurer qu'il n'est pas décomposé, ce qui arrive assez souvent. Il doit se dissoudre totalement ou en grande partie dans l'eau, et doit être conservé dans des flacons soigneusement bouchés.

« Les négatifs renforcés au sel de Schlippe sont tout à fait stables. Ainsi l'on peut, pour des négatifs à renforcer, les traiter au bichlorure de mercure, et ensuite au sel de Schlippe au lieu d'ammoniaque. L'auteur ne prétend pas que cette méthode ait un caractère très pratique; mais, dans tous les cas, elle donne un renforcement stable.

« MOYENS DE DIMINUER L'INTENSITÉ DE NÉGATIFS TROP INTENSES.

« Si, après le fixage, les négatifs paraissent trop intenses, on peut les diminuer. Mais il faut beaucoup de précautions pour exécuter avec succès cette opération, à laquelle on ne doit avoir recours que dans les cas d'extrême nécessité. On ne peut espérer de réussir que si le négatif est détaillé et uniformément intense. Il est très difficile de sauver un négatif dont les grandes lumières sont intenses et les demi-teintes délicates.

« Avant de chercher à faire descendre un négatif, il faut bien déterminer à quel genre de négatif trop intense on a affaire.

27.

« D'abord, il faut distinguer si les négatifs ont été simplement développés et fixés, ou bien renforcés ; s'ils ont été développés à l'acide pyrogallique ou à l'oxalate ferreux ; ensuite si l'excès d'intensité s'étend à tout le négatif, ou bien s'il n'y a que les lumières qui soient trop intenses.

« 1. *Le négatif tout entier est trop intense*, parce qu'on a laissé agir trop longtemps le révélateur.

« Plusieurs méthodes plus ou moins certaines sont connues ; les suivantes conviennent aux plaques qui ont été développées à l'acide pyrogallique ou à l'oxalate ferreux.

« On met le négatif dans une solution de perchlorure de fer ($\frac{1}{50}$ à $\frac{1}{100}$; dans les cas extrêmes $\frac{1}{30}$). L'intensité diminue peu à peu (il faut surveiller attentivement) ; lorsque, au bout de quelques minutes, on est arrivé au point convenable, il faut laver le négatif et le passer au bain d'hyposulfite. On obtient une action semblable à celle du perchlorure de fer par de la teinture d'iode (iode dans l'iodure de potassium), du chlorure de cuivre ou de l'eau de Javelle ([1]) qu'Abney a particulièrement préconisée. Pour terminer, le négatif doit être fixé dans tous les cas. On peut également se servir de cyanure de potassium en solution diluée

---

([1]) ABNEY, *Photography with Emulsions*, 1882, p. 230. On la prépare en dissolvant 1 partie de chlorure de chaux dans 20 parties d'eau, et puis on ajoute 2 parties de potasse et 2 parties d'eau. On ait bouillir, puis on filtre.

($\frac{1}{50}$ à $\frac{1}{100}$), surtout pour faire descendre au moyen d'un pinceau certaines parties trop intenses. S'il est nécessaire, le négatif tout entier peut être mis dans cette solution. Edwards recommande d'ajouter 4 gouttes d'une solution concentrée de cyanure de potassium à 500^{cc} d'eau; mais cette solution a une action si faible que l'on n'aperçoit un résultat qu'au bout de quelques heures.

D'après Burgess, le cyanure de potassium diminue non seulement l'intensité, mais encore il augmente les contrastes. Burgess recommande de verser sur le négatif fixé et lavé une solution assez concentrée de chlorure d'or ($\frac{1}{60}$), ce qui fait changer la couleur. Ensuite, on laisse agir la solution d'or jusqu'à ce que la coloration soit également visible au dos de la plaque. On lave alors le négatif, puis on le traite par la solution de cyanure de potassium qui dissout le chlorure d'argent formé, et fait descendre uniformément le négatif. Ce procédé a été essayé par l'auteur.

« Liesegang a donné la formule suivante : 1 partie solution saturée de bichlorure de mercure, 1 partie solution saturée de cyanure de potassium, et 6 parties d'eau. — Cooper préconise : une solution faible d'iode dans du cyanure de potassium. — Carbutt traite les plaques à la solution de bichlorure de mercure et puis ensuite au cyanure de potassium. On a déjà dit que le renforcement indiqué par l'auteur peut également convenir pour faire descendre les négatifs.

« Creifelds paraît avoir employé avec succès l'acide nitrique dilué. Mais Baumann a remarqué, à ses dépens, que souvent la gélatine se détache après le séchage.

« 2. *Le négatif a des demi-teintes très délicates et des lumières trop intenses; il donne par conséquent des positifs trop durs.* — Ceci peut arriver lorsqu'il y a eu manque de pose et qu'on a poussé trop loin le développement, ou bien qu'on a ajouté trop de bromure de potassium au révélateur.

« Voici un moyen peu connu qui peut servir dans ces circonstances difficiles. Le négatif, fixé et lavé, est mis dans une solution de : 3 parties acide chlorhydrique, 1 partie de bichromate de potasse, et 100 à 150 parties d'eau (ou bien dans la solution de perchlorure de fer à 3 pour 100), jusqu'à ce qu'il soit devenu entièrement blanc (même lorsqu'on l'examine à l'envers). L'image est alors très faible et complètement transformée en chlorure d'argent. On lave bien soigneusement jusqu'à ce qu'il n'y ait plus de traces de coloration jaune sur la plaque; il est nécessaire, pour atteindre ce but, de mettre tremper la plaque dans de l'eau fréquemment renouvelée. La plaque est ensuite traitée au révélateur à l'oxalate ferreux qui ne pénètre que peu à peu et développe de cette façon une image faible, si on ne l'a pas laissé agir trop longtemps (¹).

« Pour terminer, on fixe à l'hyposulfite sodique.

« 3. *Dans le négatif, les détails des ombres sont un peu voilés, et il donne, de cette façon, des épreuves sans vigueur.* — Dans ce cas, le négatif est plongé, après fixage et lavage, dans un bain de 10^{gr} à 20^{gr} de sulfocyanure d'ammonium dans 100^{cc} d'eau, additionné de 3^{cc} à 4^{cc} de solution de chlorure d'or à 2 pour 100.

« Les détails très délicats deviennent gris bleuâtre, et les parties les plus intenses restent brunes. De cette façon, les contrastes deviennent plus marqués. Pour terminer, on fixe dans de l'hyposulfite frais. (Cette méthode convient particulièrement pour les paysages qui ont été développés au pyrosulfite.)

« 4. *Diminution de l'intensité des négatifs développés à l'acide pyrogallique.* — Lorsque le développement pyrogallique a été trop loin, il arrive que les négatifs sont très lents à imprimer, par suite de leur couleur brun jaunâtre qui est peu actinique; aussitôt que cette teinte est transformée en couleur grise, l'impression marche plus rapidement.

« Voici les moyens que l'on a recommandés pour atteindre ce but : plonger le négatif fixé et lavé dans un mélange de 3 parties d'acide chlorhy-

---

(¹) Aussitôt que le révélateur a complètement pénétré la couche, l'image redevient dure.

drique et de 100 parties de solution d'alun saturée à froid (^{1}), ce qui donne d'excellents résultats ; ou bien dans un mélange de 5 à 10 parties d'acide citrique et de 100 parties de solution d'alun saturée à froid (^{2}).

« Ainsi que Blanchard l'a fait remarquer (^{3}), la solution ordinaire d'alun fait également disparaître la couleur brun jaunâtre, mais son action est très lente et ne se produit qu'après plusieurs heures.

« L'auteur a trouvé qu'une solution de chlorure d'aluminium ou de sulfate d'alumine agit plus rapidement.

« Mais ce qui est plus expéditif, surtout, ce sont les bains acides déjà décrits, ou la solution de Jarman, qui consiste en 1 partie de sel de cuisine dans 8 parties d'eau. On y plonge le négatif, puis on ajoute $\frac{1}{2}$ partie d'acide sulfurique dilué ($\frac{1}{8}$) ; on laisse agir pendant quelques minutes.

« Pour diminuer l'intensité des négatifs développés au pyro, sans attaquer pour cela les détails, le capitaine Toth et l'auteur ont employé la méthode suivante :

« On traite le négatif fixé et lavé par une solution formée de : 1 partie de bichromate de potasse,

---

(^{1}) BERKELEY, *Brit. Journ. Phot. Almanach.*, 1881, p. 59. Très recommandé et très employé.

(^{2}) ROBINSON, *Bull. Ass. belge de Phot.*, 1881, p. 223. — COWELL, *Phot. News*, 1881, n° 1181.

(^{3}) *Phot. News*, 1880, p. 604, — et 1881, p. 20.

3 parties d'acide chlorhydrique et 100 à 150 parties d'eau. L'image blanchit complètement (même si on l'examine à l'envers) et paraît très faible. On la lave soigneusement jusqu'à élimination complète de la solution de bichromate, ce qui exige beaucoup d'eau. Ensuite, on traite la plaque avec le révélateur ordinaire à l'oxalate ferreux. Il se produit une couleur noir grisâtre, provenant de l'argent métallique, et qui est propre aux négatifs développés de cette façon.

« On peut ainsi donner aux négatifs développés à l'acide pyrogallique les propriétés de ceux développés à l'oxalate ferreux.

« 5. *Diminution de l'intensité des négatifs renforcés trop vigoureusement.* — On a décrit ces moyens au paragraphe 2, page 297. »

Les diverses méthodes de renforcement et de réduction que nous venons d'extraire du savant ouvrage du docteur Eder, nous paraissent répondre à tous les cas. Les détails abondent dans ces indications, et l'on ne peut mieux faire avec leur aide que d'arriver à des procédés de renforcement convenables. Nous préconisons surtout les renforçateurs à l'argent et à l'urane, qui assurent aux négatifs une bien plus grande stabilité, en dépit de la possibilité indiquée par MM. Debenham et Cotesworth de remonter les négatifs renforcés au mercure et qui ont passé à la lumière.

Il est préférable d'user le moins possible d'un

procédé de renforcement qui expose les négatifs à *passer à la lumière.*

Nous laisserons de côté les procédés de renforcement des épreuves au collodion. Les touristes photographes ne peuvent être que très rarement dans le cas d'avoir à user maintenant de plaques et de papiers collodionnés. On sait d'ailleurs que le renforcement de ces clichés s'effectue en recouvrant la couche sensible d'une dissolution faible de nitrate d'argent, après un lavage préalable avant ou après fixage, puis on fait agir de nouveau le réducteur, sel de fer ou acide pyrogallique; mais, la gélatine bromurée l'emportant sur tous autres enduits sensibles, il importe de n'insister que sur le renforcement et sur la réduction de l'intensité des plaques ou papiers recouverts de cet enduit sensible.

CHAPITRE X.

Vernissage des négatifs sur verre au collodion et à la gélatine sur pellicule et sur papier. — Retouche des négatifs.

Vernissage des négatifs sur verre au collodion et à la gélatine sur pellicule et sur papier. — Les négatifs sur collodion ne peuvent être employés avant d'avoir été protégés au préalable par une couche de vernis; sans cette précaution, ils seraient rapidement écaillés et mis hors d'usage.

Le vernis s'étend à chaud. On chauffe la plaque par-dessous sur une lampe à alcool, en la promenant rapidement sur la flamme en tous sens, de façon à la chauffer assez uniformément et pas trop.

Le meilleur vernis est celui à la gomme-laque en dissolution dans de l'alcool.

Pour le préparer, on place dans un ballon ([1]) :

1000^{cc} d'alcool à 95°.
80^{gr} de gomme-laque blanche récemment préparée.

([1]) MONCKHOVEN, *Traité général de Phot.*, 7e édition.

On élève un peu la température en plongeant le ballon dans de l'eau chaude; au bout de quelques minutes la dissolution s'est faite, sauf de longs et légers filaments blancs de gomme insoluble qui se produisent surtout lorsque la gomme-laque est vieille. La liqueur filtrée est alors légèrement jaunâtre et prête pour l'usage. Elle dépose parfois plusieurs mois après sa préparation une matière cireuse blanche. On prévient ce dépôt en ajoutant au liquide 50^{gr} d'*acétate de méthyle* par litre. L'acétate de méthyle est le produit vendu par les fabricants d'acide acétique sous le nom d'alcool méthylique ou esprit de bois.

Un autre vernis, qui se laisse facilement retoucher par le crayon, s'obtient ainsi :

Benjoin concassé	50^{gr}
Sandaraque.	100
Alcool.	1^{lit}
Huile de ricin.	1^{cc}

Mettez le flacon contenant ce mélange pendant plusieurs jours dans un endroit chaud et agitez-le fréquemment, puis filtrez le liquide.

Ce vernis est très clair, et s'étend à chaud comme le vernis à la gomme-laque.

On passe le vernis sur le négatif comme si on le collodionnait; on fait égoutter l'excès dans un flacon à part, puis on chauffe fortement soit sur une lampe à alcool, soit sur une lampe à gaz, en évitant toutefois d'enflammer le vernis.

Si l'on ne chauffait pas suffisamment, le vernis se figerait sans donner une couche transparente et tenace.

Ce même vernis peut servir, dans les mêmes conditions, pour les plaques à la gélatine.

Mais nous pensons qu'une simple couche de collodion normal à 1 pour 100 suffit le plus souvent et même est préférable au vernis à la gomme-laque.

Ce dernier est en effet susceptible d'être traversé par l'humidité, d'où résulte un gonflement de la gélatine et une altération du cliché, tandis que le collodion normal, grâce à sa grande résistance, permet d'éviter cet inconvénient.

Notons tout d'abord qu'il n'est pas indispensable de vernir ces derniers, attendu que la couche imprimée est très solide et peu susceptible de s'écailler; mais il est toujours bon quand même de les recouvrir d'un vernis protecteur, ne serait-ce que pour éviter l'action de l'humidité sur la gélatine : celle-ci absorbe de l'humidité sans qu'on y prenne garde, et ils se tachent ensuite une fois en contact avec la surface du papier albuminé, où se trouve toujours du nitrate d'argent libre. Ces taches ne tardent pas à mettre le négatif hors d'usage.

Eder recommande de recouvrir le collodion normal, d'abord passé sur les plaques, d'une couche de vernis à la gomme-laque à chaud ou de tout autre vernis convenable.

Il paraît que le vernis au collodion seul, après un certain usage, absorbe plus facilement le nitrate d'argent que le vernis à la gomme-laque.

On assure donc davantage l'impunité des plaques à la gélatine en recourant à un double vernissage, le premier avec du collodion normal à 1 pour 100, et le deuxième à chaud avec le vernis à la gomme-laque, dont la formule vient d'être indiquée plus haut.

Quant aux clichés pelliculaires, on n'indique nullement les moyens de les protéger par un vernis, et pourtant cela leur est tout aussi utile qu'aux négatifs sur verre.

Occupons-nous surtout des vernissages négatifs obtenus sur le papier à pellicule réversible de M. Thiébaut et de M. Balagny.

Il est d'autant plus utile, nous dirons même urgent, de vernir ces pellicules, que les négatifs de cette sorte se trouvent facilement déformés par l'humidité, et qu'ils sont d'ailleurs perméables à l'humidité sur leurs deux faces, au lieu d'une seule, ainsi que cela a lieu pour les négatifs sur verre. On peut se borner à les collodionner de part et d'autre sans recourir à l'application d'une autre couche de vernis.

Voici comment nous conseillons d'opérer :

Quand l'épreuve négative est terminée, c'est-à-dire développée, fixée, lavée, renforcée s'il y a lieu, on la pose entre des feuilles de buvard pour l'éponger, puis sur une plaque de verre la gélatine en dessus, et on la fixe sur cette plaque par des bandes de papier gommé collées tout autour et ne mordant de la feuille qu'environ 0^m,02 au plus sur les bords.

En se séchant, ainsi maintenue contre le verre, la feuille acquiert une parfaite planimétrie; dès qu'elle est bien sèche, on la collodionne avec du collodion normal à 1 et demi pour 100.

Ce collodion normal se compose de :

Alcool à 95°	50
Éther à 62°	50
Coton-poudre tenace	1,50

On le décante après dissolution et repos pour l'avoir dans un état de complète limpidité.

Quand la couche de collodion passée sur la pellicule est sèche, on applique sur le négatif une feuille de papier recouverte de vernis au caoutchouc.

On la fait bien adhérer partout avec une pression moyenne à l'aide d'un rouleau en gélatine ou en caoutchouc, puis on coupe tout autour du négatif avec la pointe d'un canif et l'on sépare la pellicule de son premier papier de support, mais provisoirement adhérente à une autre feuille.

Cela fait, on met un peu de gomme arabique sur le verso de la feuille caoutchouctée, ou, mieux encore, on applique ce verso contre une plaque couverte d'un morceau de diachylon. L'adhérence y est suffisante pour obtenir une planité complète et la rigidité voulue pour un collodionnage régulier.

Il faut avoir eu soin de noter dans quel sens a été passée la première couche de collodion, afin d'intervertir ce sens lors du collodionnage de la deuxième surface.

De cette façon, les inégalités d'épaisseur se font équilibre et la pellicule demeurera plane et enfermée entre deux couches protectrices de collodion.

Quand la deuxième couche est sèche, on isole la pellicule du premier papier de support ainsi qu'il a été déjà dit.

Le papier au caoutchouc est facile à préparer d'avance; on peut s'en vernir toujours une petite provision en vue de cette préservation nécessaire des clichés pelliculaires.

On pourrait encore poser directement le diachylon sur la pellicule ayant reçu la première couche de collodion normal, puis tendre celui-ci avec des punaises sur une planchette en bois. Pour éviter que le collodion ne dissolve une partie du corps gras et résineux qui entre dans la pâte du diachylon, on a soin, avant de verser la deuxième couche de collodion, de faire adhérer tout autour de l'épreuve et contre le diachylon quatre bandes de papier gommé, mais la gomme posée en dessus.

Le collodion ne pourra alors atteindre le diachylon et l'on n'aura rien à redouter de l'inconvénient auquel nous venons de faire allusion.

Vers la base, du côté de l'écoulement du collodion, on couvrira de papier gommé tout l'espace qui doit être mouillé par le collodion.

Si, en séparant la pellicule du diachylon, on s'aperçoit qu'il est resté des traces de ce dernier sur la surface qui y était appliquée, on les enlèvera facilement avec un petit tampon de coton imprégné de benzine.

D'autres moyens peuvent encore être proposés pour atteindre ce but; peu importe, pourvu qu'ils soient d'un emploi facile; mais ce qu'il ne faut pas négliger, c'est de protéger les deux surfaces des clichés pelliculaires contre l'action de l'humidité et contre le contact des substances susceptibles de les altérer.

L'albumine coagulée par l'alcool peut aussi constituer un bon vernis.

Pour recouvrir le négatif de cet enduit protecteur, on prépare une dissolution dans de l'eau d'albumine sèche à 12 pour 100, que l'on filtre avec soin; on en recouvre le négatif, puis, quand cet enduit est sec, on immerge le cliché dans de l'alcool à 95°, où on le laisse dix minutes environ. On le sort, et, quand il s'est séché de nouveau, il se trouve recouvert d'une couche d'albumine parfaitement coagulée.

Cette matière organique doit aussi subir l'atteinte du nitrate d'argent libre et plus encore que le collodion : c'est pourquoi nous préférons ce dernier enduit.

Pour vernir des négatifs adhérents au papier tel que le papier Morgan, on se contente, une fois les opérations terminées, après le dernier lavage, d'appliquer le cliché tout humide sur une glace, d'y fixer les quatre bords avec du papier gommé. On laisse sécher, puis on collodionne; on laisse sécher le collodion et l'on coupe tout autour avec un canif.

Le vernis à la gomme-laque et les autres vernis ne conviendraient pas, parce qu'ils rendraient difficile l'emploi des pellicules ou des papiers en se cassant au *moindre plissement*, — cassures visibles au tirage.

Retouche des négatifs. — Sur les clichés au collodion, la retouche ne doit être entreprise qu'après qu'ils ont été vernis ou tout au moins gommés, sous peine d'écailler le collodion. Quand donc le cliché a été verni, ainsi qu'il a été dit précédemment, on procède à la retouche.

On doit avoir pour cet objet un pupitre à retouches, sur lequel on pose le négatif, le côté verni vers soi, de façon à pouvoir bien voir l'épreuve par transparence. Si le cliché est très clair, il convient d'interposer un verre dépoli entre la glace du pupitre et le dos du négatif.

On fait les retouches avec les crayons Faber ou Gilbert, fabriqués spécialement pour cet usage.

Il en est de divers numéros, plus ou moins mous; on les choisit suivant que la nature du travail l'exige.

Le crayon ne sert que pour les douces demi-teintes, mais il faut quelquefois atténuer l'action de la lumière à travers certaines parties du cliché qui sont trop translucides; on recouvre alors le dos du cliché d'une couche de collodion normal, dans lequel on a fait dissoudre un peu de jaune d'aniline. Quand cette couche, que l'on ne met qu'aux endroits voulus, est complètement sèche, on supprime avec un grattoir tout ce qui excède la partie à garantir contre une action trop vive de la lumière.

On étend plus ou moins de collodion normal incolore la dissolution saturée de jaune d'aniline, suivant que l'atténuation cherchée le demande.

On emploie aussi du collodion carminé pour ce même objet, mais son action est moins efficace.

Quant aux points brillants que l'on rencontre souvent dans les clichés, ils sont bouchés au pinceau, suivant l'endroit où ils se trouvent, avec du rouge (vermillon) ou avec du blanc gouaché épais. On met ces retouches du côté du vernis.

Les clichés à la gélatine sont souvent retouchés avant tout vernissage, au crayon ou au pinceau, comme les clichés au collodion; on vernit après que la retouche est terminée. Pour rendre plus facile la retouche au crayon sur la gélatine, on conseille (¹) de frotter la couche avec un peu de térébenthine ou de résine finement pulvérisée, ou bien encore avec une dissolution de 1 partie de gomme Dammar dans 40 parties de térébenthine.

On peut aussi retoucher les clichés à la gélatine après le vernissage, en opérant ainsi qu'il a été dit plus haut.

L'emploi de l'estompe avec de la mine de plomb bien broyée permet de produire sur les négatifs à la gélatine non vernis des effets d'atténuation souvent très agréables au point de vue artistique ; on peut en user dans tous les cas où l'on est en présence de masses trop translucides, que l'on veut corriger en produisant en même temps des demi-teintes d'intensités diverses.

Quant à la question d'art en ce qui concerne la retouche, nous renverrons aux traités spéciaux, tel que celui de M. Piquepé (²). Nous pensons qu'on ne doit user de la retouche que pour corriger les imperfections des clichés et non pour vouloir faire mieux que ce que donne un bon cliché. Le plus souvent, les retoucheurs malhabiles compromettent les négatifs en les retouchant ; mieux vaudrait qu'ils ne les eussent pas même touchés.

Pour retoucher les papiers à pellicules, on pro-

(¹) Harrisson, *Phot. News*, 1881.
(²) Piquepé, *Traité pratique de retouche des clichés photographiques*. In-18 jésus, Paris, Gauthier-Villars.

fitera du moment où ils sont tendus après dessiccation, et sur les pellicules Thiébaut et Balagny on fera la retouche nécessaire avant de séparer la pellicule de son premier support.

FIN DE LA PREMIÈRE PARTIE.

TABLE ALPHABÉTIQUE

DES MATIÈRES.

A

Acide citrique dans le révélateur. 250,	260
Acide salicylique dans le révélateur.	260
Angle embrassé par l'objectif. Mesure de cet angle.	100
Aplanat de Stenheil.	78
Aplanat grand angulaire de Stenheil.	81
Aplanat à grande ouverture de Dallmeyer	84
Aplanats, leur diaphragme rotatif.	83
Appareil d'agrandissement du photorevolver de M. Enjalbert.	147
Appareil de M. de la Laurentie. 132,	134
Appareil photographique de la maison Jonte. . . .	110
Appareil pour touriste de la maison Hermagis. 128,	130
Appareils à foyer fixe ou automatiques. 128,	141
Appareils de poche.	142
Appareils Dubroni. . . . . ,129	133
Appareils photographiques de poche.	142
Appareils portatifs.	106

B

Bain d'argent négatif (formule).	2
Bain d'argent négatif pour émulsion au collodion (formule).	4
Bain pour report sur gélatine des clichés pelliculaires (formule).	35
Boîte à escamoter pour plaques sensibles sèches. 125,	126

C

Celluloïd pour clichés pelliculaires.	48
Chambre noire de M. Martin.	117
Chambre noire automatique à bande pelliculaire sans fin, de M. Stebbing.	132, 141
Chambre noire (le Touriste) de M. Enjalbert.	119
Volume et poids des divers formats.	120
Chambre noire de la maison Jonte, ses dimensions.	111
Chambre noire de la maison Jonte, son poids.	115
Chambres noires automatiques.	128, 141
Champ de l'objectif double.	90
Châssis-pelliculaire de M. Martin.	118
Châssis-porteur.	124
Choix des appareils portatifs.	108
Choix du sujet.	205
Collodion ioduré.	2
Collodion pour émulsion (formule).	4
Collodion sec au tannin.	2
Collodionnage des pellicules Thiébaut.	30
Conservation de l'émulsion à la gélatine.	13
Conservation des plaques au gélatinobromure.	17
Constructeurs d'appareils de bonne qualité.	109
Couches sensibles négatives.	1

D

Détermination des sensibilités relatives des diverses couches sensibles.	50
Développateurs oxalique et pyrogallique proposés par M. Eder pour les essais sensitométriques.	61
Développement à l'acide pyrogallique : modifications qu'il doit subir suivant les plaques employées.	252
Développement alcalin.	225
Développement à l'oxalate ferreux.	219, 225
Développement à l'oxalate ferreux par M. Audra.	285, 292
Développement des négatifs au collodion sec.	210
Développement des négatifs sur collodion émulsionné au bromure d'argent.	212

TABLE ALPHABÉTIQUE. 339

Développement des négatifs sur gélatine : généralités sur cette opération. 238
Développement des plaques à la gélatine. 18
Développement des plaques au gélatinobromure. . 215
Développement des plaques isochromatiques de MM. A. Attout, Tailfer et John Clayton 235
Développement du papier à pellicule réversible de M. Balagny. 233
Développement du papier à pellicule reversible de M. Thiébaut. 28, 228
Diaphragme rotatif de l'aplanat. 83
Diaphragmes, leur mesure pour le temps de pose. 102
Doublet de Prazmowski. 84
Doublet de Thomas Ross. 74
Doublet grand angulaire de Dallmeyer. 76

E

Échelles du sensitomètre étalon de M. Léon Warnerke 52, 55, 56
Éclairage du sujet. 205
Écran dépoli de rechange. 105
Élimination des dernières traces d'hyposulfite de soude 280
Émulsion à la gélatine à l'état très divisé. Procédé Obernetter 24
Émulsion figée du commerce. 24
Émulsion sèche à la gélatine. 6, 9
Émulsion sèche au collodion. 3
En-cas photographique Léon Vidal. 148, 155
Enlèvement du négatif à la gélatine à l'état pelliculaire. 25
Essai des objectifs. 98
Essai du foyer chimique des objectifs. 101
Essais au sensitomètre Warnerke. 59
Euriscope de Dallmeyer. 84

F

Fixage des négatifs sur collodion émulsionné. . . . 214

Fixage du papier pelliculaire Thiébaut. 29, 228
Fixage et lavage des négatifs sur gélatine. 235
Fixage et lavage des plaques à la gélatine. Conseils de M. le Dr Eder. 272
Focimètre. 101
Formule de collodion ioduré. 2
Formule de bain d'argent négatif. 2
Formule de collodion pour émulsion. 4
Formule de bain d'argent pour émulsion au collodion. 4
Formule de révélateur à l'oxalate ferreux. 217, 240, 245
Formule de révélateur pour négatifs au collodion sec. 211
Formule de révélateur sur collodion émulsionné. . 212
Formule de révélateur alcalin pour négatifs sur gélatine. 225
Formule de révélateur additionné d'acide salicylique. 263
Formule de révélateur additionné de sulfite de soude. 250
Formule de révélateur pyrogallique à la glycérine. 266, 267
Formule de révélateur à l'oxalate ferreux recommandée par M. Audra. 285
Formule de renforçateur au mercure et à l'ammoniaque. 294
Formule de renforçateur au cyanure et au mercure. 298
Formule de renforçateur à l'iodure de mercure. . . 302
Formule de renforçateur à l'iodure de mercure et hyposulfite de soude (Edwards). 303
Formule de renforçateur au bromure de mercure et au cyanure d'argent et de potassium (Monckhoven). 305
Formule de renforçateur à l'argent et acide pyrogallique. 308
Formule de renforçateur au fer et à l'argent (Wratten et Wainwright). 309
Formule de renforcement à l'acide gallique et à l'argent. 312
Formule d'un vernis à la gomme laque pour négatifs. 324

TABLE ALPHABÉTIQUE.

Formule d'un vernis au benjoin et à la sandaraque pour négatifs. 326
Formule de collodion normal pour vernir les négatifs. 329
Foyer. Moyen de l'égaliser. 91, 92
Foyer des objectifs : mesure du foyer absolu. . . . 99
Foyer chimique des objectifs. 101

G

Gélatine en feuille, son emploi. 25
Gélatinobromure d'argent. 6
Gélatinobromure sur papier et pellicules. 26
Globe-lens de MM. Harrisson et Schnitzer. 72
Glycérine dans le révélateur. 266

H

Hyposulfite de soude, moyen d'en éliminer les dernières traces dans le lavage des plaques à la gélatine. 280
Hyposulfite de soude. son emploi dans le développateur 313

I

Instantanéités (révélateur pour). 256
Instantanéités (Voir obturateurs). . . . .

J

Jumelle photographique Germeuil-Bonnaud. . . . 142

L

Laboratoire portatif 123
Lanternes à projection. 157, 159
Lavage et séchage des négatifs à la gélatine. . . . 229
Lavage et fixage des négatifs à la gélatine. 235, 272, 276

M

Mesure de l'angle embrassé par un objectif. . . . 100
Mesure de la vitesse des obturateurs instantanés. 188

TABLE ALPHABÉTIQUE.

Mire d'essai pour objectif.	98
Mise au point.	103
Moyen de diminuer l'intensité des négatifs trop intenses.	317

N

Négatifs sur celluloïd.	48
Négatifs sur pellicule Thiébaut.	27
Négatifs sur pellicule Thiébaut, leur transfert sur une glace.	31
Négatifs sur pellicule Thiébaut, leur transfert sur une feuille de gélatine.	32
Négatifs sur pellicule Balagny.	33
Négatifs sur pellicule Balagny, leur report sur gélatine.	34
Négatifs sur pellicule Balagny, leur report sur verre.	37
Négatifs sur pellicules Stebbing.	46
Négatifs extensibles sur gélatine libre.	49
Négatifs sur plaques isochromatiques.	62

O

Objectifs.	64
Objectifs non aplanétiques et aplanétiques.	65
Objectifs simples à paysage.	67
Objectif simple de Dallmeyer.	69
Objectif globe-lens de Harisson et Schnitzer.	72
Objectif doublet de Thomas Ross.	75
Objectif doublet grand-angulaire de Dallmeyer.	76
Objectif orthoscopique de Petzval.	76
Objectif triplet de Dallmeyer.	77
Objectif aplanat de Stenheil.	78
Objectif aplanat grand angulaire de Stenheil.	81
Objectifs aplanétiques et symétriques de Stenheil.	83
Objectifs euriscope et aplanats à grande ouverture de Dallmeyer.	84
Objectif doublet de Prazmowski.	84
Objectifs rapides.	86
Objectif double ordinaire.	86

TABLE ALPHABÉTIQUE. 343

Objectif à portrait de Dallmeyer. 88
Objectif double égaliseur du foyer. 91
Objectifs de MM. Jarret et Saint-Martin. 93
Objectifs aplanétiques de M. Hermagis. 94
Objectifs rectilinéaires de M. Français. 94
Objectifs des maisons Darlot, Berthiot. 96
Obturateurs rapides et instantanés. 161
Obturateur Guerry à simple et à double volet. 162, 165
Obturateur Guerry à double système. 166, 168
Obturateur circulaire de M. Français. 169, 172
Obturateur Hase. 172
Obturateur chronométrique de M. Boca . . . 173, 176
Obturateur Thury et Amey. 176
Obturateur à guillotine. 116, 178, 187
Oculaires pour mise au point. 104
Ouverture de l'objectif double. 89

P

Pantoscope de Busch. 79
Papier à pellicule réversible de M. Thiébaut. . . . 27
Papier transparent à pellicule réversible de M. Balagny. 33, 156
Papier Morgan à pellicule adhérente. 231
Pellicules Stebbing. 46
Pellicules sur gélatine libre. 49
Pellicules en gélatine de M. Stebbing 229
Photomètre négatif. 195
Photomètre optique Simonoff. 200
Photorevolver Enjalbert. 144, 187
Pieds-cannes. 121
Pied de campagne de M. Jonte. 121
Plaques au gélatinobromure, leur préparation. . . 14
Plaque dépolie formée d'une feuille de papier végétal. 105
Plaques isochromatiques de MM. A. Attout-Tailfer et John Clayton. 62
Point (mise au). 103

Portefeuille-boîte pour changer les plaques sensibles en pleine lumière. 126
Polygraphe de la maison Arwin. 128
Pose. Appréciation de sa durée. 193
Préparation des plaques à l'émulsion au collodion. 5
Préparation de l'émulsion à la gélatine. 9
Préparation des plaques au gélatinobromure. . . . 14
Préface. XIII
Procédé de collodion sec au tannin. 2
Procédé Thiébaut. 27
Procédé Balagny. 33
Procédé de M. Obernetter pour l'émulsion à la gélatine. 22

R

Redressement des clichés à la gélatine. 24
Réduction d'un négatif trop intense. 318, 323
Réduction d'un négatif trop renforcé. 297, 323
Renforcement des négatifs sur collodion. 324
Renforcement à l'argent et à l'acide gallique. . . . 311
Renforcement au bichromate de potasse. 310
Renforcement au fer et à l'argent. 309
Renforcement à l'urane. 313
Renforcements divers 314
Renforcement subséquent des plaques à la gélatine déjà renforcées par une des méthodes décrites. . 315
Renforcement subséquent des négatifs déjà renforcés au mercure et qui ont passé à la lumière . . . 316
Renforcement au bichlorure de mercure et à l'ammoniaque ainsi qu'à l'iodure de potassium. . . . 294
Renforçateurs et *réducteurs* des négatifs sur gélatine. 293
Renforcement au cyanure et au mercure, formule de M. le Dr Eder. 298
Renforcement à l'iodure de mercure. 302
Renforcement à l'iodure de mercure et hyposulfite de soude 303

TABLE ALPHABÉTIQUE.

Renforcement au bromure de mercure et au cyanure d'argent et de potassium. 305
Renforcement à l'argent et acide pyrogallique. . . 308
Report sur feuille de gélatine de la pellicule Balagny. 34
Report sur verre. 37
Report sur verre de la pellicule Thiébaut. 32
Retouche des négatifs 332
Révélateur concentré de réserve. 240
Révélateur à l'oxalate ferreux (formule de M. le Dr Eder). 240
Révélateur alcalin pyrogallique. 248
Révélateur alcalin au sulfite de soude. 250
Révélateurs pour divers genres de plaques. 253
Révélateur pour poses instantanées. 254
Révélateur à l'acide pyrogallique avec addition de sulfite sodique ou d'acide salicylique 260
Révélateur à l'acide pyrogallique avec addition de soude ou de carbonate d'ammoniaque. 263
Révélateur à la glycérine d'Edwards. 266
Révélateurs avec emploi de diverses substances. . 269
Révélateur à l'oxalate ferreux, formule de M. Audra. 283

S

Séchage des plaques au gélatinobromure. 16
Sensibilisation des plaques au collodion sec. . . . 2
Sensibilisation des plaques à l'émulsion au collodion. 4
Sensibilité des diverses préparations, leur détermination. 50
Sensitomètre étalon de M. Léon Warnerke. . . . 51
Séparation de la pellicule Balagny par voie humide. 39
Solution pour passer sur les pellicules Balagny. . 42
Stéréographe Dubroni. 129, 131
Sulfite de soude. Son addition au révélateur alcalin. 250

T

Table des figures dans le texte. IX
Table des matières. V

Tableau des sensibilités à l'aide du sensitomètre. . 60
Tableau de révélateurs pour divers genres de plaques. 253
Tannin, solution pour collodion sec. 3
Tableau des combinaisons de l'objectif à foyers multiples de M. Français. 95
Température, son influence sur le développement des plaques à la gélatine. 60
Temps de pose, calcul de ce temps en raison des ouvertures des diaphragmes, etc. 102
Triplet de Dallmeyer. 77
Trousse de l'objectif rectilinéaire de M. Français. 94

V

Vernis à la gomme laque. 325
Vernis au benjoin et à la sandaraque 326
Vernissage des négatifs sur verre au collodion et à la gélatine sur pellicule et sur papier. . . . 325, 332

NOMENCLATURE

DES NOMS DES AUTEURS ET INDUSTRIELS CITÉS
DANS LA PREMIÈRE PARTIE DU MANUEL.

---

1. Abney, 244, 270, 309, 318.
2. Arwin, 121.
3. Attout Tailfer et John Clayton, 62, 235.
4. Audra, 8, 14, 215, 222, 283.
5. Balagny, 33, 156, 233, 328, 335.
6. Bascher, 270.
7. Belitzki, 266.
8. Berkeley, 260, 270, 322.
9. Berthiot, 96.
10. Blanchard, 322.
11. Boca (Paul).
12. Bollmann, 311.
13. Bourgeois, 25.
14. Brooks, 261, 264, 269.
15. Brown, 265.
16. Burger, 249.
17. Burgess, 247.
18. Burton, 305.
19. Busch, 76.
20. Carey Lea, 269.
21. Chardon (Alfred), 25, 212, 214, 215, 265.
22. Chevalier (Charles), 68.
23. Claudet, 91, 92.
24. Cotesworth, 323.
25. Cowan, 270.
26. Dallmeyer, 69 à 72, 76, 78, 81, 88.
27. Darlot, 96.
28. Davanne, 211, 270.
29. Davis, 270.
30. Debenham, 323.
31. Dubroni, 129, 131 à 133.
32. Eder (J.-M.), 59, 61, 215, 226, 239, 248, 272, 293, 298.
33. Edwards, 266, 303, 304.
34. Engel et Feitcknecht, 172.
35. England, 295.
36. Enjalbert, 109, 110, 145.
37. Français, 94, 97, 121, 153, 169.
38. Fry, 268.
39. Germeuil-Bonnaud, 142.
40. Geymet, 142.
41. Gilles, 109, 200.
42. Grassin, 94.
43. Guerry, 163 à 169.
44. Hadow, 309.

45. Hangk, 281.
46. Harisson, 334.
47. Harisson et Schnitzer, 72, 73, 77.
48. Harwich, 309.
49. Hase, 172.
50. Heid (D^r), 258.
51. Henderson, 268, 301.
52. Hermagis, 94, 121, 128, 130.
53. Hübel, 260.
54. Hutinet, 159.
55. Jarman, 309.
56. Jarret et Saint-Martin, 84, 93.
57. Jonniaux (C. B.), 24.
58. Jonte, 109, 110 à 116, 121.
59. Kennett, 269.
60. Lair de la Motte, 265, 269.
61. Laurentie (comte de la), 132.
62. Laverne, 157.
63. Llewelyn, 309.
64. Lugardon, 176.
65. Mackenstein, 109, 200.
66. Marion, 59.
67. Martin, 28, 109, 118.
68. Maskelyne, 309.
69. Molteni, 157, 200.
70. Monckhoven, 58, 65, 215, 305, 325.
71. Morgan, 26, 231.
72. Newton, 268, 269.
73. Noë (de la), 204.
74. Obernetter (de Munich), 22.

75. Petzval, 76, 87.
76. Piquepé, 334.
77. Pizzighelli, 310.
78. Prazmowski, 84, 93.
79. Rattier et Guibal, 27.
80. Rédier, 173.
81. Reisinger, 22.
82. Riemann, 265.
83. Robinson, 322.
84. Ross (Andrew), 68.
85. Ross (Thomas), 75.
86. Ruckert, 109.
87. Schuchard (D^r), 250.
88. Scolik, 301.
89. Simonoff, 200.
90. Somman, 262.
91. Spiller, 269, 270.
92. Spiller et Young, 251.
93. Stebbing, 58, 132, 229, 279.
94. Stenheil, 79, 81, 82.
95. Thiébaut, 27, 228, 328, 305.
96. Thury et Amey, 176.
97. Toth, 260, 322.
98. Vidal (Léon), 148, 197.
99. Vogel, 268, 304.
100. Voitgländer, 85.
101. Warnerke (Léon), 50 à 57.
102. Waterhouse, 86.
103. Wilde, 245, 301.
104. Wortley, 269.
105. Wratten et Wainwright, 309.

Paris. — Imp. Gauthier-Villars, 55, quai des Grands-Augustins.

www.ingramcontent.com/pod-product-compliance
Lightning Source LLC
Chambersburg PA
CBHW071156240526
45470CB00016BA/86